军事里的中国史

冷兵器研究所 ㊟著

新世界出版社
NEW WORLD PRESS

图书在版编目（CIP）数据

军事里的中国史 / 冷兵器研究所著. -- 北京：新世界出版社，2022.2（2025.3重印）
ISBN 978-7-5104-7377-7

Ⅰ. ①军… Ⅱ. ①冷… Ⅲ. ①军事史—中国 Ⅳ. ① E29

中国版本图书馆CIP数据核字（2021）第 240536 号

军事里的中国史

作　　者：冷兵器研究所
责任编辑：丁　鼎
装帧设计：张凤杰
责任校对：宣　慧
责任印制：王宝根
出　　版：新世界出版社
网　　址：http://www.nwp.com.cn
社　　址：北京西城区百万庄大街 24 号（100037）
发 行 部：(010)6899 5968（电话） (010)6899 0635（电话）
总 编 室：(010)6899 5424（电话） (010)6832 6679（传真）
版 权 部：+8610 6899 6306（电话） nwpcd@sina.com（电邮）
印　　刷：嘉业印刷（天津）有限公司
经　　销：新华书店
开　　本：710mm×1000mm　1/16　尺寸：170mm×240mm
字　　数：300 千字　印张：20
版　　次：2022 年 2 月第 1 版　2025 年 3 月第 9 次印刷
书　　号：ISBN 978-7-5104-7377-7
定　　价：59.80 元

前　言

西晋武将张方曾说过这样一句话："兵之利钝是常。"司马光在《资治通鉴》中，将这句话改为"胜负兵家之常"，这也就是那句"胜败乃兵家之常事"俗语的最初源头。但其实，"战争与军事也乃历史之常事"。

中华文明悠悠五千年，这期间有璀璨的文化、繁荣的经济，自然也有鼓角争鸣和狼烟烽火。

从上古的黄帝战蚩尤的传说开始，从成汤讨夏桀、武王伐纣，一直到明末清初的清军入关，战争史与军事史一直是中国历史的重要组成部分，与政治、经济、民族、文化等多方面的历史息息相关。因此，中国有五千年的文明史，也有着五千年的军事史。

这里面有君臣佳话，有名将风采，有战场烽火，有江湖险恶，更有军事制度、地理形胜、衣食住行、演义传奇，甚至有埋藏于古籍中的真相与趣闻。

但遗憾的是，虽然古人们留下了浩如烟海的史料与记载，往往喜欢宣扬"仁义道德"的作用，却把求真务实视为"奇技淫巧"。这种情况在军事史领域尤为明显，史籍对于军事与战争的描写，大多局限在讲述英雄个人事迹，偏重于主观的价值传达，而缺乏理性与客观的分析与还原。

比如漠北之战。这场战役由汉武帝发动，帝国双璧卫青、霍去病指挥，十万骑兵、数十万步兵横跨大漠，最终击断了以"天之骄子"自视的"草原巨狼”匈奴的脊梁。而在一直拥有着“史家之绝唱，无韵之《离骚》”赞誉的《史记》中，关于这场战役的记载只不过寥寥数百字而已，甚至还是分散于不同人的传记当中。

而反观西方史家笔下的军事历史专著，有色诺芬描述一万名希腊雇佣军远征波斯的《远征记》，有修昔底德记录让古希腊奴隶社会由盛转衰之伯罗奔尼撒战争的《伯罗奔尼撒战争史》，有阿里安再现马其顿亚历山大大帝东征伟业的《亚历山大远征记》，还有古罗马统帅恺撒记录自己征服事业的《高卢战记》等，不可胜数。

之所以能形成如此鲜明的对比，其实与中国传统知识分子的战争观有着重大的关系。“兵者，圣人所以讨强暴，平乱世，夷险阻，救危殆”，即战争是圣人用来讨伐强暴的势力，平定混乱的社会局面，铲除艰难险阻，拯救国家危亡的。也就是说，中国传统知识分子认为，战争是圣人用来治理天下的一种工具，而这种工具是“凶器”，“圣人不得已而用之”。因此，大家只要记住关键的战略与决策就好，具体的战术细节只是细枝末节，由专业的军事人员掌握就可以，没必要广为流传。

这种心理与观念就导致了这样一个后果：后世哪怕是专门的历史研究者，也容易因为原始史料的缺乏，以至于对某个影响中国历史进程的重要军事事件只能“知其然”，却无法“知其所以然”。比如战国时代著名军事家吴起在魏国的改革，文人们往往将魏国崛起的根源，归功于吴起肯为士兵吸脓疮的小恩小惠，而忽视了其在练军阵、编武卒等诸多方面的努力，以及为保证魏武卒战斗力而给予其免税特权、土地和耕牛等的背后制度。

其实，接受过现代教育的我们已经知道，战争的胜负与军事历史的走向，绝不是一条所谓的锦囊妙计就可以左右的。它是装备、训练、战略、战术、后勤甚至经济的综合体现。

因此，在这本书中，我们将努力依托具体历史记载，透过实证视角，以考古发掘、专家考证、 复原介绍的形式，来去伪存真，从君臣、名将、战场、江湖、制度、地理、衣食等诸多方面，找出传说与演义故事背后的真实历史脉络。我们希望让广大读者读懂，那些决定中国历史走向的军事战争事件，背后到底有着怎样的内核与逻辑；又是哪种规律决定了我们现在的文明程度与社会形态。

目 录

第三章 烽火篇 | 想当年，金戈铁马，气吞万里如虎

第四章 江湖篇 | 纵死侠骨香，不惭世上英

第五章 制度篇 | 我劝天公重抖擞，不拘一格降人才

第六章 形胜篇 | 峰峦如聚，波涛如怒，山河表里潼关路

第十章 趣闻篇 | 或谑张飞胡，或笑邓艾吃

第一章 君臣篇

大江东去，
浪淘尽，
千古风流人物

战神天子李世民：十八上战场，二十四定天下

隋朝结束了魏晋南北朝时期的分裂，但在此之后却又因触动了士族集团的利益，引起了各大士族起兵反隋的运动，战火在隋朝的疆土上燃起。出身关陇集团的李氏一族最终得了天下，其中最大的功臣莫过于秦王李世民。历史上，李世民的军事才能异常出彩，但却一直被掩盖于千古一帝的光环之下。今天我们便抛开李世民的帝王身份，谈谈其军事才能。

汉末魏晋南北朝时期的乱世，根植于地方政府辟署制度以及察举、九品官人法对于官僚体系的渗透。在实行政变以后，隋文帝杨坚意识到了皇权所面临的威胁，因此急于推动官僚体系改革，却未料在炀帝时引发了农民以及士族集团的剧烈反抗，诸地豪雄纷纷起兵反隋。

隋炀帝大业十三年（617年），李世民劝说其父太原留守李渊起兵，参与到反隋运动之中，而李世民本人更是长期坚守在战争的第一线。

在晋阳起兵以后，李渊率李世民及三万兵马沿汾河东岸南下直取京师长安。在行军途中，军中谣传刘武周起义军将联合突厥袭击太原。李渊一时慌神，急于回援太原，但李世民却苦劝李渊：“今兵以义动，进战则克，退还则散；众散于前，敌乘于后，死亡无日，何得不悲！”李世民深知，若匆忙回援太原，必将动摇军心，被刘武周与突厥等乘虚而入，不如及早攻取京师。

此时年岁不过十九的李世民，已经展现出相当出众的战略眼光，李渊在其劝说之下才坚定了攻取长安的念头。当年九月渡河以后，李建成、李世民各自领兵而出，李世民一路攻占泾阳、云阳、武功、周至等地，汇聚李氏宗亲在关中的诸路兵马。十月，李氏诸路大军共计20万人集聚长安城外，其中有13万是由李世民带来的。

次年，局势进一步复杂化。隋炀帝死于江都，各地群雄豪强争雄之心更盛，纷纷率兵起事割据一方。当年，李渊建立唐朝，随后立李建成为太子，令次子秦王李世民领兵争雄天下，但截至此时李氏集团不过方在关中站住脚跟。当时关中依然拥有重要的战略地位，周围有着突厥、刘武周、瓦岗寨、薛举等势力虎视眈眈，此时年方二十的李世民承受着巨大的压力。

唐王朝建立以后，朝中依然在讨论下一步的发展方针，其中司农卿韦云起以及秦王李世民提出了应以巩固关中为根本，再图东进争天下。此时窥视关中的薛举势力成为李世民的第一个目标。薛举出身河东薛氏，乃是自汉代以来最为强盛的世族之一，位列关西六姓之一。薛举凭借薛氏一族数百年来积淀的势力、名望与财富，自立为“西秦霸王”，占据陇西地区。

早在大业十三年（617年）李渊占据长安时，薛举就曾率军“号三十万”进犯，遭李世民击退。次年七月，双方再度交锋于高墌，但此时李世民却身患疟疾，主持军务的刘文静、殷开山二人能力有限，导致唐军兵败。高墌战败后不久，病愈的李世民再度率军出征。这一次李世民坚壁清野与敌对峙，待其粮草殆尽时设伏诱敌，数千精锐一涌而出，斩首数千，降者数万，陇右的威胁就此解除。

次年，河西归附，唐王朝则将目光投向了占据代北地区的刘武周，而刘武周也在打着关中的主意。隋末时刘武周起兵占据代北，依附突厥。唐武德二年（619年），刘武周决定以宋金刚为将，攻打唐治的太原一带，遣兵2万与突厥合力攻打榆次、石州、平遥、介州等地，包围太原。唐廷先后三次派遣张达、姜宝谊、裴寂率军讨伐刘武周，均被击败。城中的齐王李元吉放弃抵抗，率护卫乘着黑夜从城中奔出，逃回长安，太原也就此沦陷，晋州、浍州、绛州与龙门先后遭到攻击，河东沦陷，关中震骇。

其时，唐高祖却下谕放弃河东的龙兴之地，说："贼势如此，难与争锋，宜弃大河以东，谨守关西而已。"其实，李渊之所以不愿与刘武周军进行正面对抗，将河东地区拱手相让，并非真的是因为懦弱。就在这个时期，李渊、李世民父子之间已经出现了嫌隙，双方再无此前的默契，李渊更加防备的其实是李世民。

在唐朝建立以后，李渊立长子建成为太子，但战功赫赫、功绩卓然的次子世民又当如何安置，其幕中的追随者又如何安置？刘文静本是太原功臣之一，参与过许多重要事件，对于唐朝的建立做出了很大的贡献。但是他作为秦王李世民的心腹，却遭到了李渊、李建成的打压而得不到重用。刘文静一方面不平于自身遭遇，另一方面也为李世民感到不忿，最终引来了李渊的杀意。就在刘武周进攻太原期间，李世民在陇右前线平定薛举尚未回京，李渊却下令处死刘文静。

李渊深知处死刘文静可能引发李世民的不满，因此一方面对李世民进行试探，另一方面则不出兵太原以防备李世民。此时李世民却上表说："太原王业所基，国之根本，河东殷实，京邑所资。若举而弃之，臣窃愤恨。愿假精兵三万，必能平殄武周，克复汾、晋。"这份表奏的重点落于两处，一方面强调太原的战略地位，但更为重要的是李世民仅仅要了"精兵三万"，而刘武周大军号称三十万，实际也有十万以上的兵力。这并非李世民托大，而是为了对唐廷表示忠诚，以示其不可能对朝廷形成威胁，此后才有李渊"悉发关中兵以益之，又幸长春宫亲送太宗"，因为李渊也不舍得放弃河东之地。

刘文静死于皇帝、太子与秦王的斗争之中，这显然触及了李世民敏感的神经，成为父子割裂的导火索。此时年仅二十一岁、羽翼尚未丰满的李世民选择了隐忍，在暗中进一步扩大自己的影响力。他的军事指挥既不乏沉稳，也不失锐气。出兵之后，李世民并未赶往前线，而是选择坚壁清野与敌军对峙。直至当年年末，先头的唐军遭遇大败，永安王李孝基、陕州总管于筠、工部尚书独孤怀恩等五位将领被俘，李世民才乘敌军不备进行突袭，取得胜利。在其后与刘武周帐下猛将宋金刚的作战中，李世民也同样选择了“闭营养锐以挫其锋，分兵汾、隰，冲其心腹”的策略。

面对李渊的多疑和心腹的惨死，已经取得多次军事胜利的李世民依然能够戒骄戒躁，可见在这一时期，其心性已经相当成熟。至武德三年（620年）四月，宋金刚已深入半年有余，补给线太长，在李世民坚壁清野的策略下又难以就地进行补给，不得已只能撤退。此时李世民对其进行追击，“一昼夜行二百余里”，在雀鼠谷追上宋金刚主力，“一日八战，皆破之，俘斩数万人”。在宋金刚战败以后，刘武周也匆忙逃往突厥，李世民随即收复被其占领的山西地区。

但唐廷的威胁尚未解除，在刘武周攻唐期间，如王世充、窦建德等周边的势力也一拥而上，蚕食了李唐在关东、河南地区的领土。七月，在李世民刚刚收复山西以后，李渊再度派李世民东征洛阳王世充。

由于洛阳城防坚固，李世民此次采取了孤立战术，一方面以优势兵力围困洛阳；另一方面，在半年的时间中对洛阳周边的州县进行压制，断其补给与后援，孤立洛阳并迫其进行正面会战。

至次年，唐军围城八月有余，洛阳“城中乏食……民食草根木叶皆尽”，王世充局势危矣。但就在此时，占据河北、山东部分地区的起义军首领窦建德，因担心王世充沦陷后唐军将挥师东进，出兵欲解洛阳之围。窦建德的兵力并不及唐军，但唐军分兵围困洛阳时，便是他出手的最佳时机。

武德四年（621年）二月，窦建德率兵“号三十万”出发援救洛阳。这一支实际有十余万人的战斗部队，沿途突破守备孱弱的关隘，一路西上开往河南方向。但李世民决定迅速率兵出发抢占虎牢关，“据武（虎）牢，扼其咽喉”，此时若窦建德强攻则会损失惨重，若其踟蹰不前则王世充军心动摇。李世民的决定是正确的，窦建德的大军因虎牢之险无法西进。

此时唐军却遇到了一个严重的麻烦：由于此处远离关中，粮草补给难以跟进，如果继续僵持下去可能会面临粮尽之危。但李世民无愧是中国历史上最为出色的指挥官之一，他反以粮尽作为诱饵，将窦建德主力引出，与其进行会战，并成功击破其大军，将窦建德俘获。而窦建德之败也成为压垮王世充的最后一根稻草，王世充不得不向李世民投降。截至此时，两股最大的割据势力都已被李世民所剿灭。

次年，窦建德旧部刘黑闼再度掀起动乱，李世民迅速消灭其数万有生力量，刘黑闼逃往突厥。但数月后，刘黑闼卷土重来，李渊派太子李建成东征，将其剿灭。武德七年（624年）三月，江淮辅公祏的反唐运动也遭到镇压，至此唐廷已基本统一天下。

在李唐的统一战争中，除了荆州萧铣是向李孝恭、李靖的部队投降外，其余的几支大规模割据势力，包括刘武周、王世充、窦建德等，都是被李世民所剿灭的。正如李世民后来所言：“朕年十八便为经纶王业，北剪刘武周，西平薛举，东擒窦建德、王世充，二十四而定天下。”

从18岁参与战斗指挥以来，李世民几乎没有遭遇到军事上的失败，并且其指挥艺术也在短时间之内迅速升华。他不仅有着出色的战略水平，而且在战术指挥上也相当出色。尤其是在刘文静身死之后，他的指挥风格变得更加沉稳，经常采取防守姿态以逸待劳，却又不失年轻人的锐气。如在洛阳围攻战中，他敢于兵分两路，凭借虎牢关同时向王世充与窦建德发动进攻，这一点是需要承担很大的作战风险的。李世民善于使用骑兵进行奔袭作战与迂回作战，但也同样擅长坚壁清野的长期对峙，再以逸待劳，抓住时机采取攻势。无论是窦建德还是宋金刚，这些比李世民年长的将领都没有李世民的那一份耐心以及抓住机会的决断力。

除此之外，李世民同样拥有着非凡的个人武力，胡三省便说："史言世民不惟有天命，亦武艺绝人。"在诸般武艺之中，李世民最擅长的便是马术与弓术。《新唐书》载"初，秦王建天策府，其弧矢制倍于常"，这是说李世民所用的箭更长，张力更大，但也需要更强的臂力，而李世民也凭此百步穿杨。这种个人的武力在战斗之中，有时能起到决定性的作用。如魏刀儿袭太原时，李世民于乱军之中拯救被围困的李渊，"以轻骑突围而进，射之，所向皆披靡，拔高祖于万众之中"。

这种战绩并非独例，在与刘武周对峙期间，李世民率轻骑侦察遭遇敌人，便"以大羽箭射殪其骁将，贼骑乃退"；在李世民攻洛阳时，曾在慈涧遭到敌将单雄信的袭击，其时李世民"左右射之，无不应弦而倒，获其大将燕琪"；在与窦建德虎牢对峙时，李世民亲身引诱其军，对尉迟敬德说："吾执弓矢，公执槊相随，虽百万众若我何！"在遭遇窦建德的巡卫时，李世民射其将领，且战且走，《资治通鉴》载其"按辔徐行，追骑将至，则引弓射之，辄毙一人。追者惧而止，止而复来，如是再三，每来必有毙者，李世民前后射杀数人，尉迟敬德杀十许人，追者不敢复逼"；在讨伐刘黑闼的作战中，李世民也曾以弓术逼退突厥，令突厥惊为天人。李世民也不免自美道："朕以弧矢定四方，用弓多矣。"

李世民是一个典型的"六边形战士"，武力、智谋、战术都极为出众。自公元617年至624年李唐的统一战争中，太原李氏集团的一系列重大军事胜利，大多与李世民直接相关。《旧唐书·宗室传》中称："自大业末，群雄竞起，皆为太宗所平，谋臣猛将并在麾下，罕有别立勋庸者。"这并非史书文饰，李世民在建立唐朝一事上武勋卓然，也难怪这一位武将天子拥有着如此众多的追随者与拥护者，连后世的杜甫也不免赞道："风尘三尺剑，社稷一戎衣。"这一位武神天子可称得上是文武双绝。

与北宋苦斗：南唐后主不只会作词

当大宋王朝的大军如潮水般涌入金陵的城墙，南唐后主李煜正从噩梦中惊醒。这一天终于还是来了，国破家亡，一旦归为臣虏，这责任又是否该由他承担？

说到宋灭南唐之战，其实宋军并不轻松，前后耗时一年有余，其中，宋军屯兵金陵城下即达一年之久，《续资治通鉴长编》更是有这样的记录：“（开宝八年秋七月辛未）时金陵未拔，帝以南土卑湿，秋暑军多疫，议令曹彬等退屯广陵，休士马，为后图。”也就是说，宋军甚至一度想要撤军，但最终坚持下来，才完成了这一场艰苦的灭国之战。对比有剑阁天险依凭的后蜀，也不过两三个月就被灭。我们这才惊觉，或许我们真的小看了李煜。

李煜早年即以柔仁好佛著称，但他却有一个强势的长兄李弘冀。李弘冀才干突出，心狠手辣，在设计逼迫其父李璟废除皇太弟李景遂的继承人之位后，尚不放心，派人把李景遂毒杀。

《南唐书》上说：“从嘉广颡丰颊骈齿，一目重瞳子。文献太子恶其有奇表，从嘉避祸，惟覃思经籍。”人们往往认为李煜全然不慕权势，只因为李弘冀猝然病逝才不得不当了皇帝，有道是：“作个词人真绝代，可怜薄命作君王。”然而，李煜既然有李弘冀这样的兄长，又怎敢显示自己有心于权势？唯有流连山水，寄意诗佛，才能免去如叔父李景遂一样的下场。以此便说李煜做君主全不上心，必然片面，事实上，李煜在继位之后，作为实在不少。

当南唐中主李璟在病榻上离世时，交给李煜的是一个千疮百孔的烂摊子。对湖南马楚和福建闽国的失败战争本就折损了南唐的国力，后周世宗柴荣的进攻更是夺取了南唐肥沃富庶的淮南之地，歼灭了南唐十万以上的野战之军。战争结束后，南唐财殚力痡，经济接近崩溃。更可怕的是，占据东方苏州和两浙的吴越国是南唐的世仇。吴越钱氏不但不知唇亡齿寒之理，反而一直奉行与北方夹击南唐的国策。腹背受敌，疆土大蹙，南唐国势危如累卵。

李煜继位之后，以巧妙的政治手腕与北宋周旋，积聚抵抗力量。建隆三年（962年），李煜遣使入贡，赵匡胤放归之前淮南战役中俘虏的南唐士兵数千人，这批老兵后来成为抵抗北宋时的重要力量。乾德六年（968年），南唐境内大旱，李煜又以巧妙的外交手段，从北宋求取到米麦十万石，缓解了境内的危机。吴越国与南唐为敌，争夺控制漳、泉两州的小军阀清源军。在清源军两次政变当中，李煜都通过要求政变胜利者将失败者解送到金陵的方式来控制局面，维持清源军对南唐的附属关系。

军事上，李煜在各城高筑墙垣寨垒，广积钱粮金帛，厉兵秣马，重建了李璟时代遭到摧毁的水军和陆军。在与北宋决战前夕，南唐野战军兵力恢复到15万以上。

李煜重视军事，亦注重提拔人才，尤其重视选拔人才的公正和公平。乾德二年（964年），李煜命吏部侍郎韩熙载主持贡举，录取进士王崇古等九人，又命徐铉复试，并亲自命题考核。开宝五年（972年）二月，内史舍人张佖主持礼部贡举，录取进士杨遂等三人。清耀殿学士张洎称张佖遗漏了很多人才，李煜便命张洎对落第之人进行复考，又录取了王伦等五人。直至南唐亡国的开宝八年（975年）二月，李煜还举行了南唐最后一次科举考试，录取进士张确等三十人。李后主所用的人才中，卢绛善战，屡挫宋军，陈乔、张洎善谋，为南唐构造防御体系，韩熙载、徐铉等也堪称一时名臣。李煜麾下人才济济，可谓知人善任。

对百姓，李煜亦可谓善抚有德。继位之后，李煜便下令减免税收、免除徭役，与民生息；取消李璟时设置的诸路屯田使，将各郡屯田划归州县管辖，将屯田所获租税的十分之一作为官员俸禄，称为“率分”。此项政策推行后，既增加了赋税，又可使百姓安心耕作，免受官吏的骚扰。

南唐后期钱荒严重，为使货币流通良性循环，乾德二年，李煜颁布铁钱，规定每发行10钱，需搭配6枚铁钱与4枚铜钱一起发行。因铜钱逐步废除，商人多以十个铁钱换一个铜钱出境，朝廷不能禁止。为挽救铁钱的流通，李煜诏令铁钱以十当一，与铜钱并行流通。五代之时，由于铜资源缺乏，铁钱往往为各国所用。由于铁贱铜贵，商人便能私铸铁钱取利，以铁钱套取铜钱，这很容易造成经济崩溃。

然而铁钱以十换一，商人能从中谋取的利润有限，而朝廷因铸钱数量大，却能从中获得一笔庞大的铸币收入。铁钱和铜钱共同流通，又缓解了市面上货币缺乏的困境，利于商品经济的发展。李煜治理的十多年间，南唐经济发展稳定，没有发生严重的通货膨胀，物阜民丰。可见李煜政府对于铁钱有一套严密精细的监管制度，发行量经过科学的计算，且对伪造铁钱的行为有着严格的打击措施。

江南之地历来富庶繁华，有利于商品经济发展。经过李煜的经济改革，商业、手工业大兴，国家从中也获得了可观的赋税收入，国库充盈。尽管经过漫长艰苦的抗宋战争，南唐在亡国后，各郡蓄积的铜钱累计仍达64万缗之多。

除经济改革之外，李煜也着意于土地改革，但改革的负责者李平和潘佑无辜丧命，却成为后主心中永远的痛。南唐土地买卖十分频繁，以致土地兼并日趋激烈。李煜继位后，任用潘佑，潘佑又荐道士李平，李煜令李平掌管司农寺，恢复井田制，创设民籍和牛籍，劝农耕桑，希望借此缓解国难。

新制颁行后，因其触犯官僚地主的利益，遭到激烈抵制与反对，连此前力荐潘佑的徐铉也上书诋毁潘佑。百姓也多有不便，改革遂以失败告终，但亦取得一定成果，缓解了土地矛盾，增加了政府收入。前代的井田制度具体如何已不可考，潘佑、李平的井田改革，显然绝非照搬周礼，而是以抑兼并为旨。后世王安石变法，也受到潘佑思想影响，足可证潘李二人的变法有可取之处。然而反对力量毕竟汹汹，外部又有强敌环伺，李煜虽知变法之利，面对内外压力，也不得不诛杀潘佑、李平。南唐亡国之后，李煜曾长叹曰：“当初我错杀潘佑、李平，悔之不已！”

随着北宋相继平定荆南、湖南、后蜀、南汉，南唐脖子上的绞索逐步拴紧。李煜因未曾出兵支援这些国家或者进攻北宋以牵制，而历来受到诟病。然而，江南兵客场作战素来疲弱，李璟时代攻打湖南和闽国的惨败都是明证，选择防御反击未尝不是正确的策略。统治的最后几年，李煜采纳了陈乔的意见，“称疾不朝”，这似乎给了北宋出兵的口实。然而不能预知未来的李煜，自然不知道开宝九年（976），雄武一世的宋太祖赵匡胤会在49岁的壮年突然去世。

在李煜和他的谋臣们看来，北宋统一天下在即，引诱北宋进攻，再坚壁清野，凭借长江天险坚守，若能获得一场防御反击战的胜利，反倒能给南唐再换取数十年喘息之机。然而，考进士不第的文士樊若水叛逃北宋，为宋太祖献上设浮桥于采石之策，大大降低了北宋的进攻难度。不过到了此时，南唐仍非彻底绝望，因为曹彬所部孤悬长江以南，也是深入腹地，如果遭到上游援兵打击而崩溃，整支北宋讨伐大军将轰然瓦解。

李煜的整体战略部署说得上是应对得当，可圈可点。他以金陵为正面，抵御北宋猛攻，江西、苏南为两翼，分北宋兵势。在宋攻南唐过程中，极少有城池投降，且各城都有水陆军寨夹峙，绵延如群星，宋军必须逐个军寨地缓慢争夺，战事因此旷日持久。南唐名将卢绛率军激战于秦淮水寨，更是多次挫败宋军攻势。

开宝八年五月，李煜发现自己任命的金陵防御总指挥皇甫继勋勾结北宋，消极抵抗，于是斩杀皇甫继勋，亲自主持防御事务，上城鼓舞士卒。与皇甫继勋一起被诛杀的还有其侄皇甫绍杰，但李煜没有株连他们的家人，“皆赦其妻子”。同年六月，李煜得知润州危急时，尚能派卢绛率军从金陵出击，援助润州，可见李煜对于战局有着全局把握，在宋军全面合围之前，金陵城防御体系仍然十分完备，尚有余力出击。可惜润州城已是摇摇欲坠，守将刘澄对战事缺乏信心，开城降宋，这一重镇的丢失令南唐的防御战越发艰难。

《宋史·潘美传》记载道：“又破其城南水砦，分舟师守之。奏至，太祖遣使令亟徙置战棹，以防他变。美闻诏即徙军。是夜吴人果来攻砦，不能克。”又有《曹彬传》记载：“先是，大军列三砦，美居守北偏，图其形势来上。太祖指北砦谓使者曰：‘吴人必夜出兵来寇，尔亟去，令曹彬速成深沟以自固，无堕其计中。’既成，吴兵果夜来袭，美率所部依新沟拒之，吴人大败。”南唐虽然战败，但史料也显示出此战的激烈艰险，以至于名将曹彬、潘美也不足以完全掌控局面，还需要宋太祖遥控点拨，才能抵御在李煜的亲自领导下战斗意志极高的南唐军的出城奇袭。南唐军的奇袭当然不止一次，直到城陷前夕仍然“夜遣兵数千，持炬鼓噪来犯我（即北宋）师”。

虽然宋军在长江南岸占领了许多城池，但其水军未必能阻挡鄱阳湖的朱令赟水军南下驰援金陵。然而，在赵匡胤的牵制下，朱令赟迟迟不敢行动，直到润州丢失之后，才率水军数万，号称十五万入援金陵。宋将王明望之生畏，急报宋太祖，要求尽快制造大船，抵抗南唐水军。

但就在这时，宋太祖展示出了过人的战略判断能力，指出现在造船远远来不及，朱令赟部行动迅捷突然，己方水师未曾全面集结，不是朱令赟对手，一旦朱令赟到达金陵城下，金陵之围将被解。于是宋太祖亲自命令王明在洲浦之间多立长木，如同船帆、桅杆一般，朱令赟怀疑有埋伏，因此逗留多日，失去了将分散在江面上巡弋的北宋水军各个击破的宝贵时间。

宋军水师全面集结后，虽以小船居多，却有数量优势，指挥官更是宋军名将刘遇。激战之下，朱令赟势蹙，于是放出准备好的纵火船，以猛火油柜火烧宋军，竟一度使宋军不支。然而风向突变，火势反烧，南唐水军不战自溃。朱令赟被烧死，战棹都虞候王晖等被俘，宋军大胜，获得兵器数以万计。

金陵失去了最后的希望，但李煜等人依然坚持抵抗。在一次夜袭失败后，宋军名将潘美趁南唐军士气低落，亲冒矢石，于黎明率军爬城发动袭击，主帅曹彬率军随后进攻，终于破城。金陵失守后，还发生了极为惨烈的巷战，呙彦、马承信、马承俊等将领力战而死。宫城被围之后，备好柴薪准备自焚殉国的李煜，终究还是下不了那个决心，率众臣出降，谋主陈乔则拒绝投降，自尽殉国。

多次打败宋军的南唐名将卢绛，则成为南唐的“姜维”。金陵沦陷后，卢绛撤退到歙州，坚持抵抗，试图联结闽中，再兴南唐，宋军猛攻不能下。直到李煜亲自作书招降，卢绛方才入汴京，但随即因声称“惟知我主李氏而已，岂能识汝赵氏为何如人也”而被宋太祖处斩。

“国家不幸诗家幸，赋到沧桑句便工。”亡国之后，李煜的词更上一个台阶，写国破家亡，越发有感染力，但每一首都成为他的催命符。尤其是当宋太祖逝世、心胸狭隘的宋太宗赵光义继位之后。

宋太宗逼淫小周后可能是后世捕风捉影的传言，但牵机药之事却较为可信。当“春花秋月何时了”的词句传到赵光义的耳中后，他就认为李煜的性命不能再留，毕竟，江南百姓依然怀念李煜。

太平兴国三年（978年）七夕，李煜毒发死于北宋京师。李煜死后，江南百姓怀念不已。到南宋时，陆游写《南唐书》，评价说：“后主天资纯孝……专以爱民为急，蠲赋息役，以裕民力。”千年之后，李煜的诗魂仍在中华大地上飘荡。南唐遗臣潘慎修对宋真宗的奏对，也许能给他一个公允的评价：“先是，江南旧臣多言李煜暗懦，事多过实。真宗一日以问慎修，对曰：‘煜或懵理若此，何以享国十余年？’”

李煜是个一流的词人，也是个合格的皇帝，哪怕他也有佞佛之类的缺陷，也有错杀猛将林仁肇这样的过失，但面对分久必合的昭昭天命，身为小国英主，做得已经不差了。

文人巅峰“三苏”的军事头脑如何

“纸上谈兵”的典故，可以说大家耳熟能详，毕竟赵括一口气坑掉几十万赵军的事太有轰动效果了。军事事务需要极高的专业素养和理论与实践相结合的能力，甚至还需要相当的天分和运气，不是读了几本书就能上手的。

而在中国历史上，经常出现文官领兵的情况，很多文人也都有着“书生拜大将”的梦想，但一般的书生文人，甚至连赵括的家学和理论基础都不具备。所以，虽然偶然会有如明代王越那种直捣红盐池的文官领兵典范，但大多数情况下，书生谈兵往往会出现很多异想天开的观点。其中最典型的，莫过于号称“一门三学士”的苏洵、苏轼、苏辙“三苏”父子。

“三苏”父子可以算得上中国文人的顶峰级别了，而另一方面，这三人也都是军事发烧友，对行军作战、扭转颓败国势等方面有不少“独到”的见解。只不过，他们很多观点都明显是文人的异想天开。

先从老爷子开始说起吧。苏洵的军事观点主要体现在其《权书》一书和《几策》《六国论》等文章中。要说苏洵真不愧是鹰派，他对当时看重防守的主流军事观点不以为然，主张必须主动展开进攻，夺取战略要地，为此即便付出一些牺牲也在所不惜。他在《权书·项籍》中举了项羽和诸葛亮未能统一天下的反面例证，认为项羽巨鹿之战后应该用围魏救赵的计谋直取咸阳，不仅可解赵国之围，而且也不会将胜利果实白白送给刘邦；而诸葛亮一生谨慎，选了易守难攻的巴蜀作为根据地，反而成了最后失败的根源。

此外，苏洵还提出了一些军事原则。比如在进攻时要注意避实击虚，集中优势力量歼灭敌人，避免损失太大的攻坚战；同时，作战不能贪小利，要时刻提防敌方的伏击和偷袭。他在《权书·法制》中提出“以众入险阻，必分兵而疏行”的办法，要使敌人想偷袭都不知道偷袭谁；在《几策》一文中又提出“审势”和“审敌”的主张，简单地说，“审势”就是分析敌我双方态势，以用权谋，“审敌”则是审察敌情和边情，提出御敌之策。

抛开苏洵对项羽和诸葛亮的看法不谈，其军事原则看起来似乎很有道理，但是其军事思想存在一个致命的问题：他反对用间！

苏洵在《权书·用间》中写道：“兵虽诡道，而本于正者终亦必胜。今五间之用其归于诈，成则为利，败则为祸。且与人为诈，人亦将且诈我，故能以间胜者，亦或以间败……夫用心于正，一振而群纲举，用心于诈，百补而千穴败。”其核心意思就是，不要用间谍，那是诈术，你诈别人，别人也会来诈你，只要坚持正道，打胜仗就是振臂一呼的事。至于不用间谍，如何得知敌人的虚实，又如何分析敌情，苏老爷子是不考虑的。

相对而言，历史上契丹人可是相当重视情报工作的，甚至在对抗宋朝时占据优势。

苏轼也继承了苏洵的这一观点。他在《孙武论》上、下两篇中也批评孙子“兵以诈立，以利动”的观点，认为这样会使将领容易贪小利误大局，而且还容易破坏和谐美满的社会、政治风气。因此应该坚持“廉、静、信”三原则。

其实，孙子讲利是以一种辩证的思路来讲的。《孙子·作战篇》中就有“不尽知用兵之害者，则不能尽知用兵之利也”之言。此处的“利”是指对作战全局而言的大利，是最终的胜利，为此小利就得果断放弃，《九变篇》中说：

“途有所不由，军有所不击，城有所不攻，地有所不争”，可见苏轼对孙子的指责是不对的。而他认为战争用诈会败坏风气这种观点，真是让人咋舌了。

其实，苏洵、苏轼批评军事作战“不正当”谋略，与当时的大环境是分不开的。宋代对武人防备最严，大部分学者也都跟风批评兵学思想，其中最容易受抨击的自然就是“诈”和“利”这种容易被误会的字眼。可以设想，一位将领费尽心机得胜凯旋，结果回朝就被文官参一本，说他用诈趋利，赢了也不光彩，这会对指挥作战造成多恶劣的影响？显然，这会致使将领在作战时更加极端化，要么无脑冲锋，要么干脆避而不战。

公平地说，与父兄相比，苏辙的观点相对务实得多。在《上皇帝书》中，他列举了宋朝初年宋太祖的用人方略，称其对北方边防将领“皆厚之以关市之征，饶之以金帛之赐，其家属之在京师者仰给于县官，贸易之在道路者不问其商税”，于是“死力之士贪其金钱，捐躯命，冒患难，深入敌国，刺其阴计而效之，至于饮食动静无不毕见，每有入寇，辄先知之”。可以看出，赵匡胤厚待军人，使其乐于效命、积极刺探敌情的做法深得苏辙赞赏。契丹、西夏和羌等民族作战善于突袭，目的主要在于劫掠，结果由于宋军情报工作做得好，在敌人来前就能动员起来坚壁清野，敌人捞不到半点便宜，边疆自然稳定。

苏辙还主张边防事务应该重用土兵，削减禁军。宋朝的土兵指地方士兵，这些人生于边疆，舍得拼命守土，又熟悉地形，战斗力往往高于禁军，兵饷相对还低，重用土兵不仅可以节省开支，还能增强军队战斗力，巩固边防。苏辙这一观点可以说与范仲淹、韩琦不谋而合，还是很有实践意义的。

尽管如此，苏辙也曾认为，既然在当时，士兵从训练中所获得的赏赐比宋神宗时期有所降低，那就应该降低禁军日训练强度，让士兵更有积极性。这一建议实在令人啼笑皆非。

“三苏”父子为国家的前途踊跃建言献策，其精神是可嘉的，但涉及军事问题，稍有不慎，满盘皆输，不能轻率对待，更不能因盲目追求“仁义道德”而束缚了手脚，不然就会陷入曹操所说的“慕虚名而处实祸”的危险境地，于国于民皆是不利。哪怕是有家学和理论基础的赵括，也闹了纸上谈兵的笑话，更何况一般文人书生呢?

南宋权臣贾似道：是奸相还是大宋最后的希望

由于被列入《宋史·奸臣传》，又被后世戏剧、小说大量演绎，南宋名相贾似道一直以“旷世大奸”的形象为人所知。然而，对于贾似道的真实形象，网上一直有很热烈的讨论，包括著名宋史大家何忠礼先生，也一直在为贾似道正名。那么，历史上真实的贾似道，究竟是怎样的呢？

贾似道之姐贾妃一度被宋理宗宠幸，但在贾似道发迹时，她已经去世，贾似道的父亲贾涉更是很早就被朝中大臣打压排挤致死，所以贾似道的发迹，实出于自己的努力。他早年在名帅孟珙帐下效力，被孟珙视为奇才，指定为接班人。后来担任边帅多年，在开庆元年（1259年）的鄂州之战中击退忽必烈，终于得以入朝为相。

鄂州之战进行得极为艰险。由于前期鄂州城防空虚，在蒙古人的猛攻下，阳逻堡防线一开始就被攻破，城防也破损严重。然而贾似道指挥众人环城作栅，一日而成，忽必烈久攻不下，进入冬天，乏粮少药，疫病丛生。进退两难之际，忽必烈便由衷感慨道：“我手下怎么没有如贾似道这样的奇才呢？”

在鄂州无法打开局面，蒙军又分兵攻掠四方。贾似道、孙虎臣以精兵700从鄂州突围到黄州，阻挡蒙军出击江西或沿江而下直取临安。途中，二人与蒙军遭遇，贾似道感叹说：“死矣，惜不光明俊伟耳。”可见，贾似道并不怕死，只是觉得这样默默无闻地死去显得不“光明俊伟”。

好在经过孙虎臣身先士卒的力战，以及贾似道在后边的指挥，终于击退了蒙军，成功地在黄州组织起了防御。忽必烈无奈之下，打算撤军，但迂回到湖南的兀良合台部尚未返回，只得派出一部兵力接应。

贾似道虽然未能对军力庞大的忽必烈部形成致命打击，但及时调回淮西夏贵，并派出刘整等人协同，在洞庭湖截击兀良合台，致使兀良合台惨败，兵力损失殆尽，几乎是仅以身免。此后，兀良合台被夺取了兵权，由自己的儿子阿术代替。以此观之，鄂州之战，实是南宋对蒙古取得的少有大捷，不仅仅是守城胜利，更在野战中有效歼灭了数量可观的蒙古军。

战后，贾似道被召入朝，诛杀了著名奸臣丁大全，同时也杀死了自己的政敌吴潜。而后，贾似道进行了著名的公田法和打算法改革。

宋度宗上台时，朝廷账面人口仅剩1300万，虽然宋王朝统计户口时只算男丁，但这个数字即使翻倍，也不过2600万，而南宋王朝巅峰时有6000万人口。根据蒙古灭宋后统计的江南民户，则战乱导致的人口损失实在1000万以上，即便考虑到当时蒙古尚未完全占领川蜀，度宗朝的账面户口的锐减也很惊人。

赵构南渡之后，采取了纵容豪强的国策，而号称明君的宋孝宗也并未进行匡正。南宋王朝治下除了大量圈占民户的地主豪强之外，还有拥有私军的土豪，典型如贵州的播州杨氏、思州田氏。而在湖南、江西、福建及两广也有许多小型土豪，直到明初才在朱元璋的铁腕下平定。在南宋前中期，土豪们会统计治下的户口，禀报朝廷，但实际收税时只象征性地交一部分。

战乱使得更多民户投靠土豪，土豪们亦通过支援南宋朝廷抗蒙，而索求更高的自主权，所以他们控制下的户口变得几乎完全不能统计，也不再纳税了。加之参与抗蒙作战的诸将也借战功扩大势力，兼并土地，朝廷财政越发艰难，这也正是贾似道要实行打算法、清查众将账目的重要原因。贾似道掌握中枢之后，改革救亡实是势在必行的事情，若不改革，南宋只会更快灭亡。

有学者批评公田法，认为其不可能从根本上解决财政危机，反而成为社会动荡的新源头。公田法实施之后，南宋朝廷仍然在加印会子，引发通货膨胀，即纸币贬值的问题并未得到解决。

然而，南渡之后，土地管理混乱，朝廷财政状况极为困难。之前南宋政府大量增发的纸币，主要用于和籴，即用增发的纸币购买百姓手里的粮食。由于纸币贬值几近废纸，和籴实与强征等同。至于和籴的摊派也很不合理，“权势多田之家，和籴不容以加之”，重担主要落在贫弱户和中小地主的头上。

贾似道实行公田法，继续增发纸币，则是为了收购豪强之家的土地，亦即将从百姓手中强征粮食，改为低价从豪强之家手中征发土地。其掠夺性质虽强，但负担从贫弱户和下户，转移到富有田产的豪强之家，这就是一个进步。

至于公田上佃户的租税，比起豪强之家佣耕的租税更高，这个情况确然是严重。豪强之家为了留住佃农，往往会降低佃户的税米，以取得佃户的爱戴。自耕农由于租税繁重，便乐于出卖土地，投身豪强成为佃户，于是自耕农更少，国家财政更加困难，剩余的自耕农所承受的赋役就更加严重，形成一个恶性循环。

其实贾似道之营公田，与曹操行屯田、明代施卫所，有相似之处。要在外敌侵逼、军费浩繁的局面下，为国家续一线之命，解决财政问题，对于公田雇耕户加重剥削是免不了的。然而这样的做法却减少了对底层百姓压迫最繁重的和籴，是以南宋虽然灭亡，但毕竟是全民抗战，轰轰烈烈地亡于国力远胜于自己的蒙古，而不是被内部的义军和蒙古里应外合所剿灭。

有人认为公田法对大官僚、大地主没有起到太大的抑制作用。然而，所谓“为政不难，不得罪于巨室”，在贾似道上台执政之初，凭借其鄂州战功和此前一些经济与军事方面的成就，朝野无不为之欢欣鼓舞，著名学者王柏献诗歌颂他“义概包宇宙，智略吞群英”“归来辅皇极，一稔舒群情”，当时士大夫们对贾似道的钦佩态度可见一斑。惯于任情褒贬人物的太学生们，也争相称其为“师相”“元老”和“周公”。可是当贾似道着手实施一些不利于贵族、官僚和地主阶级眼前利益的政策时，就立即遭到了他们的猛烈反对。贾似道身败名裂以后，这些政策措施就作为他的一大罪状而载入史册。

南宋最终还是灭亡于经济破产，但那是因为忽必烈已经完成了对北方的整合，北方人口也不断恢复，因而对南宋形成国力碾压，贾似道在其时代局限下，已经尽力了。

当然，贾似道确实有着生活奢靡、结党、排除异己的问题，党羽亦多有并不清正之人，这是事实。然而这其中也不乏夸大之辞，如有记载称贾似道的豪宅范围从葛岭山上一直延展至西湖边。只从文字描述来看，贾似道似乎显得穷奢极欲，但如果看地图，就能发现原来葛岭本来就在西湖边上，其实也没有那么夸张。明代大改革家张居正又何尝不是如此呢？后者死后亦遭到报复，家业被抄，妻子儿女受到迫害，甚至差点被鞭尸，与贾似道的遭遇何其相似！

第二章　名将篇

男儿何不带吴钩，
收取关山五十州

老将廉颇：其实是少年得志

说到老兵迟暮，很多人脑海里就会浮现出一句词：“廉颇老矣，尚能饭否。”在我们的印象中，廉颇始终是一个须发花白的老将形象，难道这是因为廉颇在年轻的时候没有任何出色的作为，只是大器晚成吗？

廉颇之所以在我们的印象中会是一个老年的形象，主要还是拜长平之战与辛弃疾的词所赐，它们都给廉颇贴上了“年老”的标签。不过如果我们仔细梳理廉颇的生平，就会发现一件有趣的事：“将相和”故事发生的时候，廉颇实际顶多算个中年人，而他因战功被封上卿并以勇气闻名诸侯时，可能只有二十多岁，可谓名副其实的少年得志！因此，“将相和”故事前后廉颇的情绪变化，也就不难理解了：作为一个年轻人，觉得对方并没有什么作为，地位却能超过自己，自然会觉得不公平；同样，作为一个年轻人，发现自己犯了错，那么主动向自己的对头认错，也不算什么太丢脸的事；愿意不计前嫌地结交曾经的对头，也正是因为这个对头在年龄上比自己成熟很多，还充满了年长者的智慧，可以作为自己为人处世的导师。

《史记·廉颇蔺相如列传》十分生动地记载了“将相和”的故事，但是其中缺少了最为关键的因素，即明确的时间线索，这就使读者产生了一定的误会。由于故事先介绍了廉颇以战功闻名于诸侯的事迹，之后才是蔺相如出场，这使人们自然而然地以为廉颇比蔺相如年龄要大很多。但我们要注意到，根据《史记》的记载，蔺相如要早于廉颇很多年去世，这一点就隐晦地暗示了我们，两人实际的年龄可能与我们的普遍印象完全相反。

史书没有明确记载廉颇的生卒年份，不过其生平的一些大事件所发生的年月都留下了清晰的记载。这里，笔者根据《战国策·赵策》《史记·廉颇蔺相如列传》《史记·赵世家》《史记·六国年表》的相关内容列出其大事记年表[①]。

年份	大事记	推测廉颇年龄
赵王何十六年（公元前283年）	廉颇领兵出征齐国，大败齐军主力，攻取阳晋城，获得上卿官爵，以勇气闻于天下诸侯。 蔺相如完璧归赵	24岁
赵王何二十年（公元前279年）	秦赵渑池之会，蔺相如随赵王参加会盟，廉颇领兵护送赵王至边境，约定赵王何如果遇到意外，廉颇将率先拥立太子继位，断绝秦王敲诈企图。 “将相和”故事。 同年，廉颇再度挂帅攻齐，全歼齐军一个主力军	28岁
赵王何二十三年（公元前276年）	赵国以楼昌为主将，攻打魏国的几（地名），未能攻取。十二月，换廉颇为主将，继续攻魏几城，成功拿下	31岁
赵王何二十四年（公元前275年）	任命廉颇为主帅，攻打魏国的房子（地名），攻克；随后又攻取了安阳	32岁
赵王何二十八年（公元前271年）	蔺相如挂帅伐齐	36岁
赵王何二十九年（公元前270年）	秦国出兵攻打韩国，秦军一直打到了赵国重地阏与。赵王召见众将商议战事，问：“阏与危急，还能救援吗？”廉颇回答：“道远险狭，难以救援。” 赵奢则认为狭路相逢勇者胜，应当救援。于是赵王任命赵奢为将率领大军救援阏与，赵奢在阏与大败秦军，一战成名	37岁

① 本表根据前文提及史料整理。赵王偃元年（公元前244年）廉颇奔魏并于旅居数年后离开，本表中廉颇年龄，是按廉颇旅居魏国五年、离魏时为70岁来推算的。

续表

年份	大事记	推测廉颇年龄
赵王何三十年（公元前269年）	秦军在阏与被赵军击败，为报复转向攻打几地，廉颇率军救援几地，大败秦师	38岁
赵王丹五年（公元前261年）	秦国以王纥为主将出兵攻打上党，赵王让廉颇率军救援，双方在长平相持不下	46岁
赵王丹六年（公元前260年）	赵王任命赵括接替廉颇为主将增兵长平，白起击败赵括坑杀赵军四十五万	47岁
赵王丹七年（公元前259年）	秦军围攻邯郸。 同年蔺相如病逝	48岁
赵王丹十五年（公元前251年）	燕军伐赵，赵王任命廉颇为主将，领兵抵挡。廉颇在鄗一举击败燕军，斩杀燕军主将栗腹，引兵反攻到燕国腹地，围燕下都。燕王为求和割让五座城给赵国，两国罢兵言和。赵王以尉文作为封地，加封廉颇爵位为信平君，并兼任假相国一职位（推测职权为代地的军政一把手）	56岁
赵王丹二十一年（公元前245年）	廉颇率军攻打魏国的繁阳，一举攻下该城	62岁
赵王偃元年（公元前244年）	赵孝成王因病去世，其子悼襄王继位，任命乐乘替代廉颇假丞相一职。廉颇大怒，领兵攻击乐乘，乐乘不敌。 后廉颇被迫出奔魏国大梁投靠信陵君	63岁
赵王偃元年至赵王偃七年（公元前244年—公元前238年）	廉颇在大梁居住了很久，不被魏王信任和任用。此后几年赵国在与秦国的交战中多次失利，赵王想迎回廉颇，廉颇也想回到赵国效力。赵王派出使者看廉颇的身体状况能否继续领兵作战。“廉颇老矣，尚能饭否”典出此时	63~69岁
赵王偃八年（公元前237年）	楚王听说廉颇幽居在魏国，私下派人将廉颇迎接到楚国，封官许愿	70岁
未知	廉颇曾经作为楚将领兵作战，但没有立下功勋。临终遗言：“我还想再次为赵国尽忠效力。”廉颇病逝于寿春	未知

从上面的年表中我们可以明确地看到，直至蔺相如去世大概30年之后，廉颇才在历史的舞台上谢幕。就算廉颇身为武将，比身为文官的蔺相如身体素质要好，但假如两人年龄相当的话，离世的时间不可能会相差这么久。这也间接地证

明了“将相和”故事发生之时廉颇不可能已经是一个老年人，毕竟在此之后廉颇还要在战场上再驰骋三十余年。相反，蔺相如的实际年龄可能要比廉颇大一辈。

同时，我们还可以在年表中明确地看到，在“以勇气闻名于诸侯”后，到长平之战之前，廉颇多次领军出征，且屡立战功，不但在与齐国、魏国战斗中获得胜利，与秦军对战也曾取胜过。因此，作为长平之战前赵国战功最为卓著的将军，廉颇成为领兵支援上党抵御秦军的最佳人选。

廉颇流亡魏国数年之后不得重用，思归赵国而不得，此时楚国国君仰慕廉颇的勇气与威名，私下邀请其到楚国出仕，以常理推测此时廉颇为70岁左右。战国时男子年满四十可算老年，以“超长待机”著称的秦昭王也不过活了74岁。若此时廉颇已超过70岁，楚国不太可能会再邀请其为将，其身体条件已经不允许再上战场了。

廉颇在魏国旅居2至10年，此处取居中的5年计。史书中称此时赵国被秦军接连击败。赵王偃四年（前241年）发生了五国联军以赵将庞煖为统帅攻秦的蕞之战。是役联军战败，赵王打算重新启用廉颇的时间点应该也与此相近，因此推测廉颇旅居魏国5年，再依此倒推，廉颇离开赵国时大概为65岁，那么廉颇官居上卿之时不过才24岁，属于绝对的青年才俊。

就算廉颇离开赵国时已有70岁高龄，也是在不到30岁时便已闻名于诸侯了，渑池会与“将相和”那年才不过35岁，长平之战时为54岁。我们可以想象一个60多岁的老人，在听说祖国还需要自己的时候立刻穿戴好盔甲纵马骑射以示自己还能为国献身时的激动，也能像躺在病榻上的廉颇这样回顾自己一生：20来岁以勇气闻名于世的年少得志，与蔺相如结为刎颈之交时的意气风发，因自己为祖国南征北战立下汗马功劳被封为信平君的风光，最后不得重用只能客死他乡时的无奈。廉颇最后留下遗言：“我思用赵人”——我多想为自己的祖国再效劳一次啊。自古名将如美人，不许人间见白头，一代名将就这样怀着遗憾离世。

李广难封，所谓“天意”其实是骑兵战术革命

李广、卫青、霍去病都是活跃在汉武帝时期的著名将领，然而三人的生前际遇却判若云泥，卫、霍二人平步青云，封侯拜将，李广一生征战却徒留难封之叹。世人常将此归咎于天意，但此事背后的所谓“天意”，其实是一场长期被世人忽视的骑兵技术革命。

汉帝国骑兵直接传承于秦骑兵，由秦将李必、骆甲辅佐灌婴建立。直至汉武帝早期，汉骑兵在战术上依然以学习匈奴战术为主，如韩嫣就因熟悉匈奴战术受到重用；兵源上则以与游牧民族有长期接触的边民即六郡良家子为主，并大量招募楼烦等北方游牧部族为辅。因为历史传承和长期高密度的信息交流，此一时期的中原和匈奴骑兵可视为一体进行讨论，且可相互印证。我们以《六韬》为基础进行讨论，此书最早见于临沂银雀山汉墓，普遍认为至少在西汉前期已广泛流传，因此可通过此书来研究先秦至西汉前期的骑兵技术。

书中给骑兵的战术定位是“军之伺候”，即典型的轻骑兵。攻击手段上则强调“能驰骑彀射，前后左右”，即以骑射为主。战场运用方面，指近战的“陷”在书中仅出现过两次，其中一次还是协同车兵冲锋。主要战法则是“薄”和“翼”，即贴近射击。总而言之，此一时期的中原骑兵为一支骑射

为主的轻骑兵部队。匈奴骑兵据《史记》记载："士力能毌弓[1]，尽为甲骑。""其长兵则弓矢，短兵则刀铤。"需要指出是：这里的"甲骑"应当是（轻）骑兵的泛指，而不是像后世那样常用来指代重骑兵。

对此我们除了可结合《史记》原文中对匈奴骑射能力的强调来推测以外，还可引晁错的《言兵事疏》为证："且驰且射"为"匈奴之长技"，而"夫平原易地，轻车突骑""劲弩长戟射疏及远""坚甲利刃，长短相杂""下马地斗，剑戟相接"则都是汉家长技。可见，在汉代人的认识中，匈奴骑兵是一支擅长骑射而不擅长正面冲突和近距离格斗且甲胄上处于劣势的轻骑兵部队，绝非重骑兵。

综合以上论述，我们大体可认为先秦至西汉早期的中原和草原骑兵是一支以弓箭远程打击为主，只配备一些短兵器，较少进行近距离格斗的轻骑兵部队。

而飞将军李广则可以说是当时骑兵将领的巅峰代表。他出身于当时的骑兵世家："其先曰李信，秦时为将""世世受射"。自身天赋异禀："为人长，猿臂，其善射亦天性"。个人武力值爆表：既有单杀三个匈奴射雕者的名震当世的战绩，也有"醉没石棱"的千古风流佳话。将略方面："广行无部伍、行陈，就善水草屯，舍止，人人自便""然亦远斥候，未尝遇害""士卒亦佚乐，咸乐为之死"。虽然部队纪律性不强，但却能充分发挥骑兵的侦察作用，且能用个人魅力代替纪律，使士卒勇于战斗。对于这一用兵特点，学者一般认为是李广个人性格决定的。但这也很可能是因为，此一时期中原骑兵基本是在模仿草原骑兵，因而也受到了他们缺乏纪律等习惯的影响。只是在李广这样一个近似于草原英雄形象的将领手中，这样的军队特点彰显得更加鲜明。

---

① 毌弓，通"贯弓"，即拉开弓。

然而，在这种极度依赖士兵单兵素质的传统轻骑兵作战模式下，纵使李广本人才气天下无双，中原骑兵终究弱于“射猎禽兽为生业”的匈奴骑兵。依托城市和车步兵打打防御战尚可，一旦主动进攻则难免失败。元光六年（前129年）的龙城之役即是以李广为代表的老式将领为主导，结果遭遇惨败，四万大军折损两万。

为了扭转颓势，汉武帝大胆起用龙城之役中唯一小胜的卫青等年轻将领，开始了一场大胆的骑兵改革，将步兵注重纪律的传统引入骑兵并大规模使用近战冲击战术代替传统骑射战术，从而一举扭转了战争局势。

这一变革在史料上也有所体现，以《史记·卫将军骠骑列传》为例，据统计，凡是涉及战斗细节的描写，均出现有“斩”“诛”“合短兵”“纷拏”①等指代近战格斗的字词，明显不同于《匈奴列传》与《李将军列传》中对骑射的侧重描写。如此遣词不应视为偶然，当是太史公有意为之。

从出土文物上看，秦骑兵俑的手部均呈横握姿势，这一姿势被认为是用来持短兵器的，而汉俑手部则发现有竖握的姿势。汉代骑兵具体使用的兵器是骑戟，虽然“骑戟”一词最早要到东汉孙家村汉简上才出现，但盱眙东阳西汉墓和临淄西汉齐王墓中已分别有全长2.49米和全长2.9米的马戟实物出土，长度短于同时代全长3～5米的步戟，但远长于匈奴骑兵1.5米的铤，适合马上冲击作战。孙家寨等汉墓出土的石画像中则绘有中原骑兵执戟击杀匈奴骑兵的图样，说明在东汉时，持戟冲击骑兵和骑射骑兵已成为中原骑兵和游牧骑兵的代表性符号，进而说明在东汉之前冲击战术已在中原骑兵中有大规模长时间的运用。这也侧面印证了上述变革。

冲击骑兵取胜的奥秘，可以分两个层面来讨论。

从宏观层面来说，战斗胜负的本质就是能否向对方进行更多的有效能量输

---

① 纷拏，混乱、错杂的样子。

出。放到现代来说就是火力强精度高的一方取胜，而对于古代来说，比的就是能量输出的有效率，在冷兵器时代，近战兵种要优于远程，所谓“三箭不如一刀，三刀不如一枪”。

具体到汉匈战争上，常理而言，在没有马镫的加持下，一旦进入相持格斗，理应是马术更好的匈奴更占优势，但实际却是汉军取胜，那么汉军是如何取胜的呢?

其一在于组织纪律。迫使士兵进行残酷的近战格斗需要更严格的纪律，因为生产资料的可移动性，游牧帝国首领对于可以用脚投票的部属难以形成皇帝式的权威。而即使是在占据西域绿洲经济区的全盛期，匈奴单于也只能“斩首虏赐一卮酒”，没有足够的物质基础去约束部众。因此，可以合理推测，面对汉军骑兵的列队冲锋，匈奴骑兵往往是出于本能转身逃跑，《史记》中也有对于匈奴“不羞遁走”的作战习惯的记载，因此汉军骑兵往往是进行追击作战，从而能打出漂亮的战损比。

其二在于冶金技术的发展，这一点更为重要。我国古代独有的竖炉炼铁法，是由春秋战国时的地炉法发展而来，至汉朝冶金技术已取得了对于块炼法的绝对优势。汉武帝时期，全国设铁官49处，仅古荥镇一处高炉，积铁每块质量即达20吨以上。而巨大的铁产量则为优质铸铁脱碳钢的生产提供了保障。古罗马作家普林尼在其《自然史》中记载有“铁的种类多而又多，但没一种能和中国来的钢相媲美”。汉帝国有能力为其骑兵大规模装备铁甲和性能超过匈奴短剑的环首刀铁甲，这就扭转了在近战缠斗时双方的战力对比。

如果排除以上两个因素，在匈奴人作战意志比较坚决，装备又比较精良的情况下，则双方“杀伤大当”，如漠北决战卫青与匈奴本部的会战。这从反面印证了此观点。

在历史的变革关头，卫青和霍去病这样起自寒微、没有背景传承的人，往往更容易成为时代的弄潮儿。没有传承，同时也意味着没有包袱和束缚。像霍去病，更是明确拒绝学习“孙吴兵法”，不拘泥于传统，反而散发出了更耀眼的光芒。而骑将世家出身的李广，纵然才气天下无双，达到了传统骑兵将领的巅峰水准，但因错过历史潮流，只能无奈成为时代的眼泪。

千军万马避白袍的陈庆之为何后来一蹶不振

提及南朝萧梁名将陈庆之，很多人就会想到那句著名的“名师大将莫自牢，千军万马避白袍”。历史上，陈庆之率领一支孤军打到洛阳，把北魏搅得天翻地覆，但可惜的是，这支远征军最后被一场洪水所吞没。在此之后，陈庆之再也没有这样的辉煌战绩。那么，到底是什么导致他在一次惨败之后就一蹶不振了呢?

自西晋永嘉之乱后，人口大量南迁，史称衣冠南渡。随着北方的逐渐统一，东晋也被刘宋替换，出现了南北朝对峙。这一对峙，就从公元420年对峙到了公元589年，在这一百多年的时间里，北朝曾组织多次南征，但都被打了回去，不过还是将南北战线从黄河转到了淮河。当然，南朝统治者也发动过多次北伐，比如刘宋时期的檀道济北伐，宋文帝组织的元嘉北伐，以及萧梁时期的陈庆之北伐。

陈庆之北伐可谓势如破竹，一度打到洛阳，拥立了北魏宗室元颢。陈庆之对北伐的时机把握得很准，正好是在尔朱荣制造河阴事变导致北魏内乱之后。当时，洛阳官员百姓对尔朱荣不满，加之各地民变及六镇余部起义，强大的北魏已经千疮百孔。而且还有不少北魏宗室选择投降萧梁，有的甚至是带地投降。而陈庆之北伐之时，北魏的主力也不在洛阳。当时南梁如果能把后援跟上，即使不能统一全国，也可以将国境线推到黄河以南。

陈庆之最终失败，其原因目前公认是孤军深入，导致孤立无援。但是为何会至此呢？传统观点认为是因为元颢猜忌陈庆之，害怕后者尾大不掉，所以没寻求援军。但是当时形势已然明确，难道萧梁所有人都只听信元颢的一面之词吗？所以，说到底，这不是萧梁想不想去支援的问题，而是有没有能力去支援的问题。这就不得不提及南朝当时的国力了。

提到国力，首先要涉及人口，因为古代一个地区的人口密度是衡量该地区经济发展水平的重要指标。据魏收《魏书·地形志·总序》来推算，当时北魏的人口在五百万户左右，高于西晋太康时期。而南朝的人口，《通典》记载道："今按本史（刘宋）孝武大明八年（464年）户九十万六千八百七十，口四百六十八万五千五百一。"又载，陈后主灭亡之时，隋朝"所收户五十万，口二百万"，萧梁人口，应当在此区间。

要知道，相较战乱频仍的北方，南方要平稳许多，然而，南方人口相较北方依然相差这么多。这不得不提到另一个问题，那就是世家大族对政权的影响。魏晋时期，士族把控政权，一方面享有极高的社会地位，另一方面垄断了社会财富。

这其中就包括对国力影响极大的耕地。根据学者们对西晋到南朝土地制度的分析，当时大量的田地掌握在世家大族手里。而世家大族不是自己耕作土地，所以往往有大量破产农民托身于世家大族。《梁典·高祖事论》记载："梁氏有国，少汉之一大郡。太半之人并为部曲……或事王侯，或依将帅。"所以，原本战争较少的南方地区，人口数量在官方的统计上却少了很多。西汉时，扬州五郡一国共有320万人口，交州七郡共有137万人口，光这两地人口数量之和就远远多于南陈，而南陈的土地可不只是西汉时的扬州和交州。

所以从学者的推测与当时的记载来看，南朝大量人口和土地被南迁大族和当地大族瓜分。这些士族有自己的庄园和坞堡，还有私人武装——部曲。虽然南朝后期士族衰落，但是衰落的多是南迁士族，当地士族却开始崛起，这就形成了俗话说的“穷庙富和尚”。比如宋文帝在北伐时遇到了财政困难，不得不向大臣和富户甚至和尚尼姑借钱。

简单来说，拜世家大族所赐，南朝与北方的国力对比处于明显的劣势。

除了国力，再看军队的动员体制。东晋和南朝继承了东汉末年的世兵制，军队依靠军屯供养，但是土地兼并严重，士兵大量破产。破产士兵除了逃亡，有的还自残身体，到了萧梁时期，有时甚至要靠锁链避免士兵逃亡。这必然导致南朝军队战斗力下降。

另外，南朝在军队体制上也存在问题。南朝有中军（亦称台军）和外军的区分。外军分属各地都督，都督多兼刺史。都督刺史不少是大族出身，本身就有部曲，又可以招募士兵，这就有了拥兵自重与中央相抗衡的资本。从史料记载来看，南朝军队中，世家大族的私兵占比不少。在面对北方入侵时，世家大族尚且能一致对外，毕竟赢了能获得战利品，而一旦输了，自己的地盘军队也都没了；但是如果要进行远征，他们就会怕自己吃亏。所以南朝自保有余，进攻不足。

由于南朝统治者本身财力有限，无法完全取消世兵军户，又缺少北朝那样完善的动员体系，因此南朝政权始终只能保留由少部分职业募兵和世家部曲，以及大量世兵组成的军队。

除了兵力财力不足以外，萧梁本身的腐化也是一个不可忽视的因素。《颜氏家训》里对南朝士大夫是这样记载的：“梁世士大夫，皆尚褒衣博带，大冠高履，出则车舆，入则扶侍，郊郭之内，无乘马者……至乃尚书郎乘马，则纠劾之。及侯景之乱，肤脆骨柔，不堪行步，体羸气落，不耐寒暑，坐死仓猝者，往往而然。建康令王复，性既儒雅，未尝乘骑，见马嘶喷陆梁，莫不震慑，乃谓人曰：‘正是虎，何故名为马乎？’其风俗至此。”

因此，虽然陈庆之能力很强，但是国力在那摆着，这就导致他给后世留下的只有一则“千军万马避白袍”的传奇故事，而不是收复中原的奇迹。

南朝不是不能打，也不缺少名将，像檀道济、薛安都，以及陈庆之，哪个不是一代名将？但是由于南朝自身的缺陷，使其最终无法统一全国。

岳飞与蓝玉到底谁更强

岳飞是我国历史上最出色的将领之一。然而，网上流传着“岳飞远远不如明朝蓝玉”的说法，持这种观点的人认为，岳飞未能收复失地，而蓝玉击溃北元，从战绩上看，蓝玉完胜岳飞。那么，事实究竟如何呢？

岳飞出生于宋徽宗崇宁二年（1103年），于宣和六年（1124年）应征平定军“效用”。但在两年以后，平定军陷落，岳飞不得已返回相州，并于当年冬日加入康王赵构新组建的队伍之中，随后随军护送康王南渡。在到达南京应天府以后，岳飞上书奏请康王“亲率六军北渡，则将士作气，中原可复”。但此时康王在黄潜善等人的怂恿下已经决定偏安一地，身为一名下级军官的岳飞，因违背他们的意愿而获罪，遭到免职。

尽管原本试图偏安，但在宰相李纲的力谏之下，小朝廷依然不得已松了口，让张所出任河北西路招讨使，但仅仅“给空名告千余道，以京畿兵千人为卫，将佐官属，听自辟置”，支持力度极小。此时的岳飞得闻张所北上抗金，毫不犹豫地前往北京大名府投靠张所，也获得了张所等人的赏识。但好景不长，李纲任相七十五日便遭罢免，张所也遭到清算发配，下落不明。

此后，岳飞率部转战太行山一带，并与此处的宗泽军会合。宗泽死后，岳飞被派往杜充手下任职，而杜充不仅缺乏指挥才能，甚至不敢与金军进行正面作战。建炎三年（1129年）末，金军南下，此时驻守建康的杜充避而不战，其后甚至投降敌军。岳飞不愿与之同流合污，自率一部南下独立抗金，沿途整合了宋军的溃兵败卒，阻止金军南下临安的步伐。

金军此番南下未能捉到宋高宗，他确实有些幸运。在建炎三年末至建炎四年初的战事中，岳飞所部取得了很大的战果，在广德、常州、镇江府地区与金军交战皆胜，在一定程度上迫使金军撤退，仅留下了南下的跳板建康。随后岳飞受命讨伐金军、恢复建康，于四月末至五月在韩世忠等军配合下，先后与金军的偏师、主力交战，金军损失惨重被迫北撤，岳飞成功收复建康。

及至此时，岳飞抗击金军的行动都是在缺乏宋廷实质性支持的情况下展开的，直至建康战役结束以后，宋廷才终于重视起岳飞的军事才能，命其镇守淮南的通州与泰州。此后金人攻打楚州，岳飞受命救援，并向此时驻扎在润州的刘光世发出求援信号，但依然石沉大海。刘光世手中有四五万兵马，而岳飞所部只有寥寥数千人。事实上，即便是两年之后的绍兴二年（1132年），岳飞所部本军官兵也不过一万二千余人，并且还须留下一部分保护随军家属，再刨除辎重部队及伙夫，能战之兵实则仅有数千人。

因此，尽管岳飞在到达楚州以后三战三捷，但依然不能改变楚州即将失守的困境。淮东局势也因楚州失守而失去控制，最终全面沦陷。岳飞独木难支，但在身负重伤的情况下依然亲自殿后，掩护数十万民众退至江南。所幸，义军领袖张荣此前的一度退让原来是诱敌深入：他于绍兴元年（1131年）三月在兴化县成功击败金军，夺回淮南。

绍兴三年（1133年）末，襄阳六郡之地陷于金军之手，长江防线出现缺口。岳飞于次年三月受命前去收复该地区，此时岳飞所部的扩张加上朝廷划拨的其他力量，兵力总计也不过三万五千人，仍旧处于劣势，但岳飞依然成功收复襄阳六郡。岳飞乘势再度上书，请求出兵直捣中原收复故土，但再度遭到宋高宗拒绝。

绍兴六年（1136年）秋，岳飞再行北伐，收复虢、商、顺三州失地，为“十余年来所未曾有”的巨大胜利。然而此时岳家军在补给上出现了困难，无法继续扩大战果。此后，金与伪齐联军攻打岳家军防区的商、虢及襄阳等地，均被岳飞击破。绍兴十年（1140年），金人撕毁和约，岳飞行第四次北伐并取得巨大战果，却被急欲求和的宋高宗与秦桧召回，其后因“莫须有”的罪名被杀害。

相较而言，蓝玉的境遇着实好上许多。蓝玉的姐夫常遇春是明太祖朱元璋的老班底，常遇春也一再对蓝玉的军旅生涯有所提携。

洪武四年（1371年）以前，蓝玉便升至大都督府佥事。此时北元政权几乎覆灭，被迫北撤，而明太祖也出兵予以追击。在其统治早期，他有意扫清北元在漠北的统治，甚至在北部沿线地区建立前沿阵地，即便在洪武五年（1372年）岭北之役失利以后，他也并未放弃进击漠北的决心。

终明太祖一朝，若不计附属战役，由明朝方面主动发起的战争达19次，而北元方面组织的战争仅为6次。明太祖这种有意“永清边患”的决心，与宋高宗屈服求和的态度形成强烈的对比，而蓝玉也是在明廷的支持下顺利崛起的。

洪武五年，明太祖命徐达率十五万军队分三路北征，中路军由大将军徐达亲自统率，其时蓝玉充当先锋，但最终未能获胜。洪武七年（1374年），蓝玉于白酒泉击败元兵，两年后受命备边延安。洪武十一年（1378年）以后，蓝玉先后受命征讨西番、云南等地，建功颇丰。洪武二十一年（1388年），蓝玉率十五万明军出征，至通州之时忽闻谍报“元兵有屯庆州者”，故而在大雪的掩护下悄然潜行，最终于捕鱼儿海大破元军。其中固然有意外的因素，但也展现了蓝玉把握时机的能力。

岳飞的抗金过程充满艰难，除了敌我兵力对比悬殊之外，还经常得不到友军的援助，其收复国土的远大抱负也因宋高宗的懦弱胆小而无法实现，最终身死。岳飞独身辗转数年才拉起一支数千人的独立抗金队伍，而蓝玉却在常遇春的帮助下早早获得了很高的地位。其后，锐意进取的明太祖又倾力支持征伐事业，而岳飞却因主张北伐而饮恨，两者待遇差距着实不小。

岳飞白手起家，在极为艰难的环境中创出一番事业，在遭遇重重阻碍的情况下扭转了南宋对于金朝的劣势，北伐未竟全功的主要责任也在于宋高宗与秦桧。蓝玉的战绩固然傲人，但相较于岳飞，他的成功背后有明太祖与常遇春的支持。不考虑二者所处的时代背景、政治环境，仅仅将“战绩”作为唯一衡量标准，显然是不公平的。

让金人开出一两骨头一两金的耶律留哥

女真贵族建立的金国在攻灭辽国后，一方面让契丹贵族为其效力，另一方面则对契丹百姓实施严酷的民族压迫。于是，两族之间的民族矛盾和契丹人民与两族贵族之间的阶级矛盾日益加深。金朝后期，随着封建贵族阶级的统治愈加残酷，这些矛盾也愈加深化，契丹人（其中也包括部分契丹贵族）反抗金国统治的运动此起彼伏。

到了金末，金国内部的这一政治状况从客观上为成吉思汗的征金战略提供了有益条件，成吉思汗也很好地利用了金朝内部的反抗势力。

成吉思汗对于契丹人的了解，可以追溯到统一蒙古时期，当时耶律阿海奉金主之命出使克烈部，在王汗处认识成吉思汗，便倾心归附，并招其弟耶律秃花前往为质，兄弟二人都参与了班朱尼河盟誓。成吉思汗应该就是从他们那里得知了金国境内契丹的情况：金章宗统治后期，辽东地区连年战乱。当时辽皇氏后裔、契丹贵族耶律留哥效力于金国，在北界任千户官。

据《元史》所载，成吉思汗崛起后，金国统治者们因担心契丹人叛变而制定由两户女真人监督一户契丹人的策略。这种政策实施后导致连效力于金国的耶律留哥都心生不满，起兵反抗。依理推测，这种政策的实施应该是在中都保卫战之后，因为此时，上京留守徒单镒派遣同知乌古孙兀屯率两万人增援中都，给耶律留哥起兵创造了良机。

耶律留哥起兵的另一个契机就是蒙古的有意拉拢。从1211年开始（《元史》称岁壬申，即1212年，有待商榷），他在隆安、韩州等地不断招兵买马，袭扰周边地区，而金廷的数次讨伐均以失败告终。短短几个月时间里，耶律留哥的军力扩大到十余万之众，军营占地十余里。

1211年底或1212年初，成吉思汗派遣的阿勒赤（即按陈）那颜所率军队在辽东地区与耶律留哥相遇，二人在金山宰白马白牛敬天地，面朝北折箭会盟。蒙古军兵分两路，就在阿勒赤前往辽东不久，从中都离开的哲别军也沿着较南的一条路线袭击了东京辽阳府，为耶律留哥起兵创造了另一个条件。1212年春季首月，耶律留哥聚众于隆安，自封都元帅，轰动了辽东地区。随后，耶律留哥遣使往成吉思汗处议降。

1213年，岁次癸酉，为金至宁元年，蒙古成吉思汗三年。该年三月，耶律留哥自封辽王，建都广宁，将妻子姚里氏立为妃，以其属耶厮不为郡王，坡沙、僧家奴、耶的、李家奴等分别为丞相、元帅、尚书，统古与、著拨行元帅府事，国号为辽。辽东地区的契丹人抗金降蒙之事对金国来说可谓是致命打击。于是，金帝派之前在野狐岭之战中败下阵来的完颜胡沙（完颜承裕）率兵六十万（该数字不必采信）前去攻打耶律留哥，同时宣告了耶律留哥的“身价”：一两骨头一两金，一两肉赏一两银，还能世袭千户。耶律留哥获知后向成吉思汗求援，成吉思汗派阿勒赤、孛都欢、阿鲁都罕三将统率一千精锐骑兵协助耶律留哥。

之后的战事，结合《元史·耶律留哥传》与《金史》中完颜承裕和纥石烈桓端二传，可见经过如下：此战大约发生在1213年夏季，《元史》将此战置于三月耶律留哥称王之后，或为追溯，因为《金史》载完颜承裕于至宁元年迁咸平府路兵马都总管，而“至宁”的年号仅使用了三个月，即1213年五月至八月。当时，金军分两路进攻，一路是由完颜承裕率领的主力军，由咸平路向北进攻；一部由金辽东路宣抚司都统纥石烈桓端指挥，自东北向隆安后方攻击。完颜承裕军与蒙古—契丹联军主力战于迪吉脑儿。耶律留哥以其侄安奴为先锋，横冲完颜承裕军，完颜承裕败走，战后耶律留哥将战利品全部献给了蒙古军。成吉思汗让阿勒赤等人归国，让可特哥带着一些人马辅佐耶律留哥。

东北方面的战况正好相反，纥石烈桓端大破契丹一万五千人于御河寨，据说夺车数千辆，降万余人。纥石烈桓端凭此战功，加骠骑上将军，授同知顺天节度使（遥领）。1214年春，金帝遣使前去劝降耶律留哥未果，于是命辽东宣抚蒲鲜万奴率领四十万大军攻打耶律留哥。双方在归仁激战，蒲鲜万奴的军队溃败，耶律留哥乘胜攻占辽东地区后迁都咸平府，号称“中京”。在此期间，他又击退金将移剌都所部的十万兵，政权益加巩固。

古代有哪些草根出身的猛将

有句俗话叫“高手在民间”。在古代，就有很多草根出身的侠客和猛将。李白的《侠客行》就描述过一名草根侠客：“闲过信陵饮，脱剑膝前横。将炙啖朱亥，持觞劝侯嬴。三杯吐然诺，五岳倒为轻。眼花耳热后，意气素霓生。救赵挥金槌，邯郸先震惊。千秋二壮士，烜赫大梁城。”其中的朱亥就是战国时期的草根侠客。

朱亥可谓是不折不扣的草根，是市井里卖肉的屠户。他在信陵君窃符救赵的故事里出场。当时信陵君为了援救赵国，请魏王最宠爱的如姬偷出兵符，然后前往大营要求大将晋鄙交出兵权。晋鄙验了兵符无误，但是认为没有诏令十分可疑，于是拒不交出兵权。信陵君身后的朱亥就从袖中掏出一个大铁锤，直接砸死了大将晋鄙。晋鄙被称为嚄唶宿将，是非常勇猛有经验的老将。朱亥在其大帐之中，没有怂，而是一击必杀将其杀死。朱亥这个民间高手可谓是名副其实，比那个上了秦王殿就吓得面无人色的秦舞阳强多了。

说起来，屠户之中出猛将的概率还挺高。比如刘邦手下的著名猛将樊哙就是屠户出身。樊哙出身寒微，早年曾以屠狗为业，显然是没有经受过什么正统的军事技术与指挥培训的。但樊哙随汉高祖刘邦南征北战，一共亲自斩首一百七十六级，俘虏二百八十八人；自己单独领兵作战，打败七支军队，攻下五个城邑，平定六个郡、五十二县，俘虏丞相一人、将军十二人、将官十一人，可谓战功赫赫。

更加难得的是，在鸿门宴上，当刘邦落入险境岌岌可危之时，樊哙面对项羽大营的兵将，硬撞开持戟护卫闯进项羽大帐。之后就算面对项羽这样的一流猛将，樊哙也毫无惧色，项羽甚至被樊哙气势所震慑，赐予樊哙一杯酒以及一条猪腿。樊哙拔剑切肉，吃完猪腿，反而质问项羽，刘邦入咸阳，分文未取，如今不但有功不赏，为何反而要诛杀有功之人？问得项羽无法作答。可见这个猛将不光勇猛，还很有智慧。

说起来，屠户中出人才，这大概是因为古代屠户经常杀生见血，胆气壮，也对动物的生理结构比较了解，知道哪里是要害，也知道从哪儿下手能一击毙命。而且屠户不缺肉吃，营养也跟得上，所以古代屠户中出过很多高手。当然也有镇关西这样的遇到真高手被三拳打死的假高手。

汉末有一位与樊哙齐名的猛将，就是三国故事中的猛将典韦。史载："汉高之得樊哙，廓去妖氛；曹公之有典韦，克宁寰宇。"典韦也是草根出身，早年甚至为朋友出头杀别人一家，然后出逃。当时，典韦的同乡刘氏与睢阳人李永为仇敌，而李永曾经担任富春长，家中防卫森严。结果典韦驾着载着鸡和酒的车，假装是正在等候东家的车夫，当李永出府的时候，典韦冲向前，直接掏出匕首刺杀了李永，然后进府又杀了李永的妻子，直接大摇大摆走出来，取出车上的刀戟，步行离去。由于李永的住处靠近集市，目击者非常多，整个集市的人都震惊了。当时虽然有几百个人追赶典韦，却无人敢近，最终被典韦逃脱跑路。典韦最终因为在张绣叛乱时为曹操殿后而战死沙场，其勇猛也让张绣叛军彻底胆寒。不得不说典韦绝对算得上民间高手出身的猛将。

另一位民间高手——初唐名将尉迟恭，也就是尉迟敬德，他的出身也不过是朔州善阳的一名铁匠而已。《旧唐书》记载，尉迟恭特别擅长闪避长矛，每次单枪匹马冲入敌阵之中，敌方士兵长矛一齐刺过来，他总能毫发无伤地躲开长矛的攻击。不但如此，他还能反夺敌人的长矛来刺杀敌人，可以在敌阵中杀进杀出，通行无阻。

李世民的四弟李元吉一向以勇猛善战著称，并擅长用马槊。李元吉非要和尉迟恭试试。一开始，他本来要摘掉槊头，避免伤了尉迟恭，然而尉迟恭却要求用安装槊头的马槊来试。马槊是有很长刃的长矛，能刺能砍，很有杀伤力。但是李元吉始终也没能击中尉迟恭。之后，李世民问尉迟恭，是躲槊容易还是夺槊容易？尉迟恭回答，当然是躲槊容易、夺槊难。于是李世民让尉迟恭表演夺槊。李元吉感觉面子受损，一心想刺死尉迟恭，但李元吉即便下了杀心，却仍被尉迟恭连续三次反夺马槊。要知道，李渊7岁被封为唐国公，李元吉可谓军事贵族世家，从小就受了良好的教育，想习武，无论马匹兵器还是师傅陪练，什么都不缺。但这样一个科班出身的“专业人士”却被尉迟敬德这样的草根出身的人“吊打”，不能不说真是高手在民间。

宋代的杨再兴是正史记载的百人斩猛将。虽然各种评书演义中将杨再兴算作杨家将的后人，但历史上关于杨再兴的记载，只不过是“贼曹成将也”。然而，甚至连岳飞，在负责剿匪的时候与杨再兴交手都吃了大亏。杨再兴突袭岳飞先锋军，杀死了岳飞手下大将韩顺夫，这如果说是占了对方没有防备的便宜，那么随后正面作战时杨再兴又阵斩了岳飞的亲弟弟岳翻，这可就是实打实的战绩了。

岳飞不计前嫌，招降了杨再兴，杨再兴也回报岳飞。后来，杨再兴单枪匹马杀入金国大军中，试图对金兀术实施斩首战术，虽然没能在数万金军中找到金兀术，却也达成百人斩的成就。《宋史》记载：“再兴以单骑入其军，擒兀术不获，手杀数百人而还。”在之后的作战中，杨再兴带领三百骑兵杀散金国数千前锋骑兵，杀死一名万夫长、百余名千户长以及两千余名金兵，最终马陷小商河被乱箭射死。这等武功可以说是草根出身的第一高手了。

实际上，说起来古代世家大族弟子虽然资源丰厚，但是所谓“千金之子，坐不垂堂”，真正肯让世家子弟去艰苦训练，甚至去一线拼杀积累经验的人又有多少呢？比如明代弘治年间，军队里的勋贵子弟曾被进行过一次检阅，“阅试各营侯伯都督骑射韬略及把总等官骑射之术”，结果“往往持弓不能发矢，甚至有堕弓于地者；及询韬略，俱不能答”。反而是民间的草根们（其实这个“草根”也是相对的，起码要能吃得起肉），因为要面对山贼、盗匪、地痞、恶霸的侵犯，宗族之间为争夺资源也会经常械斗，战斗经验要比将门世家的弟子更加丰富，也更敢打敢拼。

这其中的天赋超群者，如果有机会脱颖而出，在那个缺乏系统性和科学性训练体系、只靠家学渊源传承的时代，反而比世家大族弟子更为突出。所以，“高手在民间”在古代还真不是一句虚言。当然，这样的高手最后也会被统治体系所吸收。至于现代，面对拥有科学系统培训体系与竞赛对抗机制的“科班”选手，凭借天赋从民间脱颖而出的高手也越来越少了。

古代有哪些福将

中国传统小说与评书里常有一种特定的人物类型，即福将，如《说唐》中的程咬金、《说岳全传》中的牛皋、《大明英烈》里的胡大海等，就连《水浒传》也在鲁智深的身上抹了一层若有若无的福将色彩。福将其实并非小说家虚构，历史上有许多真实的"福将"案例，而且其故事甚至远比小说与评书里更有意思。

历史上的福将都有一个共同的特点：运气十分好，许多原本看来会输的战斗，在他们手中往往化腐朽为神奇，莫名其妙地转败为胜。但由于历史环境的不同，福将实现其好运气的方式也各有不同，总的来说，大致有以下几种类型。

一是躺着都能赢的福将。唐初将军张亮便是个运气好到爆的人，他虽然名列凌烟阁二十四功臣之一，但文比不过房玄龄、杜如晦，武不及李靖、尉迟恭，才能在功臣中并非一流，唯独上天垂青，屡屡让他逢凶化吉，转危为安。

贞观十九年（645年），唐太宗率军征伐高丽，张亮随军征进。虽然张亮一出道便在瓦岗军中，后来还受李世民托付经营洛州的政治根据地，但他自己领兵作战非常少，并无行军打仗经验。一日，他领兵经过高丽建安城下，因为过于轻敌，士兵们四处去伐木取材以立营寨而忽视了警戒防卫。高丽人在城上望见，立即派兵突袭张亮中军。因没有防备，张亮军被打得一片混乱。张亮常年在幕后策划，哪见过这个，当场吓得呆坐在胡床上，一句话也说不出来。

眼看唐军就要崩盘，张亮多年养成的“相貌神态”发挥了大作用！据《旧唐书·张亮传》记载，张亮“外敦厚而内怀诡诈，人莫之知”，这种内心戏爆棚但还能装出一脸老实相的人，一般来说表情和内心不会挂钩，即便死到临头，这副神情也能发挥作用。果不其然，混乱中的唐军“中招”了。

士兵们见张亮临危不乱，脸上还一如往常，于是心想：嚯，主将居然这么镇定，可能没啥大事。于是中军士卒开始在主将周围聚拢，奋力抵挡敌军攻击，局势竟然迅速好转。张亮的副手副总管张金树见形势有所扭转，立即鸣鼓喝令士众反击高丽军。一番激战，仰赖唐军逆天的战斗力，终于将高丽军击退。这场莫名其妙的反转，真是古今少见。

二是谁都杀不死的福将。古话说：瓦罐不离井上破，将军难免阵上亡。南北朝有位运气好得出奇的将军，居然打破了这一定律。此人名叫任约，一生经历了五个阵营，打过恶仗无数，居然一直平安无事，可谓福大命大之极。

任约起初是西魏将领，西魏大统十三年（547年），东魏侯景反叛，在东西魏两国间摇摆不定。任约大概是受到侯景的裹挟，抑或是在西魏看不到出头之日，于是投奔了侯景。这是任约第一次易主。

后来侯景南下攻梁，任约由于本事高明，能征惯战，逐渐成为侯景麾下数一数二的猛将。大统十七年（551年）六月，任约率部与梁军大战于巴陵，被梁军水军击溃，任约仅以身免，他口衔芦管藏在洞庭湖中，结果被梁军抓获，关押于江陵狱中。后来梁朝发生内战，梁元帝萧绎情急之下起用任约于狱中，让他领兵征战，任约欣然同意。这是他第二次易主。

西魏大军消灭梁元帝政权后，任约侥幸逃脱，投奔建康的梁军大将王僧辩。当梁元帝受西魏围攻时，王僧辩拒不发兵勤王，势同仇敌，故而任约这次相当于第三次易主。然而王僧辩这个主子也靠不住，彼时江南有两大实力派，一为王僧辩，二为陈霸先。二将各拥势力，虽曾结盟共抗侯景，但到了排座次、分果实时，陈霸先不忿于王僧辩独擅大权，起兵袭杀王僧辩，独霸江东。

任约与王僧辩旧将徐嗣徽等人起兵反击陈霸先，并勾连北齐大军南下，最终被陈霸先击败。这位猛恶如狼的任约，居然靠着魔鬼一般的本事，屡屡从战斗中逃脱，这份逢凶化吉的本事，也足以傲视南北朝了。江东易主后，任约索性和一帮王僧辩旧部投奔了北齐，这是他人生中第四次，也是最后一次易主。从此之后，任约便神龙见首不见尾，彻底从史籍中消失了。

三是善于“摘桃”的福将。隋朝重臣宇文述，是隋将中为数不多的福将。他一生打仗胜多败少，甚为炀帝所亲近。只是这位宇文将军的辉煌战绩大多不是硬碰硬打出来的，而是“摘桃”摘出来的。

宇文述第一次出征，是隋开皇元年（581年）平定尉迟迥叛乱。彼时大军主帅是传奇将军韦孝宽，宇文述按照韦孝宽的部署，不动脑子地打了两场小胜仗，回京后便因功被封为国公。开皇九年（589年）隋灭陈之役，宇文述领兵进攻六合。由于韩擒虎、贺若弼两军进攻建康，将附近陈军主力都吸引过去，建康近郊要地石头城无人防守，宇文述遂兵不血刃地占领了该地。平陈后论功，宇文述仅次于韩擒虎和贺若弼，这桃子摘得真是轻松加愉快。

大业八年（612年）征高丽，宇文述打了败仗，一度被除名为民。次年，年近古稀的宇文述参加了第二次征高丽之战。此次大战前途未卜，如果再度战败，宇文述的政治生命很有可能就要终结。但有福之人不用忙，正在此时有人来了一记神助攻，帮他解了围。原来在后方负责督运粮草的杨玄感发动叛乱，裹挟十余万人疯狂地围攻东都洛阳。形势万分危急，炀帝命宇文述率部分主力南返，剿除杨玄感叛军。

俗话说，来得早不如来得巧。若是宇文述第一时间赶到洛阳，以他那两下子，说不定会被声势浩大的叛军吃掉。辽东到洛阳路程遥远，宇文述虽然没有在路上耽误太多时间，但行军这段日子，敌我形势已经发生了巨大变化。杨玄感兵势虽锐，但顿兵坚城之下，久攻不克士气下降。长安方向的隋军杀到洛阳，与杨玄感连番大战，将其实力消耗大半。等到宇文述大军赶到时，已成痛打落水狗之势。杨玄感抵挡不住，兵败被杀。有福如此，无怪乎宇文述历事二帝，虽然本事一般，却始终宠信不衰。

四是不战而胜的福将。用“时来天地皆同力”来形容南朝的萧渊藻，大概是最贴切的。萧渊藻是梁武帝长兄萧懿之子，梁天监四年（505年），他被任命为益州刺史，去替换原刺史邓元起。萧渊藻这趟差使并不好干，彼时北魏乘梁朝刚刚建立发大军南侵，汉中一带梁军抵挡不住纷纷败退，就连川中天险剑阁关都已沦陷。

萧渊藻年方22岁，浑然不惧兵凶战危，毅然进入益州接任。老刺史邓元起本就无心抵抗，见萧渊藻主动过来背锅，高兴地收拾行装回京赴任。只是这位老刺史甚是无耻，走之前玩了一出卷包会，将益州大军的军粮器械统统带走，一丝一毫没有留下。萧渊藻虽然没有打仗经验，但也知道将士们饿着肚子空着手可没办法打仗。他向邓元起索要战马遭拒后，恼恨之余杀了邓元起，截留全部军粮物资，并借此契机整顿军纪，准备反击魏军。

然而正在梁军严阵以待之时，一个天大的喜讯传来，围攻涪城的魏军突然撤退了。原来围攻涪城的魏将王足，先前被任命为益州刺史，不料北魏朝廷又派别的人选接任益州刺史。可怜王足憋着劲要打下益州就地做官，此令一下劲头顿泄，擅自撤兵回了汉中。加上北魏把进攻重点放在江淮方向，进攻益州便不了了之。萧渊藻不动一兵一卒，坐收保蜀大功，真乃天赐福缘。

其实说到底，名将之所以成为名将，运气也是重要属性之一。虽然常常有人说，某某人打胜仗是运气好，但如果没有好运气，可能名将也未必能打胜仗。

第三章　烽火篇

想当年，
金戈铁马，
气吞万里如虎

火烧乌巢中的劫粮道策略为何被称为“奇谋”

历史上，在各种兵争“斗兽”中，劫粮道算是一种出场率极高的“奇谋”。在各种描写战争的影视文艺作品中，无论己方劣势有多大，无论对手实力有多强，似乎只要使出这一招，都能一招制胜。

当然，历史上使用劫粮道这一战术大获成功的例子的确不少，但是这一招始终被古代的军事家们称为“奇谋”。在古代，但凡被称为“奇谋”的战法，基本上都是风险极高的，成功了还好说，若是失败，在后人看来简直就是在“作死”。劫粮道也是如此，稍有基础军事知识的人，都不可能不懂“兵马未动，粮草先行”的道理，因而，在古代战争中，粮草的运输路线和驻屯地点，都是会进行重点保护的。

古代战争中，经常会动员十几万甚至几十万的军队，但其中被真正投入前线用于作战的数量，其实只占小部分。其他大多数的兵力，都是被用于后勤及后方各个据点城市的守卫工作。如果以现代的说法来讲，古代所谓的劫粮道，实际上就是派一支部队绕过敌方前线，迂回到敌占区，在避开后方所有戍卫部队之后，迅速攻下有重兵把守的粮草屯放地。

其实，即便能摸进敌人的后方，但所要面对的敌人，无论是运粮的粮道还是屯粮的仓城，也都是结结实实的硬骨头。古代运输给养的军队绝非像影视剧中那样是松散的后勤部队，而都是正儿八经的战斗人员，可以说，整个运输队完全可以看作是一支规模不小的正规军队。换言之，要完成一次劫粮道的任务，其难度其实并不亚于在正面战场上打败敌人。

在项羽的成名战巨鹿之战中，破釜沉舟的西楚霸王首先攻击的，并不是章邯率领下围攻巨鹿的秦军，而是当时王离率领运粮的部队，整个过程更是凶险："与秦军遇，九战，绝其甬道，大破之。"

既然劫粮道不容易，那么直接去捣毁对面屯粮的仓城如何呢？曹操在官渡之战中，有着堪称教科书式的点燃敌军粮草的操作，但是哪怕只看过《三国演义》的读者应该也记得，火烧乌巢的计策并不是曹操自己一拍大腿做出的决定，而是得自袁绍手下投靠而来的许攸的献策。

许攸在整个火烧乌巢中的作用，其实完全可以从《三国志·魏书·武帝纪》中许攸对曹操的进言里看出来："今袁氏辎重有万余乘，在故市、乌巢，屯军无严备；今以轻兵袭之，不意而至，燔其积聚，不过三日，袁氏自败也。"很明显，前来"投诚"的许攸，与其说献了什么奇策，倒不如说是提供了袁绍军的重要情报。他不仅将袁绍军辎重的囤积地点告知了曹操，还点明了当时袁绍军后方的状态。正是依靠这些情报，曹操才能制订计划，进行火烧乌巢的奇袭。

不过即使有许攸的情报打底，曹操火烧乌巢的过程却也依然是相当惊险的。《三国志》中引用的《曹瞒传》记载如下："乃选精锐步骑，皆用袁军旗帜，衔枚缚马口，夜从间道出，人抱束薪，所历道有问者，语之曰：'袁公恐曹操钞略后军，遣兵以益备。'闻者信以为然，皆自若。既至，围屯，大放火，营中惊乱。大破之，尽燔其粮谷宝货……"

曹军这支精锐进入敌军腹地，依然能表现得安然自若，除了袁绍方面"屯军无严备"外，极有可能还因为从许攸处得知了袁绍军内部的口令暗号，才得以成功到达乌巢，再通过放火扰乱戍卫的部队，最终完成"杀士卒千余人"和

“尽燔其粮谷宝货”。

除了火烧乌巢，像这种绕到敌军后方袭击屯粮仓城的战例，还有一例非常具有代表性，那便是第三次清缅战争中，缅甸军对清军后方天生桥、蛮结、蒲卡、锡箔等几处兵站的袭击。虽然当时缅军并没有许攸这样的天降情报大礼包，但是由于地理环境限制了清军的进军和补给路线，而缅军对于地形更加熟悉，所以他们轻松摸到了清军后方。加之当时清军统帅明瑞轻敌，并没有在后方部署太多军队，最终导致缅军完成对清军的劫粮战。

总而言之，如果某位将领要发动一场劫粮作战，就必须满足以下的条件：首先，其部队战斗力必须足够强悍，不仅要能够完成渗透潜行这类高难度的任务，还要能以少胜多。其次，在情报方面必须有着压倒性优势，不仅要知道敌军的运粮路线或是囤积地点，还要熟悉敌军后方道路和地形，甚至最好能清楚敌人的后方军事部署或者军队口令。最后，除了这些自身条件外，最关键的还要敌人自己在军事部署上出现漏洞，要么像袁绍在官渡之战那样管理松弛，要么像明瑞在第三次清缅战争中那样头重脚轻。否则，要是对上一个部署完备、心思缜密的对手，就算自身条件再硬，也是很难成功的。

白狼山之战：曹操说输赢不在战场

曹操一生中打过许多仗，有满分答卷的官渡，也有一败涂地的赤壁，这些战争的成败是非，从曹操本人到史家文人，基本都有定论。但有一场战役却很少被提及——白狼山之战。这场阵斩乌桓单于蹋顿，被认为是“汉以强亡”余晖的战争，后世往往将其归在“曹操平定北方”的大概念中，作为官渡之战和平定冀州的延伸。但冀州当时已是铁板一块，而曹操征柳城似乎又没有实现任何战略目标，曹操这场仗到底是在打什么呢？

让我们先回到建安十二年（207年）的战前。曹操决定用兵柳城，征讨三郡乌桓和袁绍余党。对这个决定，曹操麾下将领几乎全员反对，理由有二：其一，袁尚败得透透的，而夷狄生性贪婪，肯定不能为袁尚所用；其二，现在大军远征，刘备会建议刘表从荆州偷袭许都，后方危险。当时只有司空军祭酒郭嘉表示支持：袁绍对当地的汉人和夷人有恩信，现在袁绍的两个儿子跑到那里，如果和乌桓人勾结起来，那我们刚刚征服的青州、冀州就会反水。而刘表不是什么狠角色，和刘备又各怀鬼胎，虚国远征并不要紧。一般我们会先入为主地认为，曹操最后采纳了郭嘉的建议并取得了胜利，那么郭嘉说的就是对的。

然而事实恐怕并非如此。我们简单看一看征讨三郡乌桓的背景：曹操于建安五年（200年）赢下了官渡之战，建安七年（202年）袁绍病逝。建安九年

（204年）八月，曹操攻破邺城，建安十年（205年）春平定冀州全境，杀袁绍长子袁谭，次子袁熙和继承人袁尚逃到了三郡乌桓的地盘。乍一看来，郭嘉的这番说辞还挺有道理：袁绍百足之虫死而不僵，官渡之后平定冀州就搞了这么久，这要是不斩草除根，可怎么了得。既然郭嘉这么说，那我们姑且认为这是一场旨在剿灭袁氏残党的战争，试着从这个视角去分析曹操这场战争的得失，看能不能说通。

首先我们来看一下曹操征三郡乌桓的战争经过。乌桓也作乌丸，是汉代一群东北少数民族武装势力，长期盘踞在幽州的上谷、渔阳、右北平三郡境内，后以辽西郡的蹋顿最强。此人在袁绍和公孙瓒争夺幽州时敲过袁绍的竹杠，两家做过一些利益交易。

曹操为了发动这次战争，在建安十一年（206年）就开凿了两条运河，分别是沟通虖沱河和泒水的平虏渠，以及由泃河口凿入潞河的泉州渠。这两条运河皆为南北走向，粮草很可能是由冀州或青州直接供给，不再经过许都。

建安十二年（207年），曹操从邺城出兵①，经易县，于夏五月到达无终，即今天津市蓟州区。曹操最开始的打算是从无终向南，沿着海岸线走，然后北上攻柳城，但七月的滨海线下雨发水，道路不通，且敌人也预料到曹操会挑平坦地方走，因此把守要塞，使曹军无法进军。

在曹操一筹莫展的时候，无终人田畴指了一条两百年没人走的破路：北出卢龙塞（河北喜峰口），经白檀②（河北滦平东北），至平冈（赤峰市宁城县右北平镇），再东指柳城。曹操听取了田畴的建议，还立了个牌子，写道：“方今暑夏，道路不通，且俟秋冬，乃复进军。”

曹操北出卢龙塞后没有路，“堑山堙谷五百余里”。一路动静也不小，于

---

① 史书中没有明确记载曹操是从许都还是邺城出发的，但出征前最后一次记录地点是邺城。

② 白檀的位置，谭其骧先生在地图中标注得要更偏西一点。但根据《辞海》的解释，应在“滦平东北兴州河南岸”，故不采纳谭先生的原图位置。

是离柳城还有二百里的时候，敌人察觉了。袁尚、袁熙、蹋顿等人率领数万骑从柳城出来迎战，两军于八月在白狼山发生遭遇战。曹操命张辽为先锋袭击敌军，一战斩了蹋顿，取得胜利。二袁逃往辽东投奔公孙康，曹操没有继续追击。

这里给曹操算笔账。仅从无终到柳城，曹操单程行军约750公里，这还是地图给出的就近路线。一般平路行军每天能走40公里，那么至少需要19天才能走完。事实上曹操走了一个月，考虑到期间还要翻山越岭，动手挖路，这简直是拼了老命在行军。那么，这值得吗？曹操通过这场仗，究竟得到了什么？这场战争中，曹操击败了二袁和乌桓联军几万人，战后获得了二十多万汉夷投降人口，从《三国志》的描述来看，战果颇丰。可是这场战争的真实价值到底应该如何衡量呢？

首先我们来看看乌桓人盘踞的辽西郡这个地方本身的价值：第一，人口。人口是重要的资源，有了人就有了兵员、赋税以及搞农业和基建的劳动力等。根据《后汉书》的记载，辽西郡一共有人口81714，而被曹操嫌弃为“鸡肋”的益州汉中郡，人口数量为267420，是辽西的三倍以上。因此，即便加上战后投降的二十几万移民，辽西充其量也就是个“鸡肋”水平。第二，自然条件。古代游牧民族聚居的地方，自然条件普遍都比较恶劣。加上东汉末三国处在一个小冰期，气候逐渐变冷，这些北方地区就更成了苦寒之地。如果曹袁不开战，谁也不会想往那里跑。第三，基础设施。辽西郡面积差不多是隔壁右北平郡的四倍，右北平郡共有四城，而辽西郡也只有五城。东汉末年一个如此地广人稀的地方，我们能指望它村村通公路吗？拿下来说不定还得投资搞基建，否则守不住。

由此可知，辽西这个地方本身的价值乏善可陈。曹操拼了命要去打，是看中了什么别的东西吗？比如，它是不是一个战略要地？柳城离曹操当时的大本营许都约1300公里。如果说它有什么用的话，大概就是等几百年后打高句丽用吧。再如，它是不是可以规避袁氏反攻的风险？这其实压根不成问题。曹操帐下的各位将领说得没错，二袁不成气候。曹操北上走得那么难，难道敌人南下就很容易吗？现在你帮他们铺了路，反而有点容易了。况且，如果真的是忌惮乌桓和二袁，完全可以参考当年的公孙瓒。他都能横扫乌桓人，还能和袁绍本人对峙七八年，可见蹋顿和袁绍那俩儿子真的不值得曹操如此重视，派个大将在右北平镇守即可。又如，这是为了国家的统一、民族的尊严吗？虽然白狼之战客观上取得了一定成果，但公孙康一家割据辽东已久，如果出于统一的目的，曹操就应该会一不做二不休，平辽东，杀二袁，手刃公孙康。

所以说，辽西这个地方就是个彻头彻尾的“不良资产”。而收购这笔资产，曹操不仅要出钱搞基建，还弄得自己九死一生，折了一员大将张绣，最后也没达到什么实际目的。最重要的是，曹操其实几乎没有实力赢下这场仗。很多人都将这场仗的胜利归功于郭嘉的计谋，但事实上郭嘉本人并没有能力去帮助曹操打赢此战，解决关键问题的是田畴。而郭嘉所谓的“兵贵神速”，只不过是在还没进入幽州界内的易县就把辎重给扔了，这个建议造成的直接后果就是，曹军在遭遇敌军时只能赤膊出战，如果不是张辽太猛，曹操很有可能是大老远去吃个瘪。说这计策相当于叫人“多喝热水”都是夸他，说是劝人“多喝开水”还差不多。不仅没有解决战争中最迫切最现实的路难走的问题，还制造了更多麻烦。

有人说郭嘉就是喜欢棋行险招，弄险是他一贯的战术风格。但郭嘉的本职工作毕竟是参谋军事，不是写武侠小说，如果这波操作弄死了曹操，剧情会变得非常难看。我们不禁要怀疑了，从各种现实情况上看，郭嘉的建议都是在坑曹操，那么为什么曹操会在这场战争之后还疯狂追思郭嘉呢？他用兵柳城到底在干什么？发动这样一场投入极高而收益极低的战争，难道就是为了去观沧海？

从战争本身的角度看，的确如此；而郭嘉怂恿曹操去打的，根本就不是战场上的战争。

让我们把时间拉回建安九年（204年），邺城刚破而冀州未定的时候。根据《三国志·荀彧传》的记载，当时有人劝曹操恢复古九州，这样冀州所控制的范围就变得很大，天下就臣服了。曹操准备同意，被荀彧否决，理由是“冀州当得河东、冯翊、扶风、西河、幽、并之地，所夺者众”，而这些地方割据势力不仅不会臣服，还会揭竿而起。我们来看一眼古九州的版图，好家伙，这直接把冀州向西扩到陕西省去了，马腾肯定第一个不干。关中诸侯出了名地能折腾易反复，怎么可能允许曹操单方面宣布占有关中呢？

荀彧给的建议非常中肯——把河北先定了，然后修复旧京（洛阳），逼刘表称臣，等天下大定之后你爱干什么就干什么，这是为曹操一统天下进行的优秀战略规划。不过这个建议有一个问题，就是修复旧京虽然可以稳住一时的舆论，但天子若归于正位，曹操算什么？有人觉得这代表荀彧忠汉，这里不过多解读荀彧的立场，此建议体现的是战略规划中的整体意识和优先意识：先解决迫在眉睫的战乱问题，其他都可以再谈。不过既然我们都能看到这个问题，曹操也不会看不到。征柳城和复古九州乍看起来是不相关的两件事，事实上却有着千丝万缕的联系。这两个操作仿佛一计不成再生一计，实质都是在劝曹操在冀州称霸，和许都解绑。管他日后能不能统一，先给自己捞到实惠再说。

恢复古九州很露骨，直接在名义上扩大冀州的地盘；而征柳城同样是一场醉翁之意不在酒的政治决策。如果我们以许都或洛阳为圆心画圈，那么辽西穷乡僻壤对统一大局确实没什么影响；但如果圆心画在冀州，效果就很不一样了。此战就是要在以冀州为中心的北方地区尽可能地扫清门户，扩大影响，为将来一屁股坐到冀州去做好准备。这才是曹操力排众议征柳城的真实战略目的。郭嘉死后，曹操到处哭诉“唯奉孝为能知孤意”。郭嘉读懂的不是别的，正是曹操苟安冀州的小九九。此战前前后后并没有表现出郭嘉作为军事参谋的职业素养，反而表现出了他揣摩上意的洞察力。其他将领的建议完全正确，但郭嘉没有说破，只是表面上进行了堪称完美的诡辩。

那么这样做的后果是什么呢？有人认为曹操在建安十二年（207年）后的战争生涯中表现惨淡是因为失去了郭嘉。但事实上，攻打柳城的决定，及其背后舍许都、洛阳而就邺城的战略方针转变，才是曹操无力一统的祸根。

首先，这打乱了一统天下的节奏。虽然曹操决定在冀州建设自己的小天地，但他心里还侥幸期待统一，在一统天下和蜗居冀州这两个战略目标上来回摇摆。由于目标不明确，再碰上操作上的失误，最终就只能鸡飞蛋打——参见赤壁之战。

其次，曹操失去了一统天下的进攻优势。洛阳、许都在地理位置上都是适合一统天下的好地方，可对当时最为棘手的关中和荆州构成直接威胁。曹操把许都逐渐搬空后，建安十三年（208年）“显出宛、叶而间行轻进”直接吓死刘表的优势，就再也不会有了。

最后，反应速度降低。古代大城市的辐射范围有限，如果根据地比较偏远，战线又长，就没办法对时局做出及时反应。曹操后期在应对刘备和孙权的时候就显得调度吃力，主动出击越来越少，甚至经常出现无功而返的情况。曹操攻打濡须的时候，孙权来得及叫人到葭萌喊刘备救援；打汉中的时候，刘备在荆州都能听到消息赶回成都，你一出兵，人家就能横跨着中国递情报，你还怎么打？要不是建安二十年（215年）孙权在逍遥津表现过于“优秀”，曹操辛苦打下的基业很有可能在东西两线全面崩盘。

综上所述，白狼山之战背后真正的背景是曹操战略方针的转型。从一统天下的角度看，这场战争得不偿失，但从搬家邺城的角度看，它又是一定要做的事情。随着这次试探的成功，曹操侥幸实现了他的小目标，但失去了一统天下的大格局。

《三国志》中记载了曹操与袁绍的一段往事：“初，绍与公共起兵，绍问公曰：‘若事不辑，则方面何所可据？’公曰：‘足下意以为何如？’绍曰：‘吾南据河，北阻燕、代，兼戎狄之众，南向以争天下，庶可以济乎？’公曰：‘吾任天下之智力，以道御之，无所不可。’”曹操没能把他最初的理想贯彻到底，却鬼使神差地做了袁绍想做的事，实在令人唏嘘。

灭川蜀克前秦：没马也能打闪电战

对于古代战争，大家多认为只有骑兵才适合快速决战，而步兵更适合相持性的作战，因为其本身没有速度优势。然而，战争都是人在执行，要靠军粮补给支撑，其基本规律就是能速决就尽量速决，无论是物资条件还是人本身的体力条件，都不适宜打旷日持久的拉锯战。古代优秀的战略家们，其实都会尽可能地创造以快打快的条件，以争取在尽可能短的时间里把优势转化为胜利的果实。在这方面，东晋权臣桓温就曾做过非常有益的探索。

众所周知，东晋是世家大族们轮流当权执政的时代，田余庆先生将之概括为门阀政治。随着庾亮、庾冰、庾翼兄弟相继去世，桓温继之而起，掌握了荆州大权，一跃成为新兴的实力派。要想坐稳实力派的地位，东晋士族通行的做法都是建立军功。当时，中原沦陷，社稷沦为丘墟，北伐就成了士族们建功立业的方式。

桓温时期，东晋的主要敌人是北方的后赵以及盘踞蜀中的成汉。桓温自忖实力不足以击败后赵，就把矛头对准了成汉。永和二年（346年），在荆州刺史任上还没坐热的桓温，就迫不及待地发兵进攻蜀中。

成汉的疆域比当年三国蜀汉略小，其东部的巴郡一带在庾亮当政时就被东晋攻占，这让桓温伐蜀具备一定优势，晋军可以畅通无阻地通过峡口，然后直入蜀郡。然而，伐蜀看上去就注定会是一场旷日持久的战争。从荆州江陵出发，到蜀郡成都，无论水陆，路程都在两千里以上。晋军集结、出发、沿路攻城略地，肯定瞒不住成汉。如果成汉军逐次抵抗，桓温的主力能不能打到成都城下都成问题。毕竟，桓温兵力仅有一两万人能调出去，荆州大本营还须留下兵力防备后赵进攻。当年汉光武帝灭蜀，三国钟会、邓艾平蜀，都拥有数倍的兵力优势，所以才能步步为营推进至成都，桓温可没这个本钱。若是照搬前朝成功经验，晋军大概率会被遥远的征程拖垮。几经筹思，桓温决定采取一种极为冒险的策略：快攻。

桓温将主力分为两部分：一部分由麾下将领袁乔率领，兵力仅两千人，轻兵疾进，主要职责是为后续大军探路；另一部分由桓温亲自率领，大约两万人，溯长江西上，一路遇城不攻，遇敌不打，目的只有一个，就是深入成汉重地，直取成都城。这种打法，成则是雷霆一击之效，但若是不成，就是典型的“千里送人头”。

永和二年（346年）十一月，桓温出兵，至次年二月，晋军顺利到达青衣（今四川乐山）。一路上，桓温未与成汉交一战。成汉各地守军兵力寡弱，事先也没有在边境诸镇布置兵力，晋军杀进来，不来攻城，对他们来说已是万幸，哪还敢出城主动招惹如狼似虎的晋军。在青衣稍事休息后，桓温如愿进抵成都外围的彭模（今四川眉山市彭山区）。成汉国主李势这才如梦初醒，明白了晋军的战略目的，急调诸军出成都攻彭模。

此时，成汉军中有两种声音，一种是就近在成都城外结阵抵挡桓温，一种则是以重兵攻击彭模，不使桓温靠近成都。李势是个无能之辈，无法协调两种意见的冲突，于是将大军一分为二，一部在成都城南，一部出城攻彭模。

关键时刻，桓温再度贯彻速战速决的既定方针，不与成汉军纠缠，只留少量兵力在彭模吸引敌军，而以主力精锐直取成都城。这种不留后路的拼命打法，令成汉军颇不适应。还在等着彭模战报的李势突见晋军杀到成都城下，慌乱之下，亲自率军出城迎击，结果被士气旺盛的晋军打得溃不成军。李势奔还城中，晋军穷追猛打，一举端掉成都城，又在葭萌关（今四川广元）将逃跑的李势生擒，成汉国亡。灭蜀之战是桓温外战的得意之笔，两万步军数千里奇袭敌国，居然以快攻取胜，这不仅是因为晋军战斗力更强，更因为桓温把步兵当骑兵用才出奇制胜。

永和十年（354年），桓温发动北伐，进攻位于关中的前秦。这次战争的战略战术该怎么安排呢？打成汉用步兵突击，倒也可以理解，毕竟成汉军队也是步兵为主，双方并没有速度上的差距。但是打前秦还能这样吗？氐族军队骑兵占很大比重，速度之快非东晋步兵可比。按照常规思路，晋军主动进攻，必须依靠城池做文章，即围绕一个或几个重要城池展开围点打援，迫使前秦的骑兵进入固定地域战斗，这样才能消解其速度优势。

可是前秦并没有这样的大城供晋军围攻。前秦的势力范围几乎全在关中，如果包围关东的小城，不仅达不到吸引秦军的目的，还会因为逐次进攻消解晋军战斗力。以往晋军历次北伐，基本都采取了这种模式。晋军主力对沿途城市非常感兴趣，还没遇到敌军主力，先在攻城战上玩得不亦乐乎，等到敌军主力真正到来，就无力再战了，庾亮北伐、褚裒北伐、殷浩北伐莫不如是。桓温自然不能再犯这样的错误，他的重点仍然是与前秦军队主力进行速决战。当然，考虑到前秦骑兵的速度优势，为了把秦军绊在关中，桓温在战略上采用了分路出击的办法。

桓温亲率主力由荆州北上，攻关中的门户武关；梁州刺史司马勋从汉中出发，经子午谷直指关中腹地；东晋联结的前凉政权大将王擢，从陇右进攻关中的西大门陈仓。三路大军各取一边，前秦军队不敢分路迎战，只能集中于长安附近，哪儿急先救哪儿，这样就正中桓温下怀。晋军主力全在武关一路，我来攻，你来迎，一战定输赢。前秦皇帝苻健丢下陈仓与子午谷方向不管，调集五万兵马，太子苻苌、丞相苻雄、淮南王苻生等重臣集体出马，对抗桓温。

双方主力在蓝田大战。桓温善于治军，荆州兵马甚是精锐，与秦军激战并不落下风。一番激战后前秦军败退，桓温率军屯于灞上，前秦军退至城下死守，苻健只留六千老弱固守长安小城，又拼凑出三万人马交给太子苻苌，与晋军对峙。但秦军状况仍然不利，苻雄率军与晋军桓冲部在白鹿原激战，桓冲大破苻雄，前秦形势岌岌可危。后来因为政治上的原因，桓温为了保存实力不愿渡灞水再进，北伐功亏一篑，前秦也转危为安。但从军事上讲，桓温分进合击、中路突破的战略战术全部取得预期效果，如果再连续打几场重兵决战，前秦军崩溃是迟早的事。

太和四年（369年），年近六十的桓温再次发动了北伐战争，这次的对象换成了前燕。当时北方有两大强国，一是前秦，一是前燕。前秦此时已步入苻坚时代，主明臣贤，国力大涨，并无可乘之机。前燕则朝纲混乱，贤臣远遁，桓温计划先拿下前燕，积累足够资本，为谋朝篡位做好准备。

在这样的目的下，桓温一反前几次征战的精明与果敢，改换了战略战术，这也成了燕晋双方对决的胜负手。按桓温之前的套路，北伐前燕自然也要打主力对决，兵力应当快速北推，直接杀到邺城歼灭前燕军主力，但这次桓温鬼使神差地采取了缓进持重的策略。在五年之前，桓温便遣豫州刺史袁真疏通谯、梁之间的水道，企图打通自淮泗入黄河石门渡的水道，这给了前燕足够多的预警时间。

太和四年二月，桓温率主力五万余人北上攻燕，没有像往常那样越城不攻，而是在黄河沿岸踟蹰，先后攻克湖陆、黄墟、林渚，大军进至枋头，距离邺城仅二百余里。晋军打下的这些地盘，对前燕来说都不是什么要害之地，因为邺城在黄河北岸，背后有广阔的河北腹地做支撑。桓温虽然账面上战绩不错，但在逐城进攻中，部队的战斗力却消耗过多。

桓温采取这种打法，揣其情理，原因有二：其一，前些年北伐前秦时，因为推进过快，沿途没有打下多少实土，未免有损北伐成绩，所以这次进攻，桓温对攻占实地兴趣更大；其二，黄河沿岸诸城具有保卫后路的重要作用，所以必须拿下以巩固补给线。虽然从情理上这种选择能说得通，但晋军也为之付出了消耗实力的代价。前燕乱象已呈，对付这样的国家，更应当贯彻速战速决的斩首战略，选择逐次推进正好给了前燕以空间换时间的机会。

后来前燕慕容垂复出，在枋头截击桓温，双方大战两场，晋军连败。晋军在主力对决中失败，这在以往历次战争中是相当罕见的。之后，桓温全军南撤，在襄邑被前燕慕容垂、慕容德前后夹击，大败亏输，五万大军损折近半。北伐前燕，晋军战斗力相较以往并没有下降，之所以遭此大败，推本溯源，还是在于桓温错打了算盘，以本就不多的兵力打了一场全面战争。

澶渊之盟：宋朝为何成了“送朝”

历来，“澶渊之盟”被称为大宋的“城下之盟”，宋朝也因此被蔑称为“送朝”。但仔细回溯当年那场战役，我们却有许多不同的发现。

自太平兴国四年（979年）宋太宗打破宋辽之间的和约，擅自发动北伐战争以来，宋辽双方的军事冲突愈演愈烈，辽景宗甚至两度率军南下亲征。尽管双方在全面战争之中互有胜负，但在两次北伐失败的过程中，大宋逐渐转变其战略倾向，将更多的力量投入到国防建设之上。

而辽却始终未放弃其进攻的态度，不过辽军在纵深战术上也并非那么擅长。辽军过于依赖和盲信其野战技巧，太平兴国四年，辽军主将韩匡嗣便因此遭遇惨败，辽景宗也责罪他“尔违众谋，深入敌境”。

这种情况并非独例，而且在宋军这边也是存在的。宋太祖两次征伐北汉失败、宋太宗两次北伐辽朝失败，都与此有关。

雍熙三年（986年）三月，宋太宗趁辽新君年幼，三路出兵北伐燕云，史称“雍熙北伐”，但这一次北伐以失败告终，大宋进而全面转向战略防御。端拱二年（989年），何承矩向宋太宗提出，可以在河北沿边地区改造河道、挖掘河塘蓄水，以抵御辽军，大体思路是由顺安以西引易水导流向东，形成东西长三百余里、南北宽数十里的河塘地带。

河塘既可蓄水屯田，又可以构成水网抵御辽军骑兵的冲击，还可以满足宋军的后勤补给。辽军主将韩匡嗣在徐河的败绩，正是由于大规模的河塘造成了骑兵进军困难，使辽军纵深攻势的难度与风险增加。在富弼出使大辽之时，辽曾强烈要求宋停止修筑河塘水网防御体系，可见也意识到了其威胁。

在经历一系列战役大胜之后，辽军不仅摸清了大宋的防御情况，也获得了充足的信心。景德元年（1004年）闰九月，萧太后与辽圣宗举全国兵力南下亲征。此时大宋的西北边境尚不安稳，党项部族仍威胁着西北边境的安全，而宋真宗又性格懦弱，宋军在一再惨败之下亦是士气渐失。当年八月，契丹骑兵在深、祁等州出没，并且“小不利即引去，徜徉无斗意”，这让宋朝产生警觉，认为这可能是辽军发动大规模军事行动的前兆。当时寇准谏言：“愿朝廷练帅领，简骁锐，分据要害地以备之。”

毫无疑问，这一谏言起到了相当积极的作用。不久以后，边报果然称“契丹谋入寇”，大宋随即命令边军做好战备，并且调令一批兵马前往河北、河东地区备战，主要包括定州、镇州、澶州、沧州、代州、沂州等要地，此外还有大批军粮调往前线。而前线诸将受命以防守为主，放弃主动进攻。按照命令，“自契丹入寇，河朔皆城守”，宋军在防御战中获得了不错的战绩。

闰九月二十二日，辽军入寇，分兵攻打高阳关方向的威虏军、顺安军及定州东北部的北平寨、保州等地，但其主要目标并非高阳关，而是河北门户——定州。在定州方向，主力部队由辽圣宗及萧太后率领，以萧挞凛作为主将进攻。定州北部有一条唐河，北及石门镇，连接着沙河、滋水、滹沱河等河北重要水脉，是北部河塘防御体系的组成部分之一。当时宋将王超戍守于唐河岸边，以逸待劳迅速击败辽军，使辽军被迫转移阵地。由于定州防御坚固，辽军试图向深州、祁州的东部进发。

由于辽军改变了前进方向，宋军于是调动西北驻军前往河北换防，而让定州驻军南下驻守贝州，并在大名府驻扎兵力；在定州的驻军随时可以南下，于河北纵深处的邢州至洺州之间布置一道防线。

在战役的前一阶段，宋军放弃追击，而更加注重防守，并且不断加深纵深的防御体系，调遣其他驻军构建纵深防御。采取这种灵活机动的战役手法，表明宋军防御体系已经开始向弹性防御迈出了一大步；他们甚至避免与辽军过早进行会战，而是不断诱敌深入。寇准当时说："万一敌栅于镇、定之郊，定州兵不可来，邢之北渐被侵掠，须分三路精兵，就差将帅会合，及令魏能等迤逦东下，傍城牵制，敌必怀后顾之忧，未敢轻议深入。"显然，寇准已经意识到纵深的加强会对辽军产生致命的威胁。

而宋军的战略还不止于此，寇准最终说服宋真宗亲自前往澶州鼓舞士气。由此来看，在辽军自定州进入宋境以后，要面对宋军至少两道防线，即邢州—洺州—澶州防线和贝州—大名府—澶州防线，加之北方的定州随时可能防止辽军撤回，宋军的纵深阵地实际上形成了一个口袋阵，将深入的辽军紧紧包围。而辽军在河东方向的突破亦未能建功，数万兵马被大宋岢岚军等部击败，不得已退回境内。不仅如此，宋军还试图继续诱敌深入，"诏诸将整兵为备，仍令（河东）岢岚、威虏军、（河北）保州、北平寨部署等深入贼境，腹背纵击以分其势"。

一切战役准备基本完毕，辽军深入宋朝腹地，此时定州王超受命率兵前往澶州，为最终的会战做好准备。十月，在保州、莫州、岢岚军、威虏军、北平寨、易州等诸战场，宋军都取得了不小的战果；辽军主动攻打高阳关及瀛洲等地却未能成功。这几场战役中，辽军死伤超过十万之数，但"其众犹二十万"。

宋真宗则缓慢赶赴前线。对于辽军而言，宋真宗是一个巨大的诱饵，若能吃下，则可以一口气挫败宋军的士气，获得此前从未有过的巨大成果。正是因为这个诱饵，辽军一路向宋军的口袋之中奔去，并于十一月末抵达澶州，"直犯大阵，围合三面"。但此时王超却未能及时赶到澶州，这让宋真宗有苦难言。

但此时更为意外的是，辽军主将萧挞凛被射死于阵前，这对辽军士气造成了毁灭性的打击，宋辽双方亦决定议和。

整体来看，此时辽军坐拥二十万强兵陈列于澶州之前。对于宋军来说，由于构建战略纵深，许多兵马未能及时赶到澶州对辽军进行合围，大宋君臣面临着极大的战争风险。对于大辽而言，由于深入大宋腹地，受到了伏击，损失惨重，而北部河塘水网也形成了最可怕的陷阱，辽军的后勤补给以及撤退后路受到严重威胁。双方都面临着极大的战争风险，而这种风险是双方都不愿意承担的，这也促使了双方议和的最终达成：宋军继续占有关南之地，作为代价，要向大辽输送“岁币”。澶渊之役是北宋防御体系转变的最著名的案例之一，宋辽双方最终依赖均势达成和议。

澶渊之盟中萧太后的心机

在前一篇中，我们从北宋的角度讲述了澶渊之盟的始末，本篇我们更多地从大辽的角度来分析大宋为何会屈辱求和。

一般认为辽军在南侵过程中死伤超过十万，而“其众犹二十万”，那么其兵力一开始当有三十多万。但这可能是宋人夸大的结果。《宋史纪事本末》记载：“挞览与契丹主及其母并众攻定州，宋兵拒于唐河，击其游骑。契丹遂驻兵阳城淀，号二十万，每纵游骑剽掠，小不利辄引去，徜徉无斗志。”从这条史料来看，攻打澶州之前，在阳城淀时的辽军“号二十万”，但其实际兵力不到二十万，也就是说，侵宋辽军兵力只有十余万。同期，张凝、田敏率军攻入辽境，重创易州辽军，山西方向也威胁着辽国的山后九州，显然大辽本土也须留兵驻守，举国出动的兵力不到二十万，并不奇怪。

在国力上，大宋明显还是占优的。辽军具备的主要是骑兵的机动优势，萧太后一路长驱直入，除了攻克德清军、通利军之外，几乎没有攻克宋朝的大型城池，显然，她的目的就是深入腹地，逼迫宋方签订对大辽有利的和议。而大宋方面，以宋真宗坐镇澶州城为诱饵，吸引辽军来攻，则是想要以澶州守军与城外宋军野战军包辽军饺子。

萧太后猛攻澶州，看起来是中了宋军的计策，而在此期间，辽军主帅、曾活捉杨业并在望都之战大破宋军的名将萧挞凛意外被宋军射杀，更是让全军士气低落。此时大辽却能逼迫大宋签订对辽有利的澶渊之盟，则是萧太后利用了宋真宗的胆怯，有效运用了攻心战术的结果。萧太后令辽军假装士气昂扬，做出要强攻城池的样子。城中的宋真宗贪生怕死，看到辽军雄壮威武的模样，立刻心惊胆战，并不知道辽军已经是强弩之末，只是在虚张声势。

当然，手握十万河北宋军的镇、定、高阳关三路都部署王超拖沓延挨，按兵不动，才是宋真宗认怂的关键。如果王超从辽军背后赶到，则二十万宋军对十余万辽军形成兵力优势，且可以四面夹击；但王超不到，澶州城内城外宋军就只有十万人，兵力不如辽军。此前负责河北军事重任的傅潜因为抗命畏战，已经被削职流放。王超作为宋太宗时代深受信任的老将，对宋真宗又有翊戴之功，为什么会继续对宋真宗如此抗命呢？宋真宗不明就里，甚至怀疑王超打算投降大辽。

不过，所谓王超暗通大辽之类的阴谋论，其实站不住脚。傅潜和王超都出身宋太宗潜邸旧臣，以能够忠实执行太宗命令著称，但他们却缺乏指挥大兵团作战的能力。宋真宗由二人翊戴而继位，认为此二人可信，先后提拔，但这二人却担心，若与辽军进行总决战，万一惨败，自己将遭受抄家灭族之祸，所以过于谨慎，以至于畏怯。澶渊之盟签订后，王超同样遭受了惩处，并没有捞到什么便宜。此前，王超虽然在唐河阻挡辽军成功，不过按《续资治通鉴长编》的记载，他也吃了些小亏，“始，超之败也，人心震摇，行营都监李允则劝超衰绖向师而哭，以解众忿，复促超整师以进，上知之，赐允则诏书褒励焉”。显然，王超担心移师过程中遭受辽军突袭，所以畏敌如虎，迟迟不肯行动。宋真宗在恐惧下慌忙答应议和，所以我们也无从得知王超的真实想法了。

事实上，当时的北宋王朝，并非没有能胜任河北方面之寄的能臣宿将。除了曾经两次击败耶律休哥的国舅李继隆之外，遂城羊山之战的头号功臣魏能，以“锐于追袭”著称的李继宣，甚至宦官将军秦翰和在土墱寨之战以少胜多击破辽军的统兵文官张齐贤，军事能力都远在傅潜、王超之上。

然而，缺乏安全感的宋真宗信任有册立之功的傅潜、王超，先后导致了裴村之战、望都之战两次大型军事灾难。真宗朝前期的宋辽战争中，虽然宋军也有遂城羊山之战的大胜，但总体上被辽军所压制，畏辽情绪的蔓延直接导致了澶州之役中纵深防御、包围反击战略的功亏一篑。

澶州之战的局势，其实与太宗朝第一次北伐中的幽州之战颇有相似之处。幽州之战，宋军被韩德让和耶律学古从城中杀出，中心开花。澶州城中的真宗皇帝畏敌如虎，顶多能让士卒从城上射箭，不敢派兵从城内杀出，造成中心开花的效果，加上王超的延挨，胆小如鼠的宋真宗最终与大辽签订了丧权辱国的澶渊之盟。而萧太后在此役中的沉着冷静，对攻心战术的成功运用，则是辽军获利的关键。

黄天荡之战：本可大破金军，却被内奸所误

南宋中兴四将中的韩世忠，虽然名声不如岳飞响亮，但是在南宋东线战场发挥了重要作用，其指挥的黄天荡之战更是广为人知。黄天荡之战给当时流亡的南宋君臣打了一针强心剂，也让韩世忠的妻子梁红玉成为青史留名的女英雄。

黄天荡位于今南京市栖霞区栖霞山和龙潭之间的冲积平原上，宋代的时候长江口海岸线比现在更靠西，当时的江面比现在更加辽阔。此处因为位于长江入海口处，风浪大，所以是有名的险渡。从孙吴到南朝政权，南京要获得三吴地区的物资，在水路上依赖破岗渎和运渎，而这些运河有的还穿山。在没有炸药的古代，人们宁可增加巨大工程量，修建穿山运河，也不走京口至南京一段的航道，可见该地环境极其恶劣。

在建炎南渡的过程中，宋高宗一路向南逃亡，金军则一路在后追赶。建炎四年（1130年）正月初三，高宗船队抵达台州章安镇，而金兀术，即完颜宗弼在正月十六日攻陷明州，然后开始搜山检海。途中，金军遇上大风暴，被宋军水师击败，退回明州。宋高宗在台州停留了半个月后，移向温州沿海，从二月二日起驻泊温州江心寺。

虽然金军在陆地上取得优势，但是在南下的过程中却忽视了周边还有大量南宋军队，且已进入东南丘陵地带。此时天气转热，金军不得不北撤。到了三

月，兀术军队从平江府撤军，准备从镇江渡江北上，就在此时，此前金军没能注意到的韩世忠部队对金军发起了攻击，于是黄天荡之战发生了。

《金史》中完颜宗弼的传记是这样记载的："宗弼还自杭州，遂取秀州。赤盏晖败宋军于平江，遂取平江。阿里率兵先趋镇江，宋韩世忠以舟师扼江口。"《宋史》则是这样记载的："世忠以前军驻青龙镇，中军驻江湾，后军驻海口，俟敌归邀击之……及金兵至，则世忠军已先屯焦山寺。"按照《金史》的说法，金兀术从杭州回军后，占领了秀州，然后分兵取镇江和平江，结果遇到韩世忠部。而按照《宋史》的说法，是韩世忠把军队驻扎在青龙镇和江湾以及海口，就等着完颜宗弼过来。

关于战斗过程，《宋史》说法如下："及金兵至，则世忠军已先屯焦山寺，金将李选降，受之。兀术遣使通问，约日大战，许之。战将十合，梁夫人（即梁红玉）亲执桴鼓，金兵终不得渡。"也就是说，双方是约定时间后正面交战。面对南宋水军的优势，金军没有占到便宜，始终无法渡江。

在潍州的完颜昌派遣孛堇①太一带兵往淮东支援兀术。太一军队在长江北岸，完颜宗弼军在长江南岸，与韩世忠在黄天荡对峙了四十八日。《宋史》还有段记载："世忠以海舰进泊金山下，预以铁绠贯大钩授骁健者。明旦，敌舟噪而前，世忠分海舟为两道出其背，每缒一绠，则曳一舟沉之。"按这段记载，韩世忠的主力船是海船。因为韩世忠部队就驻扎在长江口一带，自然配备的是海船。他给海船配备巨大的铁钩，遇到金军的船就给钩住拽沉没。说明在黄天荡这个水域宽阔、靠近入海口的区域，海船很占优势。

众所周知，宋代的造船业很发达，除了内河船，还有适应近海滩涂的平地沙船，又有尖底福船。1974年，泉州后渚港出土了一艘南宋末的"福船"型海船，船体残长达24.20米，残宽9.15米，估计载重约200吨，排水量可达600吨，

① 孛堇，女真语中"长官"之意。

且船底有隔仓。根据记载，南宋的海船最远曾到达过波斯湾。

面对南宋大船，金军很吃亏。《金史》记载："所以宗弼舟小，契丹、汉军没者二百余人，遂自镇江溯流西上。"双方史料关于这段战事的记载非常一致。面对南宋的海船，金军不得不向西撤退。于是宗弼循南岸，世忠循北岸，且战且行，完颜宗弼被压到南岸。《金史》还记载："世忠艨艟大舰数倍宗弼军，出宗弼军前后数里，击柝之声，自夜达旦。"即完颜宗弼不仅被大船包围，还受到韩世忠派遣的小船袭扰，一日多次。

完颜宗弼想和韩世忠谈判。韩世忠要求归还土地和徽、钦二帝，完颜宗弼当然不会答应，于是重金悬赏献破海舟之策。有个福建人王某，让完颜宗弼在其舟中载土，再铺上平板，在船板上挖孔来棹桨，风息则出，有风则不出。因为要是没有风，南宋的海船就不能动。这个建议解决了金军在长江口行船的问题。另一个人的建议则彻底解决了突围问题。这条建议据《宋史》记载，为"凿大渠接江口，则在世忠上流"。完颜宗弼挖开并拓宽了老鹳河故道。这条河沟就是当地人说的刀剑河，据双方记录，金军一天开挖了三十里，不过这个数字明显是夸张了。金军通过这条河沟成功突围。

虽然宋军进行了追击，但就在河沟挖通的第二天，风停了，这下宋军海船运动能力差、不灵活的缺点就暴露出来了。金人以小船发射火箭，对南宋海船造成重创。韩世忠的部将孙世询、严允等都战死，金军最终北撤。

此战中双方的兵力，据《宋史》说金军有十万，而《金史》说金军只有四千，不过所谓四千应该只是指金军在江上的部分，而韩世忠本部兵力为八千。虽然这一仗还是被金军逃了，但宋军打出了士气，也使得金军忌惮南宋的水上力量，不敢再轻易深入宋境。

后来的金海陵王完颜亮不服气，结果又在采石矶败于南宋水师，最后皇位没了，命也没了。

屯门海战：让坚船利炮的葡萄牙人只得靠风暴逃生

1521年，一场惊涛骇浪席卷了大明帝国的外洋，这就是争议颇多的明葡屯门海战。有人说这是大明帝国的光辉胜利，也有人说比起清初雅克萨之战更加胜之不武。那么，此战事实究竟如何？

我们先来介绍一下此战发生前的背景。屯门海战前夕，明帝国的海禁已经有所放松，正德时代完成了对东南亚诸国的正式开禁，但对于来意不明的西洋列强，大明王朝仍然充满警惕，无法信任。

葡萄牙人则是大航海时代前期的骄子，以百万上下的人口敢于与西班牙一同宣称要瓜分地球。早期的葡萄牙殖民者刚强勇猛，富有宗教狂热和开拓精神，更有新兴贵族和早期资产阶级对于利益的追逐欲望支撑，几乎每个出海的男人都是悍不畏死、能以寡击众的勇士。1510年葡萄牙人占领印度的果阿，次年占领“中国之门”马六甲海峡，正式踏上了东方的土地。

在那个世界正逐步联系起来的时代，葡萄牙人其实在屯门海战前便对大明有所了解。葡萄牙人抵达印度卡利卡特时，他们听到了当地人对被他们称作“塞里斯”的郑和时代的中国人的描述：“那些人披散长发，除了‘嘴边长着一圈胡须’外，没有其他胡子；登陆时身穿铠甲，头戴面盔，手持类似长矛的武器；他们的船上装有强弩，两年来访一次，乘20艘或25艘船回程，他们的船上有四根桅杆。”值得注意的是，当地人将中国人描述为白种人，由此可见，在永乐盛世下船员官兵们营养充足，粮饷齐备。

发现印度后，葡萄牙人对神秘的中国日益向往，在著名的《马可·波罗游记》的激励下，无数探险家向这宏大的目标进发，而葡萄牙国王曼努埃尔一世也让托梅·皮雷斯出使东方，其按在东方的所见所闻写出了《东方记》。从《东方记》的原文看出，皮雷斯起初将中国人的善良视为懦弱，认为中国容易征服，这也是绝大部分葡萄牙高层一开始对中国的认识。托梅·皮雷斯是乘坐费尔南·佩雷兹·德·安德拉德带领的四艘帆船组成的船队而来，结果当他们鸣礼炮降旗时，被误以为是开炮挑衅，因此和明朝广东当局关系恶化。但其依仗船坚炮利，占据了珠江口的屯门岛（位于今香港九龙附近）作为贸易基地。

正德十五年（1520年），皮雷斯一行终于在南京如愿和明朝正德皇帝见面，这引起了正德皇帝对外开放的兴趣。但对于与葡萄牙建交贸易，正德皇帝不能仓促决定，结果三个月后正德皇帝突发疾病身亡。次年，嘉靖皇帝考虑到葡萄牙人夺走了大明藩属马六甲苏丹国的都城以及各种胡作非为的行径，甫一登基就下达了武力驱逐葡萄牙人的命令，诛杀了引见皮雷斯见正德皇帝的武官江彬和华人翻译火者亚三，并将离开京师的皮雷斯在广州监狱中囚禁至死。按照明朝的说法，葡萄牙人“夷情叵测，屯驻日久，疑有窥伺”，又“抢劫华商、掠夺男女、烹食幼儿”，明政府决定“俱给赏，令还国”，但由于葡萄牙人拒绝离开，只能武力解决。根据葡萄牙人在东方殖民的一贯作风，在商业活动中骚扰抢掠居民当属事实，如果不让葡萄牙人吃一些苦头，双方是不可能达成良性贸易关系的。

广东海道副使汪鋐负责驱逐盘踞在屯门的葡萄牙人。汪鋐加强了南头寨等地的军事防守，大量征集渔船，广泛发动群众。就这样，在明朝的上下发动下，屯门海战爆发了。

明朝方面出动了广东方面民壮，收集了五十余艘船只。葡萄牙方面出动的兵力资料并不明确，有以下几种说法：

第一种说法取自一些明朝民间记载，其记载“巨轮七八艘”。其巨轮很可能指的是盖伦帆船，但按照《15—17世纪的西班牙大帆船》一书的记载与汪鋐本人“周围置铳三十余把”的说法来推测，参战的葡萄牙军舰单艘的火炮数量不少于三十余门，如果是盖伦巨舰，并非广东民壮就能解决。

第二种说法认为，葡萄牙方面有5艘克拉维尔轻型帆船与较多数量的戎克船，这有一定可信度。欧式帆船的出现与汪鋐的说法符合，利用当地舰艇进行机动作战也符合习惯，更适应客场作战，但是克拉维尔帆船是否能达到每艘三十余门火炮的火力密度有待商榷。

第三种说法最有可能，葡萄牙方面包括卡尔沃一开始的特别舰队，有卡拉克大帆船3艘，东方式帆船1艘，其中只有1艘卡拉克大帆船武备充足；杜瓦尔特·科尔奥带领一次补充，有欧式小型战舰1艘和东方式货船1条；阿姆布罗济奥·多·雷戈带领二次补充，有欧式帆船1艘和东方式货船1艘，还有两条东方式有葡萄牙船员的商用帆船误入战场。

郑和下西洋结束后，明朝正面海防压力轻微，普通倭寇面对大船不战自溃，明军对大船的需求日益减少，海军趋向小型化。到了16世纪初，明军广东方面水师的主力已经变成了喇叭船、哨船、叭喇唬船等中小型船只，最大的叭喇唬船仅仅4～6丈，只有8～10支桨和一两根桅杆。正在迈向下坡路的明廷对兵员的把控也不过关，广东卫所兵严重缺员，每个卫所只有几十名可战之兵，战斗意志薄弱。这也是西方殖民者常常低估明朝实力的原因。

但广东民壮的战斗力却不宜低估，他们往往出身尚武的宗族，由负责官员精心选拔而来，既有彪悍的山民又有狂放的渔者，还有爱国乡绅吴瑗、郑志锐等人提供的健壮家丁。他们在常年的宗族械斗、土客械斗中磨炼出了悍不畏死的斗志和出众的格斗能力，加上高额赏赐，使得他们经过短时间的训练后战斗力就变得可观。

屯门西草湾海战事实上可以视作戚继光重组浙兵的预演。1520年6月25日，第一次交锋开始。明军虽然战斗意志高昂，火力却不足，正面作战时火力被死死压制。汪鋐亲率军民猛攻葡人船队，此时又有科埃略带两艘大船前来援助葡萄牙人，明军终因葡萄牙人佛郎机火炮火力猛烈而败阵。

汪鋐见强攻不行，沉心思索，突然计上心头，于是派人以卖米酒为由接近葡船，见有两位中国人杨三、戴明在船上，便偷偷与之通话，劝谕其回头为国效力，并相约某夜以小船接应。二人反正后，汪鋐令其制造佛朗机。明军得到技术后积极仿制。在围而不攻的四十余天中，明军已经成功换装，并进一步强化了民壮的操练。

四十天后，阿姆布罗济奥·多·雷戈带着两艘帆船躲过明军的巡逻船队，进入封锁圈与被围的葡萄牙舰队汇合，另外又有两艘葡萄牙商船误入战场，加入战斗。

在进攻过程中，明军使用佛郎机与葡萄牙人对射，压制其火力，并使用了凿船底的水鬼，给葡萄牙人不小损失。有些葡萄牙人在屯门岛的堡垒上负隅顽抗，被登陆的明军民壮打得损失惨重，仓皇逃窜。但缺乏大船的明军无法摧毁葡萄牙的大型战船，杜瓦尔特·科尔奥、迪奥戈·卡尔沃和阿姆布罗济奥·多·雷戈等人商议后，决定放弃其余船只，把剩余人员全部集中在三艘大的战船上进行突围。

1521年9月7日，在夜色的掩护下，葡萄牙人分别乘坐三艘大船突围，但他们的行动很快被明军哨船发现。这次交火追击战中，装备佛朗机的明军一改颓势，其激烈程度被描述为“简直就像笼罩在烟火之中的一座地狱”。

然而，在葡萄牙人绝望之际，一场暴风雨突然降临，这使得明军的追击陷入混乱，葡萄牙人趁乱逃脱。瑞典人龙思泰在《早期澳门史》中说：“如果不是一次对他极为有利的风暴非常及时地刮起，西芒将会死于饥饿。他利用这个时机，带着三艘船逃跑了（1521年）。”

屯门海战的实际作战时间是40余天，时间并不算很长。大明以4000多精勇民壮围攻千人左右的葡萄牙人，先败后胜，表现也算是可圈可点。当然，时人也认为明军赢得不轻松，“副使汪鋐尽力剿捕，仅能胜之”。

屯门之战使明朝认识到蜈蚣船和佛郎机的威力，此后在引进方面下了很大功夫。蜈蚣船就是加莱桨帆船的中国改版，但由于东方海战需求较小，普及程度不如佛郎机。另外，佛郎机并非什么落后于时代的火器，事实上清朝使用的子母炮就是佛郎机的一种。

随后，葡萄牙人又以五艘舰船、数百人组成的舰队入寇西草湾，在西草湾之战中被1000～2000大明水兵组成的舰队击败，两艘战舰被明军所夺，但明军副将王应恩也战死。此后，葡萄牙与明朝互相认可双方的战斗力，达成和解，葡萄牙付费租借澳门，成为大明盟友。此后，荷兰曾五次攻打澳门，大明都允许葡萄牙从广东招募雇佣兵抵御，而葡萄牙也在南明时期发兵帮助南明防御桂林。

总体而言，屯门之战当然不是所谓“大明水师天威无敌”，但其表现也绝对说不上差，比起第一次鸦片战争中的宁波之战，大清在占尽天时地利人和的情况下，上万人偷袭几百英军结果惨败，要强得多。而且明朝在技术差距不大时，就已经能够意识到差距而引进西方先进技术强化己方军力。明末火器比起欧洲有一定差距，主要还是当时信息交流效率低下、缺乏战场需求的缘故。

萨尔浒之战，十万明军为何仓促出兵

众所周知，萨尔浒之战是明末形势的转折点。此战之后，曾经被大明压制的女真变成了大明的索命鬼，大明对女真由攻势转为守势。在此战中，明军兵力并没有占绝对优势，为什么会仓促地采取分兵合围的战术，导致兵败呢?

对于此战，很多人都把责任全部推给总指挥杨镐，认为他的分进合击战略实际上是在“排队送人头”。当然，杨镐的能力确实不行。从他的履历看，其官位基本是靠多方周旋获得的，实际的军事能力并没有得到验证。但是杨镐毕竟从军三十几年，经验还是很丰富的，萨尔浒之战的兵败，除了杨镐，大明的文官也负有一定责任。说到底，就是明帝国的国库已经被掏空。

萨尔浒之战时，明军已经武备废弛，有的武器甚至还是正德时期的，这也从侧面显示明帝国的国库储备已经见底。明军在集结时，已近冬季，冬天的东北，作战是很困难的。而此时，明朝内阁却催促杨镐进攻，希望毕其功于一役，这才有了明军四路进攻、企图围歼努尔哈赤的计划。作战最忌讳的就是指挥员受到非战争因素的干扰，如果不是内阁催促，明军详细考察制订计划，步步为营，说不定还能取胜。

不过内阁的催促也不是没有道理，因为大明的后勤已经跟不上了。

当时，明军号称四十七万，真实兵力为十万左右，这十万明军也是七拼八凑来的。而当时大明这十万人部队有多耗钱呢？

自戚继光后，明军野战军的装备包括长刀长枪等冷兵器，偏厢车、辎车等车具，佛朗机、灭虏炮等火炮，铁锅、镰刀等工具。此外，随军要携带五天行粮。很多装备都需要牛马等牲畜运输，不然，扛着这么多东西行军，还没等碰到敌人自己就先累死了。

当时就有这样的话："战车几千乘，神器几千位，甲胄万副，闷棍数万，火攻之具十万，铜铅铁戈矛弓矢，捆载以输者不绝于路，迄今未休。"十万人出征，光是装备的筹备运输就够头疼的了。这还只是步兵装备，明代军队的配置基本是步兵占六成，骑兵占四成。十万人的部队，就有四万的骑兵。这些军马由太仆寺配给，不足的就从民间购买。马匹也是个令人头疼的问题，最后明军还是通过在西宁等地购买才凑齐了数量。由于正值寒冬，好不容易凑齐的马匹还死了不少，当时上报的情况就是："营中一日倒毙马二百四十九匹。"可见损耗相当大。

军队打仗要花钱，士兵也不能白白卖命，军饷问题同样令人头疼。为了凑齐军饷，靠早就入不敷出的户部肯定是不行的。明军首先管万历皇帝借，然后再挪用工部太仆寺的钱，还要搜刮各省，以及加派。考虑到军纪、吏治等问题，形势就更加致命了。

大军未动，粮草先行。供养十万大军，每天人吃马喂，不事先筹备是不可能的。最近的物资在前线辽东，但当年的辽东可不像现在是商品粮基地，而是个穷地方，一年出产90万石粮食，1440万束草，80万石豆，扣除辽东自用以及因女真骚扰造成的损耗，根本不够十万大军塞牙缝的，所以就只能从各地调集。

除了辽东本地，距离最近的就是隔海相望的山东和临近的河北。从山东通过登州进行海运，再转陆运到沈阳，路程有七百里。当时运输一石粮食，人吃马喂就要消耗二三两银子，按规定月粮一石计算，一个月就需要十万石。若通过陆路，从中转地通州到山海关，路程同样有七百里，且只能用牛马运输，相比水运，效率低不说，还更耗费钱粮。

当时的情况就是“兴师十万，日费万金”。据当时户部核算，筹备战事的一年时间里，这方面开支超过300万两，兵部工部也有100万两的开支，这还没有算上当时各地人畜运输损耗以及劳役造成的间接经济损失。400万两是个什么概念呢？当时，明朝太仓库一年的存银仅300万两，而太仓库是当时明帝国主要的存银地。当然这只是白银收入，如果所有赋税加起来，折合白银是2000万两。

2000万两白银的收入看似很多，但明帝国的财政支出也很庞大，万历皇帝的父亲隆庆皇帝在隆庆五年（1571年）光军费支出就达833万两。打一场萨尔浒大战，光是后勤准备就消耗400万两，达明帝国军费支出的一半。十万明军在明帝国也不算多，明帝国可是有百万军队要供养的。这百万军队，由于卫所制度的崩溃，都要花钱。这样一对比，就知道当时后勤压力是有多么巨大了。

打一场萨尔浒大战，不光是从各地调集来的兵马和边疆的士兵会感到安全受到威胁，江浙的士绅也感到赋税更重了。在京城的官员也不能高枕无忧，到处协调到处筹钱，本来按部就班的工作就会变得焦头烂额。万历末年的大明根本经不起萨尔浒之战的折腾，经济的捉襟见肘带来的就是军事、政治以及民生等一系列问题。此时的大明，就如万历的身体，看似庞大，实则病入膏肓。

第四章　江湖篇

纵死侠骨香，
不惭世上英

为何侠客都是“仗剑天涯”而不仗刀

中国古代，剑是正义的精神代表。自古君子佩剑，在仙侠小说中，主角往往都是佩剑行走江湖，刀却没有这种地位。那么，究竟为什么剑会比刀高一等呢?

简单地说，剑比刀贵，这是其根本原因。剑之所以贵是因为两面开刃，没有电动工具的情况下，全靠研磨师手工调整，剑脊要直要对称，这个研磨费就要比刀高很多，刀就算镐线不对称也无所谓，小徒弟都能磨得来，剑要是剑脊不正不直，那就难看了。所以剑的价格就要比刀高不少。

剑一直都是相对昂贵的武器。在青铜时代，青铜脆，做不出适合大力劈砍的刀，所以当时用的都是以刺击为主的剑，就这还做不长，但是青铜剑也是当时最昂贵的武器之一了。别以为青铜时代士兵都用剑，其实普通士兵只能拿矛、戈一类兵器，能用剑的一般都是贵族士兵，而剑的长度也跟其身份挂钩。

到了春秋战国时期，礼崩乐坏，诸侯国各自攻杀，剑对于身份象征的等级制度没有那么严格了，更多的是作为战争武器，但也不是谁都能佩剑的。《说文》记载“古者天子二十而冠带剑，诸侯三十而冠带剑，大夫四十而冠带剑，隶人不得冠，庶人有事则带剑，无事不得带剑”，这个“有事”指的是战事，一般平民平时根本没资格佩剑。

到了汉代，进入铁器时代，造价更低的环首刀就开始取代剑成为军队制式武器，而剑则延续其身份象征的物品地位。《后汉书·舆服志》记载“自天子以至百官，无不佩剑”，“公卿以下至县三百石长导从，置门下五吏，贼曹督曹功曹，无不佩剑”，在汉代，剑就是身份地位的象征，毕竟身份地位其实也跟钱挂钩，你连把剑都买不起，还谈什么身份？

剑在汉代慢慢就变成与君子身份挂钩的高级物品，《汉书·隽不疑传》记载，隽不疑去拜访暴胜之，穿一身礼服，挂一把装饰华丽的剑，结果被仆人拦住，要求解剑才能进门。隽不疑表示，我是有身份的人，你们这些仆从没资格让我解剑，叫你们主人出来亲自接见我，所谓容貌尊严，不就是说衣服配饰都很讲究吗？暴胜之不敢拿大，赶紧亲自出来迎客。所以老话说，“枪乃百兵之王，剑乃百兵之君”，这个“君”是“君子”的意思，不是“君王”的意思。剑在过去是和君子挂钩的。

后面的朝代对于剑的等级划分也更详细，《隋书·礼仪志》中按官品的高低，有各种不同的佩剑规定：“一品，玉具剑，佩山玄玉。二品，金装剑，佩水苍玉……”

所以，古代佩剑，那是一个身份地位的象征，真不是随便谁就能腰上挂把剑行走江湖的。能挂把剑出门的，怎么也得是士子、读书人。《西厢记》里张生都说：“小生书剑飘零，功名未遂，游于四方。”

其实中国古代还是尚武的，佩剑也是文人展示自己尚武精神的一种方式。古代讲究文武双全，君子六艺，礼乐射御书数，射箭和赶马车这种战斗技能也是当时的士人需要学习的。《诗经·卫风·芄兰》云：“芄兰之叶，童子佩韘。虽则佩韘，能不我甲”，这个“韘”就是扳指，用来射箭钩弦用的。在春秋战国时期，一般小孩成人了就可以佩戴韘，以示可以射箭打仗了。只是弓箭训练难度相对较高，佩韘慢慢就脱离射箭成为单纯的装饰。汉代玉韘就已经变成平的，没法拿来钩弦射箭，变成纯装饰了。

佩剑一方面是身份地位的象征，另一方面也是有实际使用需求的，因为它毕竟还是把武器。古代治安可远没有现在这么好，出了城那就是法外之地，更不用说除了强人还有野兽，出远门，身上带把武器防身也是刚需。所以别以为文人身上的佩剑都是样子货。比如大家都熟悉的诗仙李白，《新唐书·文艺传》说他“喜纵横术，击剑任侠，轻财好施”，魏颢《李翰林集序》甚至说他“少任侠，手刃数人”。中国的文人，对于剑是有很深的情怀的。剑是他们身份地位的象征，也是他们快意恩仇的武器。

所以，演义小说中，用剑并没有什么特别的，《三国演义》中刘备用剑，但是战斗力也就那么回事。《水浒传》里高手没有用剑的，丧门神鲍旭用阔剑，也不过是个小配角，还给用斧子的李逵当副手。毕竟上阵搏杀时剑并没有什么优势，但是到了武侠小说中，剑就成了侠客标配的武器了。这主要还是因为武侠小说本就是文人写来娱人娱己的东西而已。侠客形象主要是为了满足文人自身对于快意恩仇的幻想，那么必然就要讲究代入感。而剑是文人身份的象征，所以剑侠的形象就满足了文人的代入感。越是传统的文人，写出来的武侠小说对剑就越是推崇。这也导致人们更习惯说“仗剑天涯”，因为觉得比刀更浪漫。

古代武林人士的谋生手段

一直以来，对于武侠小说，人们都有这样一个疑惑：为什么侠客们通常都不担心没钱花？他们四处行侠仗义，却从来不担心生计问题，他们的钱是从哪里来的呢？

俗话说穷文富武。穷人学文，可以头悬梁、锥刺股，可以凿洞取光，可以逮萤火虫装了小纱袋夜读。总之，无论再穷，只要能果腹，三天吃个窝窝头，穿个破草鞋能走到县、府、省城，就可以考取功名。当然，这种大背景是印刷术普及之后。印刷术没普及之前，教育最关键的元素——图书，可是被掌握在世家贵族手中的。

而习武必须保证营养，尤其是蛋白质的摄入。原因很简单，肌肉生长需要蛋白质，肉蛋奶就是最好的蛋白质来源，吃不起肉就没法练武。

另外，武术器械也比文房四宝要贵得多。比如锻炼用的石锁有各种重量，要请石匠雕一堆出来，更不用说各式武器以及马匹等装备。就连拜师也比习文贵，学习文化，上个私塾，一堆小孩养一个老师，学费就被分摊下去。习武则需要手把手教导，给徒弟拆招喂招，一个师傅一辈子也带不了几个真传弟子，所以拜师的费用也要高很多。在明代以前，民间能习武的，大多都是家里有钱的。

比如李白，《新唐书》这样说他："喜纵横术，击剑任侠，轻财好施。"

郭沫若在《李白与杜甫》里说：“李客（李白之父）必然是一位富商，不然他不能够携带着那么多的人作长途羁旅。他入蜀以后，把李白养成了一个漫游成癖，挥霍任性，游手好闲，重义好施的人，也足以证明他是一个商人地主。”李白仗剑行天涯，这种标准游侠形象与他的家产肯定是分不开的。

过去练武的有句老话叫“六扇门里好修行”。有官府养着，不愁吃穿，自然可以专心练功。比如从军、当捕快衙役之类的。

除了军人、捕快，还有一个职业可以让你不愁吃穿地去练武，那就是太监。比如八卦掌的创始人董海川。清朝咸丰年间，董海川成为太监在肃王府当差，任七品首领太监。他所创的八卦掌，至今仍是三大内家拳之一，可以算是有史以来最能打的太监了。大家都知道，金庸的武侠小说中有本著名的武功秘籍《葵花宝典》，书中对《葵花宝典》的来历并没有细说，仅提及作者为前朝太监，其参考的原型很可能就是清朝太监董海川。

那么，武功练成了之后，大侠们有什么谋生手段呢？在民间，主要还是护院、保镖、开武馆、跑江湖卖艺等。

给大户人家当护院是一个非常清闲还来钱快的行当，但护院的工作这么好，当然门槛也高，大户人家请的都是成名人物，不然请无名之辈来看家护院，对方当了家贼那就要命了。所以在过去，护院也是不会随便出手帮主人打人的，因为当护院的都是成名武师，不会给人当狗腿子，平白堕了名声、拉低身价。护院里最有名的就是形意拳的创始人李飞羽。他以“神拳李”之威名，名震武林，在咸丰、同治年间，与八卦掌董海川、太极拳杨露禅鼎足而三。他就曾给太谷县乡绅孟勃如当过护院。

保镖行当里的武林名人就很多了，最有名的就是大刀王五。大刀王五本名王子斌，字正谊，是河北省沧州人。他从小就喜欢练习武术，成年后，刀、枪、剑、戟等十八般武器也都学成了。由于他喜用大刀，又由于他在师兄弟中排行老五，故得“大刀王五”的美名。相传，大刀王五的源顺镖局的旧址就在今北京前门外西半壁街13号院。

至于开武馆的就更多了，比如前文提到的与董海川、李飞羽齐名的太极拳杨露禅。当年杨露禅在北京城开馆之初，踢馆者甚众。结果，杨露禅击败所有踢馆者，而且出手即见血，被誉为打遍京城“杨无敌”。直到武师们请出董海川，两人闭门比武，才结束杨露禅连胜的纪录。

卖艺的行当一般被认为比较低等，所以有本事的人很少去打把式卖艺。但实际上，卖艺行当里也出过能打的大神，那就是家喻户晓的武术家——黄飞鸿。黄飞鸿之父黄麒英乃晚清“广东十虎”之一，黄飞鸿3岁从父习武，13岁随父卖艺街头，尽得家传功夫。直到1872年，黄飞鸿移居广州，铜、铁行工人集资为其设武馆于第七甫水脚，一代武术家才结束卖艺生涯。

中国古代的著名刺杀事件

历史上，曾有很多著名的政治暗杀事件，如荆轲刺秦王，以及罗马共和国的恺撒遇刺等。这种刺杀除了展现出“匹夫一怒，天下缟素”的可怕威力外，也体现着暗杀者和政要贴身护卫之间的较量与博弈。

对比荆轲刺秦王和恺撒遇刺两个事件可以明显发现，大秦与罗马由于政治体制和社会结构的不同，在君主或政要的保护措施上有着极大的差别。在荆轲刺秦王中，荆轲之所以几乎得手，其实反而是钻了战国及秦代宫廷对于暗杀一类情况的防护过于严密的空子。荆轲之所以选择“图穷匕见”的方式，很大程度上是因为面见君主，必然要对使者搜身，以防携带凶器。这种防范意识甚至达到了“群臣侍殿上者，不得持尺兵”的地步。这种防护，也使得宫廷中的侍卫，同样是“诸郎中执兵，皆陈殿下，非有诏不得上”。这也就是为什么在荆轲图穷匕见之后，大殿上出现了“秦王方还柱走，卒惶急不知所为”的情况。

不过秦宫这种几乎有些神经过敏的防护措施，其实并非没有道理。实际上，在春秋战国时局动荡的年代，宫廷刺杀事件本身便是层出不穷。其中最典型的莫过于吴王阖闾夺取吴国时所发动的几次刺杀活动，尤其是著名的“专诸刺王僚”，堪称春秋战国时期宫廷刺杀的经典。作为当时的吴国君主，吴王僚并非对当时的公子光，也就是后来的吴王阖闾毫无防备。在前往公子光府上赴宴时，吴王僚“使兵陈自宫至光之家，门户阶陛左右，皆王僚之亲戚也。夹立侍，皆持长铍”，而公子光和刺客专诸所采取的措施，便是将暗杀所使用的匕首藏在鱼中，并以呈献菜肴为名接近吴王僚，最后“既至王前，专诸擘鱼，因以匕首刺王僚，王僚立死”。不过吴王僚的侍从们也很快杀死了专诸。这时公子光的伏兵趁着这些侍从和亲信们陷入骚乱时忽然杀出，最后“公子光出其伏甲以攻王僚之徒，尽灭之，遂自立为王”。

到了秦汉之后，针对君主的暗杀多是以毒杀的方式进行。在民间，针对官员士族，具有仇杀性质的刺杀时有发生，其中最恶劣的莫过于唐代的“元和刺相案”。

元和刺相案发生的时间是在唐宪宗李纯在位的元和十年（815年）。当时主政改革的宰相，即武则天家族后裔武元衡，在长安城靖良坊的府第车门上朝途中惨遭刺客杀害，而且其过程相当血腥。《旧唐书·武元衡传》记载道：“有暗中叱使灭烛者，导骑诃之，贼射之，中肩。又有匿树阴突出者，以棓击元衡左股。其徒驭已为贼所格奔逸，贼乃持元衡马，东南行十余步害之，批其颅骨怀去。及众呼偕至，持火照之，见元衡已踣于血中，即元衡宅东北隅墙之外。”与此同时，武元衡的副手裴度也险遭刺杀，《旧唐书·裴度传》记载：“是日，度出通化里，盗三以剑击度，初断靴带，次中背，才绝单衣，后微伤其首，度堕马。会度带毡帽，故创不至深。贼又挥刃追度，度从人王义乃持贼连呼甚急，贼反刃断义手，乃得去。度已堕沟中，贼谓度已死，乃舍去。”

整个元和刺相案，最恶劣的不仅是对一人之下万人之上的宰相进行刺杀，还在于刺杀时间虽然并非光天化日，但也才入夜不久，街上还有许多行人，因此立刻震惊了整个长安城。这起事件是节度使王承宗和李师道策划，刺客都表现出了极高的军事素养，甚至极有可能就是两位节度使的亲信精锐，所以他们才能刺杀有卫士保护的当朝宰相，而且刺杀地点就在武元衡的宅邸附近。

不过中国古代的暗杀活动成功率实际上也并不高。在大多数时候，皇帝和大臣的防护措施确实足以防止绝大多数暗杀。最典型的莫过于明代嘉靖二十一年（1542年）著名的“壬寅宫变”。这起事件的起因目前争议颇多，一种观点认为当时失宠的宁嫔王氏为了报复嘉靖皇帝，所以策动当时对嘉靖皇帝不满的宫女。宫女们在嘉靖皇帝就寝之后，试图将其勒死。不过最后由于其他宫女向方皇后报信，皇后及时带人赶到，将这些宫女制服，刺杀遂宣告失败。

对于皇帝们来说，“壬寅宫变”最恐怖的莫过于策划这场行动的是嫔妃宫女。她们可以说是对宫闱和皇帝起居最了解的人，因此也是在宫中最不容易防备的人群。她们一旦实行刺杀，成功概率便远远要高于荆轲一类的刺客。不过“壬寅宫变”的失败，也反映出暗杀也是个高技术的活动，宫女们并没有什么暗杀的知识和技巧，这才导致暗杀失败。

这其实也是暗杀手段与政要保护措施交替进步的标志。对于可以接近皇帝或其他政要的亲近之人严格的审核，以及愈加严密的侍卫保护，使得暗杀行动的难度不断地增加。不过正所谓不怕一万就怕万一，永远都可能存在的百密一疏，大概就是这些高官贵人们永远挥之不去的噩梦吧。

古代这么多死士都是从哪儿来的

在史书中，总能看到死士的身影，这些死士似乎都是不怕死的，心甘情愿为人卖命，无论暗杀或是造反，什么都可以做。而最可怕的是，古代这样的人为数还不少，史书中常有豢养数百甚至数千死士的记载。网上一直盛传死士都是从小培养洗脑的杀人机器一般的人，真的是这样吗？这么多死士又都是在哪儿养着才不会被人发现呢？

说起死士，很多人的第一印象就是刺客。网络上一度盛传，说古代豢养死士，都是挑孤儿从小培养进行残酷的训练，然后还要进行洗脑，让他们成为忠心耿耿、无论什么事只要主人一声令下都愿意去做的杀人机器。但实际上古代蓄养死士并没有这么复杂，根本不需要洗脑和从小培养，只要肯花钱，买一条人命并不是什么难事。实际上，古代的死士也不是一种职业，只要是不怕死的勇士就可以称为死士，可以是折节下交的莽汉，可以是门客，也可以是家奴。

比如著名的荆轲，他作为燕国太子丹养的死士，待遇还是很高的，《史记》记载："于是尊荆卿为上卿，舍上舍。太子日造门下，供太牢具，异物间进，车骑美女恣荆轲所欲，以顺适其意。"太子丹每天都去拜访荆轲以联络感情，一应用具都是最好的，要车给车，要美女给美女，要什么给什么。于是，到了该让荆轲送死的时候，荆轲明知刺杀秦王必死，还是该上就得上。

这种死士一般都是以恩义拉拢，目的也很明确，就是为了荣华富贵或报恩去执行刺杀任务。在古代天灾人祸不断，人的平均寿命都不长，所以很多人都轻生重死，认为士为知己者死是值得赞颂的一件事。虽然对方目的很明确，就是请死士为他去死，但是对方愿意花这么多钱来买死士这一条命，死士往往认为这就是看得起自己，并以此为荣。

比如聂政，韩大夫严仲子献巨金为其母庆寿与其结交，聂政钱都没收，但是依然将其引为知己，愿意替他去送死，并说道："嗟乎！政乃市井之人，鼓刀以屠；而严仲子乃诸侯之卿相也，不远千里，枉车骑而交臣。臣之所以待之，至浅鲜矣，未有大功可以称者，而严仲子奉百金为亲寿，我虽不受，然是者徒深知政也。夫贤者以感忿睚眦之意而亲信穷僻之人，而政独安得嘿然而已乎！"于是单人仗剑刺杀韩相侠累，死前怕牵连家人还以剑自毁其面，挖眼后剖腹自杀。

如果以现在的价值观来看，聂政杀人后自毁面容后再自杀，应该只有从小培养的专业杀手才能做到，但实际上他连钱都没收，仅仅因为严仲子愿意出百金与他结交，就是他的知己，他就愿意为其去死。

在春秋战国时期这样生产力低下的青铜时代，战国四公子动不动就养上千门客，在当时是一件很有面子的事情。这些门客有的是怀才不遇的投机者，有的是落魄的贵族子弟，也有不甘于贫贱的底层游民，更有被通缉来寻求庇护的通缉犯。《史记》说："孟尝、春申、平原、信陵之徒，皆因王者亲属，藉于有土卿相之富厚，招天下贤者，显名诸侯，不可谓不贤者矣。"当事人认为蓄养门客是有贤名的一件事。这些门客中，只要是愿意为恩主牺牲的，自然就是死士。

又比如东汉末年，许贡上表给汉帝，说孙策骁勇，应该召回京师，控制使用，免生后患。此表被孙策的密探获得，孙策便杀了许贡。而许贡死后，他养的门客潜藏起来，寻找机会为他报仇，最终刺杀了孙策。

当然，也有大规模蓄养死士的，比如《晋书·景帝纪》里记载了司马师蓄养死士的情况：“帝阴养死士三千，散在人间，至是一朝而集，众莫知所出也。”司马师偷偷养了三千死士，竟然没人知道都藏在哪儿，需要的时候一声令下就能聚集起来发动政变，这就是大规模蓄养死士的一个案例。

这种情况，以现代人的想法来说，那得是秘密训练，如同培养间谍一般潜伏起来才行，但实际上并没有那么复杂。

古代和现代不同，大户人家数千奴仆并不是什么稀罕事，《红楼梦》第五十二回里麝月说：“这里不是嫂子久站的，再一会，不用我们说话，就有人来问你了。有什么分证话，且带了他去，你回了林大娘，叫他来找二爷说话。家里上千的人，你也跑来，我也跑来，我们认人问姓，还认不清呢！”这就说明了贾府就有上千号人。当然《红楼梦》只是小说，但也反映了当时的情况。明代万历年间的《嘉定县志·卷二·疆域志·风俗》记载：“大家僮仆，多至万指。”而清代顾炎武在《日知录·卷十三·奴仆》记载：“人奴众多，今吴中仕宦之家，有至一二千人者。”

这么多的奴仆当然不可能养在自家宅院里，实际上，他们都是给大户人家种地干活的。古代不断发生土地兼并，兼并后的土地，那些大户人家当然不可能亲自去种，于是他们就蓄养了大量的奴仆来种地干活。而被徭役、税赋、高利贷逼到破产的农民则只能卖身作为奴仆给这些大户干活。只要从这些奴仆里选出一些身强力壮的人，给他们分发武器，做一定的军事训练，就是死士了。

这些豪门家族都在蓄养奴仆，所以司马师养三千死士根本不叫事，只需要分散在各处庄园里，农忙时干干活，农闲时做做军事训练，就可以了。自家庄园关起门来训练，外人自然是不可能知道的。

这种事情其实大家一直都在做。东汉末年黄巾起义时，各路人马剿灭黄巾军的所谓部曲其实就是地主蓄养的私兵。部曲原是两汉以来的一种军事制度，但是在东汉末年，世家大族把自己的佃客、宾客武装起来，称为部曲，也称家兵，这也是一种死士。部曲的家属都被世家大族控制，打仗只能拼命为主公效死，和司马师拿来政变的私兵死士没有什么区别。

这种情况在中国数千年的封建王朝中一直存在，比如明代中后期武将的私兵，即所谓的家丁，那都是武将自己掏钱养的，因为武将所辖不入兵籍，所以才叫家丁。名义上不是军人，所以不用听其他官员的命令，只是武将本人的家丁奴仆，只听主人的命令，为其效死。这和汉末的部曲没有什么区别，仅仅是称呼不同而已。

现代人以己度人，才会觉得古代死士都是从小秘密训练，就像培养职业杀手似的，还得各种洗脑，他们才可能愿意去送死。但实际上，古代动不动就是饥荒、瘟疫、战乱，路有骸骨、易子而食这些记载数不胜数。成为大户人家的奴仆，生活有保障，还不用服徭役，为了主人去杀人、打仗根本就是天经地义的事情。就算不愿意去效死，你也无处可跑，在古代去哪儿都要户籍，没有户籍就是逃奴，各朝各代都有针对逃奴的法律，比如唐代的《奴法》、清代的《逃人律》等，天下之大，却无你立锥之地。

走镖的学问：靠面子还是靠武功

在许多评书和相声里，都能听到镖局的名字。在这些艺术作品中，镖师们往往身怀绝技，行走江湖。但是现在，很多人提出了另一种说法，他们认为镖局保镖主要是靠面子和人脉，甚至有人说镖局出现得比较晚，镖局的镖师们都是用火枪保镖的，其实根本没有功夫，只是古代的快递员。那么到底是不是这样呢？

首先可以肯定的是，镖局作为特种服务行业，首要目的不是剿匪而是赚钱，既然是要赚钱，自然是不能只靠打打杀杀。社会关系对于做生意显然是一个重要因素，这也是镖师走镖要靠面子的说法流传下来的原因。

镖局既然要走镖押运值钱的货物，那么不带武器显然是不可能的。既然要携带武器，首先跟官府的关系就得打点好，不然官府以非法携带管制武器的罪名就能把镖局给办了。你要反抗那就是造反，这生意就没法做下去。

所以镖局走镖，走什么线路，什么时候能开分店，这些首先是要看官面上的关系。这条线路的官府都摆平了，那么这条线路就可以走；又拉到另一条线路的官府上的关系，那么就可以开分店了。

同样，一旦动手就有死伤，乱战中，镖师谁也不能保证绝对没有死伤。有了死伤就增加了运营成本，镖局必须给死去镖师的家属一定的抚恤，给受伤镖师治伤，这些都是要钱的。如果不能彻底剿灭匪徒，匪徒们有了死伤，不断地前来寻仇，这生意也不好干了。

想要赚钱，自然是安安稳稳的最好不过。就算碰上劫匪，能不动手当然是最好的，跟这条线路上的大山贼搞好关系，交个过路费就能避免战斗，显然是非常合算的。金庸的《笑傲江湖》里，林镇南就教育儿子林平之："江湖上的事，名头占了两成，功夫占了两成，余下的六成，却要靠黑白两道的朋友们赏脸了。你想，福威镖局的镖车行走十省，倘若每一趟都得跟人家厮杀较量，哪有这许多性命去拼？就算每一趟都打胜仗，常言道：杀敌一千，自伤八百，镖师若有伤亡，单是给家属抚恤金，所收的镖银便不够使，咱们的家当还有什么剩的？所以嘛，咱们吃镖行饭的，第一须得人头熟，手面宽，这'交情'二字，倒比真刀真枪的功夫还要紧些。"

但是这并不代表镖师不需要功夫，更不代表没练过武术的人也能去当镖师。如果只是撒钱走关系的话，商人显然更擅长此道，何必还雇你镖局去运送。只靠面子就能安全送达货物，商人自己送岂不美滋滋，何必让镖局这个中间商再赚个差价？镖局没有武力显然是不现实的。

镖局的前身是"镖户"，商人运送货物需要保证安全，比起自己培养武装力量，需要的时候雇一些镖户来护卫货物显然是更合算的事。当时商人们是找江湖上武艺高强的人或经验丰富的退役捕快来做商队的护卫工作，然后慢慢出现了职业镖局。职业镖局显然要比走单帮的散户靠谱得多。于是镖户纷纷自创镖局或是加入镖局，形成了职业化的武装押运行业。

既然是武装押运，武力值就是必需的，如果你不能打，那么商人凭什么把货物交给你来保护呢？同样，如果你没有足够的武力值，谁又会给你面子呢？劫匪如果可以轻松杀死押运的镖师，那么他们大可以直接把货物全抢走，过路费显然不可能超过货物的价格，能全抢走何必收那一点过路费？同样，镖局如果能轻松赶走劫匪的话，自然也不需要给劫匪过路费，过路费难道不是运营成本吗？镖局如果见到劫匪就摆个笑脸口称哥哥上前塞钱，那么保这一趟镖的利润怕是都不够的，那这不是镖局，这怕是“绿林济困局”。

镖局想要压缩成本就必然需要武力威慑，其武力值决定了这一趟路线的运营成本，要是走出一百里地就给二十伙匪徒交了过路费，那得收多少押运费才够维持？虽然镖局确实和很多占山为王的土匪有交情，但在古代，土匪从来不是一个安全的职业。能够真的拉起人占山为王的大土匪永远都是少数，而且往往也很难长期维持，大多没几年就被官兵剿了或是被其他土匪吞并了，可能被自家小弟火并掉，也可能出去打劫被打死。就比如《水浒传》中，王伦被火并，晁盖出去打劫中箭而死，田虎被剿灭。梁山好汉里的很多人之所以想受招安，不就是因为当土匪没前途吗？

镖局就算拉交情，也得是有实力稳得住的大绺子去谈交情，那些多如牛毛、有今天没明天的小股土匪根本没有结交的价值。所以，碰到小股盗匪，镖局必然是要展示武力赶走的，谁来抢劫都给钱，开银行的也扛不住啊。同样，虽然镖局一般会尽量以驱赶为主，避免伤人命结仇，但是对于敢下手的劫匪，也一样是要下死手震慑群盗的。不然土匪觉得你好欺负，谁都敢来打劫你，那么运营成本也就增加了。而且，镖局有了死伤，如果息事宁人，手下的镖师也会离心离德，队伍就不好带了。看过《笑傲江湖》的朋友也都知道，只靠朋友赏脸的福威镖局因为功夫太差，被人灭了满门。

光绪二十七年（1901年），慈禧太后调饷银平叛，因人手不足，委托会友镖局从保定运往天津十万两饷银。大盗宋锡朋设计假扮官差抢劫这十万两饷银，不过因为镖局反抗强烈并且及时叫来官兵支援，加之银子太多也不便及时运走，最终只是抢走两千多两的银子。由于四名镖师战死，结果就导致八大镖局联合围剿宋锡朋。宋锡朋手下上千名土匪，跟镖局大战了好几个月，结果被镖局生生打散，宋锡朋只身逃去东北加入了东北的匪帮，就连清政府都已经放弃追捕宋锡朋。然而一年后，宋锡朋偷偷潜回家被镖局得知，镖局再次出动马队奔袭围捕宋锡朋，将他的宅院团团围住，最终将其擒获。此事就连慈禧太后都被惊动，点名要看看这样一个江洋大盗到底什么模样。宋锡朋从保定被押解去了北京，据说慈禧太后看了以后有些失望，说了一句："敢情是这么一个人哪。"于是宋锡朋又被押解回保定斩首示众。

而所谓镖局都是用火枪不是靠武功的说法就更是断章取义了。镖局作为武装押运行业，有先进的武器自然是要用的，但是镖局开始使用火枪的记载都已经是光绪后期了。光绪三十二年（1906年），清政府制定了一份《管理镖局枪支规则》，对镖局枪支实施管制。而最早的镖局在乾隆年间就已经出现，乾隆到光绪足有一百多年，光绪三十二年到清朝灭亡却只有六年。拿这六年去否定一百多年的镖局历史，显然是不够客观的。

为什么《天龙八部》中的武林高手不爱用兵器

在金庸的武侠小说中，各种神兵利器一直都是主流，侠客们大多佩着刀剑行走江湖，比如杨过的玄铁剑，韦小宝的匕首，欧阳锋的蛇杖，以及倚天剑、屠龙刀等。但和其他武侠作品不同的是，《天龙八部》中的高手们都不使用兵器，无论是乔峰、段誉、虚竹等主角还是慕容复、游坦之、鸠摩智等反派，包括隐藏高手扫地神僧，全都要么徒手，要么使用剑气一类无形的功夫。使用武器的基本都是“盒饭龙套”，稍微有点戏份的也就是四大恶人这样的角色。金庸其他作品中也不乏神兵利器，那为什么到了《天龙八部》中高手们都玩徒手了呢？这大概和《天龙八部》的背景年代有关。

书中第十五回写乔峰“执掌丐帮八年”，而汪帮主那封信“下面注的日子是大宋元丰六年五月初七日，乔峰记得分明，那正是自己接任丐帮帮主之日……”，则可知乔峰是北宋神宗元丰六年（1083年）当的帮主，以此推算，“杏子林中商略平生意”之时乃是哲宗元祐六年（1091年）。

实际上，在宋代，武器是受管制的。早在宋初，宋太祖赵匡胤就颁布过一条法律：“京都士庶之家，不得私蓄兵器。”宋代的《刑统》也规定“诸私有禁兵器者，徒一年半”。《天圣令》对于武器制作也有规定：“诸造弓箭、横刀及鞍出卖者，并依官样，各令题凿造者贯属、姓名，州县官司察其行滥。剑及漆器之属，亦题姓名。”

《宋会要辑稿·刑法》记载着一份真宗天禧五年（1021年）的诏书，其曰：“神社枪旗等严行钤辖，如有违犯，内头首取敕裁，及许陈告。”连民间祭祀和庙会这些民俗和宗教仪式上使用的仪仗器都禁了。“陈告”就是告密，在古代，这种行为一直是被诟病的，因为容易引发诬告的风气，但是为了对付民间祭祀和庙会，宋代朝廷把这手大杀器都祭出了。

《宋会要辑稿·兵》中则记载了一份仁宗天圣八年（1030年）的诏书，其曰：“仁宗天圣八年三月诏曰：川陕路不得造着袴刀。利州路转运使陈贯言：着袴刀，于短枪竿、拄杖头安者谓之拔刀，安短木柄者谓之畲刀，并皆着袴。畲刀是民间日用之器，川陕路险，全用此刀开山种田。今若一例禁断，有妨农务，兼恐禁止不得，民犯者众。请自令着袴刀为兵器者禁断，为农器者放行。乃可其请。”朝廷本来要禁所有开山刀，但古代种田本就是刀耕火种，连这农具刀都要禁了，还怎么种田，好在经利州路转运使陈贯进言，朝廷只禁了长柄的“拔刀”。

《宋史·卷一百九十七·兵志》记载：“景祐二年，罢秦州造输京师弓弩三年。诏：‘广南民家毋得置博刀，犯者并锻人并以私有禁兵律论。’先是，岭南为盗者多持博刀，杖罪轻，不能禁，转运使以为言，故著是令。”景祐二年是公元1035年，官府不但禁了“博刀”这种百姓日常生活用具，甚至连其制造者都要治罪。

到了乔峰所处的宋哲宗在位时，北宋政府规定保丁的兵器除了冬天训练的时候拿出使用，其他时间段一律收缴库藏。所以其实宋代武器管制也是非常严格的。宋代笔记《可书》中有这么一段记载：“金人自侵中国，惟以敲棒击人脑而毙。绍兴间有伶人作杂戏云：‘若要胜其金人，须是我中国一件件相敌乃可。且如金国有粘罕，我国有韩少保；金国有柳叶枪，我国有凤凰弓；金国有凿子箭，我国有锁子甲；金国有敲棒，我国有天灵盖。’人皆笑之。”武器都被禁了，只能用天灵盖打敌人的敲棒了。金庸《射雕英雄传》里那段“金兵有狼牙棒，咱们有天灵盖”就是出自此处，可见作者对宋代武器管制这件事也是非常了解的。

《天龙八部》中各路高手都有头有脸的，出来行走江湖还被人查身上的兵器就太不方便了，因此干脆都是徒手。用兵器的都是四大恶人这样的罪犯，反正已经犯罪了，不在乎再多个非法持械的罪名。聚贤庄的“游氏双雄”使用盾牌，不过盾牌在宋代是不管制的，所以两人打了个擦边球，做了钢盾，“圆盾边缘极是锋锐，却是开了口的，如同是一柄圆斧相似”。其他使用兵器的有：少林寺的宗教人士，宋代和尚是有很多特权的，《水浒传》中鲁智深、武松这些人杀了人只要去当和尚头陀，有度牒，即可脱罪，可见一斑；再如丐帮下面的小头目之流，常年行乞，兵器往破麻袋里一装也没人去搜乞丐；再不然就是一些易于隐藏的兵器，比如各种隐蔽的暗器。

范百龄的兵器是个棋盘，实是磁铁所造，外面漆上了木纹，可以吸住铁棋子，也可以吸住对手的兵器、暗器，看起来非常安全；又如崔百泉的“金算盘”，随身携带一个黄金铸成的算盘，其中装有机栝，七十七枚算珠随时可用弹簧弹出；再如神农帮的药锄。

青城派的雷公轰，原著描写其“左手是柄六七寸长的铁锥，锥尖却曲了两曲，右手是个八角小锤，锤柄长仅及尺，锤头还没常人的拳头大，两件兵器小巧玲珑，倒像是孩童的玩具”，都长得像玩具了，总不至于还管制了吧。

即便是四大恶人，用的武器其实也比较隐蔽。段延庆用的双铁拐，这个实在没法管制；叶二娘用的方形薄刀，刀身作长方形，薄薄的一片，四周锋利无比，抓着短短的刀柄，略加挥舞，便卷成一圈圆光，可以看出还是没尖的；南海鳄神岳老三右手使一把短柄长口的奇形剪刀，剪口尽是锯齿，宛然是一只鳄鱼的嘴巴，左手使一条锯齿软鞭，呈鳄鱼尾巴之形，剪刀虽然放大了，但是也是不管制的；云中鹤的兵器是一对钢爪，柄长三尺，爪头各有一只人手，手指箕张，指头发出蓝汪汪的闪光，听起来好像很犀利，实际样子大概就跟大一点的痒痒挠差不多。

这些细节的描绘正是北宋年间武器管制的真实写照。到了《射雕英雄传》的南宋时期，政府对兵器的管制已经到了“登峰造极”的程度，连玩具兵器也不得制造、出售。但以此时宋朝政府对民间的控制力，已经无法实行有效的控制了，其禁令虽然严格，但已经慢慢变成了一纸空文。比如《射雕英雄传》里的五绝还在用蛇杖、玉箫、打狗棍之流，到了《神雕侠侣》的南宋末年，因为社会动荡加剧，全社会兴起尚武之风，杨过、小龙女干脆可以挂着君子剑、淑女剑到处跑了。

第五章 制度篇

我劝天公重抖擞，
不拘一格降人才

都是改革先驱，吴起比商鞅差在哪儿

大秦的一统天下，始自商鞅变法。而在商鞅之前，楚国也曾有过吴起变法。那为什么吴起变法就人亡政息，而商鞅变法最后却能帮助秦国统一天下呢？

战国初期，秦、楚共同的敌人晋国被韩、赵、魏瓜分，史称“三家分晋”。不久之后，魏国率先进行变法，成为当时最强大的国家，而此时的秦国和楚国正深陷内忧外患之中。秦国在阴晋之战中赔光了秦穆公以来的家底，楚国则是在春秋末开始实行了封君制，结果反而导致了社会矛盾日益尖锐。因此，秦楚两国若想改变内忧外患的局面，就必须效法魏国，实行变法。这就有了吴起在楚国的变法，以及秦国在商鞅入秦前的变法。

吴起在楚国变法之前，曾经在魏国待了很长的时间。他在魏国时曾协同李悝等辅佐文侯改革，使魏国成为战国前期头等的强国。担任西河守后，吴起即着手整顿吏治，选拔和重用廉洁奉公的人才，随后开始训练军队，为保卫西河建立了一支精锐的“魏武卒”。由于西河兵精粮足，阴晋之战打得秦国不敢向东扩张势力。来到楚国以后，吴起曾直接辅佐楚悼王从政治、经济和军事等方面进行了一系列改革。

《史记·吴起列传》记载：“楚悼王素闻吴起贤，至则相楚。明法审令，捐不急之官，废公族疏远者，以抚养战斗之士。要在强兵，破驰说之言纵横者。”

这句话中，“明法审令”，废除世卿世禄，就是指加强楚国的封建集权统治。吴起为悼王制定了一套政治法令，并向全国颁布，使贵族、平民百姓尽皆知晓，而后强制推行贯彻。法令规定分封的贵族只要传了三代的，一律收回他们的封爵和俸禄，并废除王室、公族的谱籍，取消其世卿世禄的世袭特权；把他们迁到地广人稀的边远地区开垦荒地，撤销其官爵，没收其封地。“捐不急之官”就是指实行精简，整理财政，繁荣和发展楚国的封建经济。“要在强兵”指组建一支能征善战的常备军。这支军队经治理，要成为一支比起“魏武卒”毫不逊色的劲旅。吴起的变法使得楚国很快重新强盛了起来，不仅王权统治得到加强，社会经济有所发展，楚军的战斗力也大大提高，楚国一度成为战国前期仅次于魏国的又一军事强国。

公元前381年，楚悼王去世，吴起遂从前线返回。此时楚国的旧贵族乘机纠集势力，并暗调封国的私卒潜入都城，包围王宫，发动叛乱，并以乱箭射死吴起。由于吴起临死前趴在楚悼王尸体上，所以继任的楚肃王把朝着吴起和楚悼王尸体射箭的贵族以“造反”的名义或处死或流放或削位，从这方面讲，吴起变法还是给楚国加强王权起了一定作用。

根据《史记·六国年表》记载，秦简公七年（前408年）实行了“初租禾”。初租禾其实就是类似井田制的土改。由此可知，秦国在很早就开始实施了土地改革。初租禾实行24年之后献公即位，随后又开始了一连串的改革：

一、废除殉葬。《史记·秦本纪》：“献公元年（前384年），止从死。”废除“从死”这一落后的制度，不仅是献公掌国后，更是秦国历代更改的第一项宗法制度。人祭、人殉这样的制度自古以来就有，这种违背“传统”的制度，居然在秦国被废除了。对这种违反人性的贵族葬制做出否定，此举对于秦献公争取民心也将起到相当大的作用；同时这也体现出秦国的王权是非常牢固的，因为秦国贵族居然没人出来反对。

二、迁都栎阳（刘邦后来还在这里修了宫殿）。《史记·秦本纪》记载：“献公二年（前383年），城栎阳。”栎阳地处肥沃的渭北平原东部，石川河绕城北和城东后南流，这一带当时农业资源丰富，可屯多处良田。《史记·货殖列传》评价栎阳说：“北却戎翟，东通三晋。”栎阳无疑成为秦国东进的前沿基地。

三、改革经济。《史记·秦始皇本纪》后附《秦纪》记载：“献公七年（前378年），初行为市。”这表明当时秦国社会稳定后经济获得发展，商品交换开始活跃，将此举同《史记·六国年表》所载秦惠文王二年（前336年）“初行钱”一事联系起来看，秦国经济正是从战国中期这个时候开始迅速走向繁荣的。

四、改革人口户籍。《史记·秦始皇本纪》后附《秦纪》记载：“献公十年（前375年），为户籍相伍”，征调兵丁，安排徭役。这项举措和之前简公时的初租禾，以及之后孝公时的“制辕田，开阡陌”前后呼应，是秦国完成由村社制向自耕农制转化过程中不可缺少的一个环节，是秦国社会制度大变革的重要内容之一。

秦国在开始变法之后，于献公十九年（前366年）开始了东进，这年秦军败韩魏联军于魏地宅阳。献公二十一年（前364年），伐魏，与救魏的赵军战于石门，斩首六万，周天子派使者赴秦贺献公。二十三年（前362年），伐魏，战于少梁，获胜，俘虏了率兵的魏国太子，并攻占了庞邑。此外，《后汉书·西羌传》还记载此时的秦国“兵临渭首，灭狄源戎”。

到了秦献公二十四年，献公卒，孝公即位。秦孝公元年（前361年），商鞅刚好30岁，这年，孝公颁布招贤令，随后商鞅入秦。终于，秦国又开始了新一轮的变法。

秦国变法之所以能成功，是因为商鞅是在秦简公、秦献公变法的基础上对秦法再次“改良”，而且秦贵族势力难以构成对王权的威胁，像晋国的三家分晋、齐国的田氏代姜，在秦国绝对不会发生。相较而言，吴起在楚国的变法更多的是推倒一切、重新再来的“变革”，而吴起死后，“变革”就半途而废，秦楚两国的差距其实从这个时候就拉开了。

是暴秦还是跨时代的高福利国家

对于秦的统治，有人认为其先进、有人文关怀，有人认为其残暴无比，其实这两种观点都有一定道理。从大秦的律令来看，这既是一个高税收高福利的先进大秦，又因为这种高税收高福利较之生产力过于超前而成为暴秦。

从公元前301年到公元前234年的67年间，据《史记》统计，秦军总共斩首181万级。考虑到秦的军功爵制，夸张报功的可能性不大。然而秦时并没有后来明朝那样严格的首级核查机制，不但负责后勤、运输的民夫可以被斩杀算进战功中，没有参与战争的平民也可能被杀死冒功。以长平之战为例，秦军总共杀死赵国男丁45万，其中战兵只有10万人左右，余者为辅兵和运粮民夫等。

“秦人每战胜，老弱妇人皆死，计功赏至万数”，显然，滥杀无辜对于秦军而言非常普遍。如公元前257年，信陵君在邯郸之战大破秦之后，六国收复了大片土地，这些土地上的人口和经济却已被秦军严重摧毁。

除了采用军功爵制、酷好杀戮之外，奉行古典军国主义的秦还对人民征收重税。秦国时代人民赋税就不轻，到始皇时代更是征收“泰半之赋”（三分之二），对人民的压迫是繁重的。由此而言，秦被称作暴秦确实不冤。但根据对秦简的考古，我们能发现秦制中也有放在当时可谓非常先进的福利制度。

秦非常重视发动人民的能动性来维护秩序，丝毫不吝恩赏。按秦律，能生擒群盗一人，相当于斩首二级，官府赏十四金，而一两金值576半两钱，也就是说，除了立军功，通过见义勇为捕捉盗贼也能获得收益。其次，秦制在严苛的同时，也存在保护个人权利的部分。如《二年律令·贼律》规定："无故入人室宅庐舍，上人车船，牵引人欲犯法者，其时格杀之，无罪。"秦律中还有对未成年人的保护，身高未盈六尺的未成年人犯法，从轻处理。教唆未成年人犯罪，哪怕只是教唆其盗取十钱，也将被处以磔刑，这无疑是考虑到未成年人是国家未来的依靠。

秦律还为不愿意从事军事的知识型人才提供了成熟的培养体系和上升渠道。秦人可以随意向官吏询问法令，百姓问完以后，法官还得把所问之事写在木板上，剖成两半，一半存档为《法律答问》，一半让百姓作为凭证带回去。这样一传十，十传百，不但律法深入人心，一些聪明点的人，也有了渠道认字。郡县普遍设有官学——学室。学室中的学生称为"弟子"，弟子的来源有一定限制，规定至少是"史"的子弟。所谓"史"，即政府各级机关的文书、书记、档案员等低级公务员。弟子在学室中，要学习书写、驾车、击剑、射箭等，其实就是儒家君子六艺的变种。但因为学习的目的是入仕当官，秦崇尚法治，最重要的学习内容还是明习法令。显然，秦的人才培养存在一定的阶级固化性，但如果考虑到科举制要800多年后才会产生雏形，我们也不必对此苛求。

古代的生产力低下，不可能实现全民福利，像宋朝以福利著称，也只是尽量照顾弱势群体，因此宋朝税重，历代起义最多，却极少发生大型起义。而千年前的秦在福利制度上可能并不输给赵宋。1975年12月湖北省云梦县睡虎地秦墓出土的秦简《为吏之道》显示，"孤寡穷困，老弱独传，残疾癃病"之人，官府都会减免其徭役，严禁悍暴恶徒欺凌之，照顾其衣食饥寒。对于残疾退伍军人，朝廷也会安置在"隐官"进行抚养。

人民只有不用担心自己伤残疲病后老无所依，才能够忘死为国作战。秦制税重，但也确实以重赏和对弱势群体进行保障，在很大程度上做到了取之于民，用之于民。秦法以严苛著称，稍一触犯法律，就会被要求缴纳高额罚款，如果缴纳不起罚款，一般就会沦为刑徒。这些犯法者是否就没有获得新生的机会了呢？也不是，秦制严苛，导致犯法和连坐沦为奴婢者极多，但迁移百姓时，雇农能获得土地，隶臣妾（犯罪沦为官奴隶者）去了可以获得自由，赘婿也能变成普通民众，重新立户籍，这就有利于边境地区的开发。

相比古罗马破产者往往沦为奴隶，秦制以犯法者为奴，供立功者驱使。虽然二十等爵制的确存在着商鞅留下的花招儿，最上面几等正常情况下只有旧贵族中的翘楚或者来自外国的客卿才能担任（除了白起这种完全靠军功杀出来的“怪胎”），但是通过立功让自己成为一般的人上人还是很有机会的，而且不见得一定要战功，秦制下立功方式有很多。

另外，秦制下有“隐官”机构，即用于收容刑余之人的官府手工作坊。表现良好的刑满释放人员及其家属，抑或是冤假错案里受了肉刑、已经无法在社会上容身的受害者，往往会被安排到“隐官”工作，政府给予合理的报酬，令其能够维生。汉承秦制，从《汉书・刑法志》推测，犯罪沦为隶臣妾者，也不是永远成为奴婢，而是通过劳动一段时间，就能恢复自由成为平民，即对于罪行不重者，允许其在一段时间后得以重见天日。

既然大秦有着如此健全发达的古典制度，为什么还灭亡了呢？这可能是因为，六王时代秦的福利制度能够运转，靠的是稳步扩张带来的红利。如“隶臣妾”的来源不仅仅是罪犯，也包括扩张战争中俘虏捕捉所得。秦灭六国后，大工程更多，却不再有扩张红利，因此赋税加重，法律更加严苛，而福利保障制度在秦始皇和秦二世时代很可能名存实亡了，秦最终也因暴政灭亡。

到了汉代，虽然继承秦制，但降低税率为十五税一或三十税一，因此虽然汉代的兵役和徭役繁重，法律也严苛，但百姓毕竟能够生存。而由于扩张不但没有红利，反而还需要消耗大量财政资源（包括讨伐匈奴、经营南越等）的缘故，秦的福利保障制度绝大部分在汉代消失，这也是不得已的选择。因此，秦的福利保障制度虽然先进，但放在生产力落后的当时，确实仅仅适合于扩张阶段，放在大一统时期就不合时宜了。秦制被汉制所修正，并在东汉时代废弃了全民动员制度来安抚民力，也是不得已的选择。毕竟，君如舟，民如水，水能载舟，亦能覆舟。

无当飞军：令魏军吓破胆的蜀汉精锐

三国时的蜀汉有一支特种部队，被称为“无当飞军”。说起这支部队，很多文章将其描述为使用大砍刀、身披厚甲的勇士，身强力壮，武器淬毒，擅长在山地与丛林作战。但这种看法其实过于片面，无当飞军不仅有出色的步兵和弓箭手，实际上更有优秀的骑兵，能够冲锋陷阵和驰射杀敌，为蜀汉北伐的大业建功立威。

诸葛亮平定南中之后，为了获得优质的兵源，也为了避免南方割据势力死灰复燃，不惜本钱，迁移一万多家南中蛮夷和当地的牦牛羌到西川腹地，成为国家的兵户，“为五部，所当无前，号为飞军”，这就是无当飞军最初得名的来源。

诸葛亮利用土著和当地豪强大族的矛盾，令豪强大族出钱招募夷人作为部曲，夷人从属于豪强，但战时需要接受征发为朝廷作战。豪强通过招募部曲，在名义上扩大了势力，招募多者还能获得蜀汉朝廷授予的世袭官职，但朝廷享受了实惠。迁移的南蛮人口和利用南中当地豪强招募的夷人，成为蜀汉王朝组建南中兵团的两种重要来源。

一般认为，无当飞军作为南中兵团中的精锐力量，皆身披铁甲，能翻山越岭，善于使用弓弩和毒箭，尤其精于防守作战。这种看法当然颇有可取之处，但也较为片面。我们需要注意到，无当飞军发源于南中地区，位于蜀中、云南和藏区的交界处，地形高凉，颇有马匹生产，除了矮小的滇马之外，也有好一些的藏马。另外，云南也并非没有良马，在昆明周边地带，盛产一种叫滇池驹的马匹，性能远比一般滇马优异。

在西汉时期，滇国就曾大量招募当地羌系民族，组建骑兵部队。据《华阳国志·南中志》载，汉武帝时司马相如、韩说初开益州郡郡治滇池县，“得牛马羊属三十万”。《汉书·西南夷传》也说：“昭帝始元五年（前82年），前年，汉将田广明用兵益州郡获畜十余万。”《后汉书·西南夷传》也载，建武二十一年（45年），刘尚击益州郡少数民族头人栋蚕，得“马三千匹，牛羊三万余头”。北方的西汉征服者在征服初期就从滇地动辄掠得牛羊马数万乃至数十万头，即便有所夸张，也证明滇池区域的畜牧业发达，牛马成群。

滇地骑兵使用了原始的绳圈式马镫，来弥补南人骑术的不足。由于三国时北方尚未发明马镫，大量吸收南中骑兵入伍的无当飞军在与魏军骑兵交战时，实际上对于马匹的操控颇有优势。

当地羌系民族由康巴藏区南移，进入南中之地。无当飞军组建时所吸纳的青羌，实为青羌在南中的分支牦牛羌。牦牛羌以刚狠著称，翻阅蜀汉在南中最为杰出的两名地方官员马忠与张嶷的传记，便可见到牦牛羌的凶悍。这个种落能够断绝成都通往西南的道路上百年之久，在诸葛亮南征后，还敢于屡次反叛，并杀害两任太守，一度使得继任的太守不敢到郡，整个越嶲郡徒有虚名，经过马忠和张嶷的征讨才得以平定，可见其战斗力之强。

武器上，南中骑兵使用长矛、狼牙棒、斧等长武器。由于南方气温高于北方，又更潮湿，铁制品易锈，而云南又产铜，因此南中骑兵除了穿戴皮铠之外，往往使用铜制的盔甲。从考古发现来看，部分南中骑兵所用的铠甲防护面积很大，除了上半身的胸甲和保护大腿的扎甲片外，还包括胫甲、臂甲、颈甲、面具等。这也就意味着蜀汉王朝通过招募南中羌人，甚至还能获得一批具装骑兵。

无当飞军的第一任统帅是蜀汉名将王平，有人认为王平可能是巴郡的汉化賨人。如果确实如此的话，同属少数民族的王平当与无当飞军颇有共同语言。

在诸葛亮第一次北伐中，王平于马谡街亭惨败后结营而守，击鼓虚张声势，惊吓张郃，掩护其他各部撤离战场后他才缓缓撤退。在诸葛亮第四次北伐中，司马懿亲自与诸葛亮野战，令张郃进攻王平营寨，结果诸葛亮把司马懿打得大败，王平由于麾下多有无当飞军等南中战士，于是再次抵挡住张郃的进攻，从中我们也可以看出无当飞军确实擅长防御作战。而且魏蜀争衡的陇西地区地形崎岖，与青藏高原和云贵高原交界的越巂郡相似，也有利于擅长山地战的无当飞军。

在诸葛亮去世后，王平镇守汉中，独当一面，曾经以不到三万的兵力在兴势山等地抵御曹爽率领的十万多魏军。他多设旗帜，虚张声势，又广泛袭扰，令魏军无法突破防线。当费祎率领援军赶到后，王平和费祎一同追击从骆谷撤退的魏军，杀伤甚多，取得了骄人的胜利，是为兴势大捷。

在兴势之战中，蜀军占领制高点，居高临下，有地形优势。无当飞军的步兵和弓手们利用翻山越岭如履平地和擅长小团队作战的优势，连番出击袭扰魏军，使得魏军疲惫不已。当双方攻守互换，蜀军转入战略反攻时，南中骑兵则纷纷出动，骑射手在山谷间穿梭如风，具装骑兵则居高临下对魏军发起冲锋。魏军骑兵虽然拥有更好的具装，但没有能够帮助山地作战的简易马镫，在崎岖的秦岭谷地远不及南中骑兵灵活，被打得死伤惨重。

南中夷族素重勇士，故每有空缺，南人必奔走而告，刺血[①]踊跃，以此为荣。襄武一战，继任的无当飞军统帅张嶷率领前锋军队与魏将徐质作战，杀敌倍之，南中勇士尽没，许多精悍的南蛮步卒和骑士殒命沙场。但姜维随即率领

① 刺血即刺面出血，少数民族习俗，表示效忠。

大部队赶到，击破并斩杀徐质为张嶷复仇。此战获胜后，蜀汉王朝又尽快招募新的兵员，补足无当飞军损失的兵额。

张嶷去世后，无当飞军失去了最后的优秀统帅，在史海中也就不再有记载。但按推测，无当飞军应该还参与了姜维此后对曹魏的一系列军事活动，多次在激战中杀伤魏人，直到邓艾奇袭成都，逼迫后主刘禅投降，无当飞军才最终解散编制，消失在历史的茫茫烟海当中。

藩镇之乱，为何在西晋提前上演

中国历史上，历朝历代的地方内乱常因外重内轻而起。这一点在西晋尤其严重。从制度上说，正是西晋实行的“藩王都督制”导致了那场“八王之乱”。

都督最初是作为监督军队的临时官员而出现的。汉光武帝时期，由于战争频繁，军队出征时暂时设置督军御史以监督诸军，这就是都督制度的起源。由于东汉王朝是在豪强的辅助之下建立的，所以汉光武帝等一众东汉皇帝都不敢对地方豪强给予过于强烈的打击。于是，东汉时期地主豪强势力极度膨胀，甚至可以对地方行政进行直接干预。为了避免地方军权为私人所用，东汉削减了郡国部队。但地方基层的社会秩序又在很大程度上需要依靠地主土豪来维持，继而产生了一系列的地主土豪武装。

随着东汉王朝日益腐败，地方的农民起义越来越频繁，豪强地主为了维护自己的利益，开始代替中央进行镇压。黄巾起义之后，汉灵帝将天下十三州在刺史基础之上，又加派牧守，总理州中事务。由于长期以来东汉在各郡国范围内都没有设立正式军队，因此，这些空降而来的州牧，只能依靠地主土豪的私人武装平定各地的起义叛乱。这也使得地方土豪的私人武装有了正式名分，成为国家所依赖的重要武装力量。随着董卓进入京师，各地军阀四起，地主土豪的武装力量就成为维护军阀霸权的中坚力量。即便是后来统一北方的曹操，对待这些私人部曲也只能是睁一只眼闭一只眼。这些统领土豪地主武装的首领被称作帐下都督或部曲督，而某些统帅一军或一个军区的主将则被称为持节都督。

随着战争规模扩大，一些实现局部统一的军阀也被加封了这一头衔，作为地方最高军政领袖，比如袁绍就有都督冀、青、幽、并四州的荣誉。而曹操为了防御西凉的马腾，就在西线凉州地区以重臣钟繇为司隶校尉，持节都督关中诸军，驻守长安。曹丕继位之后，又将多个州分为五个都督区，分别是曹真都督雍凉，曹仁都督荆、扬、益，曹休都督扬州，臧霸都督青州等。这些人各自负责一个方面的军事工作，都督所管辖的地区被称为都督区。除此之外，孙权、刘备也各在其边境建立都督区，我们耳熟能详的江东美周郎周瑜，就是孙权帐下江东水陆军都督。

都督制度在设立初期确实起到了不错的效果，尤其是曹魏在防御蜀汉的战争中，总领西线军事的曹魏指挥官如曹真、司马懿等，都对诸葛亮、姜维的北伐做出了及时的反应，尽可能地调动了军队和民力财力资源，取得了一系列的胜利。都督制在士族地主崛起的大环境下，起到了巩固国家统治的作用。

然而，由此也暴露出一些很严重的问题，那就是外重内轻。魏晋的都督有时不仅仅是地方的军事最高首领，同时还可以兼任刺史。理论上，都督和刺史是分开设立的，自曹操统一北方之后，除了极个别的都督可以兼领太守或刺史外，绝大多数都是文武分设。但是随着都督区的固定，为了方便上下协同管理，都督渐渐开始连续兼任数个州的刺史。这样一来，大片区域的军政大权就落入了一人之手，后世唐朝的藩镇节度使情况也与其类似。结果都督区就成为高于州之上的非正式军政机构，外重内轻的局面形成了。

在司马氏篡夺曹魏政权期间，王凌、毌丘俭、诸葛诞先后发动叛乱，这三场叛乱就是著名的淮南三叛，其有两个共同的特点：首先，这三位主谋都是扬州都督；其次，这三场叛乱大多速起速亡。这三场叛乱充分体现出都督制度的弊端。不过由于这三场叛乱都是打着反对司马氏的旗号进行的，加之中央应对得体，三次叛乱都被快速平定，因此，其政治色彩大大掩盖了都督这一制度的缺陷。

自曹魏时期正式设立都督区开始的70年之内，虽然各地偶尔叛乱，但政权统治者在国都之内还掌握有一支人数7万左右、战斗力强大的中央军作为威慑，朝堂基本可以做到上下一心，这种制度上的外重内轻并没有引发灾难性的后果。但这一切都随着公元290年晋武帝司马炎的去世而改变了。

司马炎死后，著名的“何不食肉糜”的皇帝晋惠帝司马衷继位，虽然他本人性格纯良，但是能力实在不值一提。朝中大权落入皇后贾南风之手，在一系列争权夺利的斗争中，八王之乱爆发。

一提到八王之乱，我们首先想到的都是西晋错误地实行分封制度，才导致八王之乱的爆发，但实际上，所谓的西晋诸侯国虽然拥有自己的武装部队，但是其数量都很少。西晋的封国分为大国、次国和小国三等，即便是大国所拥有军队的数量也不过5000人。而在赵王司马伦被击败的战役中，双方死伤超过了10万，显然，仅凭地方诸侯国所辖有的部队，战争不可能达到这样惨烈的程度。事实上，诸侯王所依靠的军事基础就是这些都督区所辖的部队。

公元291年，八王之乱的范围还只是停留在洛阳都城之内，因此战争规模有限。而至299年，八王之乱演变为全国内战，此时，西晋主要有豫州都督区、邺城都督区、幽州都督区、关中都督区、沔北都督区、荆州都督区、青徐都督区、扬州都督区这八大军区。而八王之乱后半段的核心，除了司马家几个诸侯王及其门客之外，八大都督区的大厮杀才是主战场。

战争第一阶段，赵王司马伦凭借中央禁卫军和幽州都督王浚、沔北都督孟观的支持悍然称帝。与之对抗的齐王司马冏和成都王司马颖则分别依靠扬州都督、豫州都督和邺城都督。就此，他们掀起了第一轮诸侯大厮杀。这一回合，赵王司马伦中央军全军覆没，沔北都督区摧毁。

然而各大都督区的混战进入第二阶段，齐王司马冏滥用民力，使得治下的豫州都督军团损失惨重，邺城都督区也遭受重创，他本人也因专权跋扈被杀。占据长安的河间王司马颙则依靠常年防备西北少数民族势力的最为强大的关中都督区20万大军，游走于各方势力，其他诸侯王也不敢轻易招惹他。为了夺取中央政权，他派遣“吃人大将”张方“为都督，将精兵七万，自函谷东趋洛阳”，又教唆成都王司马颖攻打洛阳，“颖引兵屯朝歌，以平原内史陆机为前将军、前锋都督，督北中郎将王粹、冠军将军牵秀、中护军石超等军二十余万”。此外，他又纠集司马颖留在豫州、扬州的旧部，据《资治通鉴》记载，“武帝族弟范阳王虓都督豫州诸军事。颙上表陈冏罪状，且言：‘勒兵十万，欲与成都王颖、新野王歆、范阳王共会洛阳，请长沙王废还第，以颖代辅政。’遂举兵”，共组织起30万大军进攻镇守洛阳的长沙王司马乂。然而司马乂着实是军事奇才，加之手下的祖逖、顾荣、荀晞都是国之栋梁，洛阳军先后击杀司马颖军队15万人。结果关中、邺城两大军镇损失惨重；加之荆州、扬州百姓不堪司马颖一派的盘剥，在起义军领袖张昌的带领下，爆发大规模起义，扬州都督区受到重创，豫州、沔北都督区武装被彻底摧毁。而幽州都督王浚则开始偷偷地勾结少数民族武装，叛离了西晋。但终究虎落平阳遭犬欺，东海王司马越趁司马乂羸弱之际，背叛朝廷投靠司马颙，成为八王之乱最后一个玩家。长沙王被活活烧死，战争最终以司马颖一派“惨胜”而结束。

此时，西晋王朝在都督区军权过重、外重内轻的状态下，连续损失了豫州、荆州、沔北三大军镇，关中、邺城、扬州都督区也遭到重创，而幽州王浚又私下背叛中央，勾结乌丸、鲜卑。此时，西晋不仅有诸侯王祸起萧墙，边关异族也开始蠢蠢欲动，匈奴人刘渊离开成都王司马颖，在并州积蓄势力，巴族李特等在益州梁州攻城略地，张昌起义横扫荆州、徐州、江州等地，左将军陈敏趁机割据江南……

然而，混乱还远远没有结束。新崛起的司马越趁诸王衰落之机收买人心，在被成都王司马颖击败后，又勾结王浚、司马颙和乌丸、鲜卑袭杀司马颖，邺城都督区被摧毁。随后他又趁着司马颙占据洛阳威慑东方之时，迫使东平王、青徐都督司马楙让出了西晋最后一个都督区，并经过长期鏖战，攻杀了司马颙，导致西晋最强大的关中都督区被摧毁，青徐都督区也损失惨重。

由此我们可以看出，八王之乱远远不是地方诸侯国叛乱那么简单，其背后有着十分深远的军事、政治甚至经济制度的缺陷，尤其是八大都督区制度的问题。我们不难发现，八王的主要活动范围和军镇分布有着巨大的重合性。尤其是齐王、东海王、成都王和河间王等，都是依靠地方军镇。长沙王、赵王则主要依靠中央禁军（长沙王时期中央军吸收了一些地方部队得以重组）。然而，随着豫州、沔北、荆州、关中、邺城等都督区被毁，青徐、扬州都督区遭到重创，幽州王浚割据，全国上下几乎无兵可用。东海王司马越看似成为最大的赢家，但是国破山河碎的西晋，却也不知不觉迎来了一次更大规模的浩劫——长达三百年的南北大分裂。

古代也有“绿卡兵”：东晋军户如何更新换代

在中国古代史上，曾有几次规模较大的南北分裂。这些南北对峙中，大多数时候是北强南弱。这其中，唯独东晋王朝是个特例，其武力值相当高。

东晋肇基时没有蜀地，人口不足700万，而北方人口往往在2000万左右。而东晋内部，又有荆扬之争、皇权权臣之争、士族门阀冲突、侨姓和土著士族矛盾、山越之乱等一系列问题，很不稳定。这样的一个王朝，不仅没有覆灭于北方的兵锋，还能在缺乏骑兵的情况下屡挫强敌，多次北伐，深入中原、关中甚至河北，取得可观战果，实在令人称奇。

东晋的军队来源颇多，不过其精锐部队往往采用世兵制，父子兄弟相袭。众所周知，世兵制，尤其是依赖土地分配的世兵制（典型如隋唐府兵制、明朝卫所制），时间一长就会发生制度瓦解，军队战斗力退化。而东晋的武力维持了百年，竟毫无退化迹象，这又是怎么做到的呢？

原来，东晋王朝的军户就跟软件一样，还能更新。

在永嘉南渡之后，大量北方流民涌入江南。永嘉南渡的北方人口被称为侨人。东晋王朝为了控制侨人，在其集中地区暂置原籍州郡县，并仍用旧名，称侨州、侨郡、侨县，侨人还拥有免除税役的特权。

这样一来，对南方土著是不是太不公平了？实则不然。之所以这样处理，除了东晋皇室和统治阶层也都来自北方之外，更重要的原因在于，这些侨人来自北方，了解北方人的作战方式，同时在流亡过程中历尽磨难，对北方政权往往恨之入骨。他们虽然可以免除赋税徭役，但其中很大一部分人都需要世代服兵役，是东晋王朝重要的兵源。侨人是东晋王朝武力的基础，他们根据原籍而形成向心力很强的群体，民风彪悍，敢于战斗。如建康以东的京口（今镇江）是东晋王朝安置流民的重要基地，权臣桓温就曾称赞说："京口酒可饮，箕可用，兵可使"，一心想要把强悍的京口兵抓到手里。

但是时间一久，侨人安于南方安逸环境，又凭着免税役特权积累财富，大肆圈占土地，就不再拥有刚渡江时的士气和斗志，战斗力下降，东晋养兵成本则上升。

对于此问题，东晋王朝采取的做法是将侨置州郡县裁撤并入土籍州郡县，取消侨人的兵役义务，令其与南方土著一样纳税服徭役，这样的改变得到了南方人的欢迎，也增加了政府的财政收入。那么兵源问题又怎么解决呢？原来当时北方动乱不断，随时又会有新的流民南下到江淮和荆州北部的襄阳等地。因此，新的侨置州郡县又会被设立，用来安置新来的流民，他们作为崭新的军户，其战斗力非常有保障。

在东晋王朝对军户更新换代的过程中产生的最强悍的一支军队，就是著名的北府兵。当时，谢玄召集徐、青、兖三州流民，显然，这些流民是因前秦帝国扩张导致的北方动荡而南下，他们不愿意效力于前秦苻氏，因此在对前秦作战时格外勇敢。凭着北府兵，东晋王朝获得了淝水之战的大捷，击溃了前秦帝国。而北府集团中更是诞生出刘裕这样的盖世人物，北伐收复了中原大半，最终也取代了东晋王朝。

中国古代如何阅兵

在唐朝，阅兵被称作讲武。唐代的阅兵讲武一般是在每年的仲冬之月，正好是农闲之时，在都城之外举行阅兵典礼。

讲武需要提前十一天由有司上奏申请，皇帝同意后，兵部便接受诏令准备阅兵，命令各军将帅挑选精锐部队参加，并且准备讲武场地。场地一般长宽一千二百步，四方各有入场通道。又建步兵和骑兵的军营，总共为六军，左右厢各分三军，以北为首。左右军之间相隔三百步，立标柱五根，标柱之间相隔五十步，作为两军行进停止的界线。另外在北厢开辟一块场地，面向南方。讲武前三日，尚舍奉御在北厢场地安置帷宫。

讲武前一日，阅兵将帅和士兵集中在帷宫训练，树旗帜作为军门，分别呈所在方位的颜色。在场地中央和四角，都竖立五彩牙旗并部署旗鼓甲仗。大将披甲骑马，教习士兵演练。各军士兵年少者在前，年长者在后，队列掉头则呈相反序列。身高者拿弓箭，矮者拿戈矛，有力者拿旌旗，勇敢者拿钲、鼓、刀、盾为前行，随后是槊兵，手持弓箭者在最后。士兵看旌旗和金鼓号令而行动，在讲武之前，要先熟悉旌旗、金鼓的调度。偃旗而跪，举旗则起，击鼓则进，鸣金则止。

阅兵之日，在天明之前十刻，全军戒严。前五刻，全体士兵披甲，步军列成直阵等待，大将立于旗鼓之下。六军各有鼓十二面，钲一个，大军号四个。距天明七刻，敲鼓第一次戒严，侍中启奏开宫殿门以及城门；五刻第二次戒严，侍中举笏板启奏“请宫中戒严”。随后，参加讲武的文武百官先到达，均穿公服，有司负责准备小驾仪仗；二刻，第三次戒严，侍卫官们各自督导本队和钑戟依次进入，陈列在殿廷。

随后，皇帝乘坐革辂车来到阅兵场地，兵部尚书披甲骑马在旁，车驾由侍卫引导从北门进入，到达两军的北方停车，面朝南向。黄门侍郎请皇帝下车，然后进入帷宫，兵部尚书停在东面，面向西。骑士站在皇帝驻地四周，侍卫之臣左右站在帷宫之前，以北为首。九品以上官员分东、西向站在侍卫之臣十步处。各州派来的使者和蕃客提前集中在北门外，来自东方和南方的使者站在道东，西方和北方的站在道西。皇帝将要到达时，奉礼官说：“再拜。”在场所有人都要下拜两次。皇帝进入帷宫后，谒者引诸州使人，鸿胪引蕃客，来自东方和南方的站在帷宫东北，西方和北方的站在西北，观看者站在皇帝驻地骑士仪仗外的四周，随后，阅兵正式开始。

首先吹大军号三遍，中军将各用鼙鼓传递号令，左右两军都击鼓。敲三遍鼓后，有司偃旗，所有步兵跪下。果毅将军以上的将领各自集中在本军中军，左军中军大将站在旗鼓之东，面向西。右军中军大将相反。两军大将誓师：“今行讲武，以教人战，进退左右一如军法。用命有常赏，不用命有常刑，可不勉之！”各军将站在大将的南边，两翼都向北，听大将誓师。三军各以长史二人，振铎传递誓词，各果毅将军分别把誓词告诉本部，全军击鼓高呼宣誓，有司举旗，各军起身行进。到了第一处标柱后，前排敲钲，全军停步。再敲三遍鼓，有司偃旗，全军跪下。又击鼓，有司举旗，全军起身，急速齐步跑到第二处标柱后，就停下，开始阵法变换。

东军敲一遍鼓，举青旗列成直阵；西军也敲鼓，举白旗排成方阵应对。第二轮西军敲鼓，举赤旗排成尖阵，东军则举黑旗排成曲阵应对。第三轮东军击鼓，举黄旗排成圆阵；西军则举青旗排成直阵应对。第四轮西军击鼓举白旗为方阵，东军以赤旗为尖阵。第五轮东军击鼓以黑旗为曲阵，西军举黄旗为圆阵。两军各以青黑黄白赤五色旗展示五种阵形。凡是布阵，先举旗为客军，后举旗为主军。每一轮变换阵形，两军各自派出五十名刀盾手出阵对战，前两次挑战，双方轮流做出勇敢和怯懦的状态，第三次挑战做出势均力敌的状态，第四、五次挑战要做出胜败之势。每次变换阵势时，先敲鼓的一方要先变为直阵再变换其他阵法。五轮阵势变换结束后，两军都列成直阵。击鼓三次，偃旗，全体步兵跪下，高呼；击鼓起身，左右军齐步奔跑到中间标柱处，相对击鼓，然后撤回，每退到一处标柱前，都要听鼓声而下跪起身，然后恢复阵形。

此时，步兵演练结束，侍中跪下启奏“请观骑军”，承制说“可”，两军骑兵则出阵，除了不需要下跪外，流程与之前步兵的相同。每阵各出八名骑士挑战。五阵结束之后，有关人员大力敲鼓，两边骑兵向前，到中央标柱处勒住战马相对而停，进行马上兵器交战演练。凡是用兵器交战，之前都需要严格的训练，不得用兵刃伤到对方。演练结束后，骑士整队排列。侍中启奏说：“侍中臣某言，礼毕，请还。”阅兵即正式结束。皇帝在千牛卫将军的陪同下乘车离开，戒严解除，将士各自整队而回。

唐朝前中期对于讲武活动的进行是相当重视的，《唐律疏议》卷十六《擅兴律》规定：“诸大集校阅而违期不到者，杖一百，三日加一等；主帅犯者，加二等。即差发从行而违期者，各减一等。”可见是用严格的法令来保证讲武的顺利进行。

据《册府元龟》和《唐会要》记载，唐代大规模的讲武活动共有十二次，其中高祖三次，太宗两次，高宗三次，玄宗一次，肃宗两次，代宗一次。上文的场地规模只是纸面上的规定，实际的场地会大得多。规模最大的一次讲武当属唐玄宗在先天二年（713年）骊山之下举行的讲武，动用兵力二十万，甲胄金光照耀天地，唐玄宗亲自身穿戎装，手持大枪，立于阵前，声威震天。长安百姓和士人争相观看，以至于周边的道路都被完全堵塞。

如此庞大的规模，自然也容易出问题，兵部尚书郭元振就因军容不整而被唐玄宗下令斩首，多亏宰相刘幽求和张说求情才保住性命。而运气不好的给事中唐绍和右金吾将军李邈则被直接斩首。严重的处罚导致部分士兵失去了秩序，只有薛讷和解琬军阵容严整，不受影响，即使是唐玄宗派去召集二人的轻骑，也在军营门前不得进入，颇有当初周亚夫细柳营的风范，唐玄宗因此嘉奖了薛讷。薛讷治军严整，也在之后的武街之战中大破吐蕃。

唐朝最后几次讲武出现在肃宗朝和代宗朝。诸军在讲武之后便要出发与安史叛军决战，因此，讲武更多是为了激励诸军的士气，激发“捐躯赴国难，视死忽如归”的精神。在之后的中晚唐，国内藩镇林立，朝廷财政困难。动荡的局势和困难的财政使得讲武活动难以继续，虽然偶有中兴，但大规模的阅兵行为再也未能出现，前中期彰显唐朝国力强盛的讲武活动就此消亡。

中国古代如何犒赏军队

在年味儿越来越淡的今天，对很多人来说，过年最值得期待的可能就是年终奖和各种过年福利了。不过，期待老板能够开明地为自己过年过节打赏东西的，自然不只是现在的人，对于古代的士兵和将领们来说，维持家计的饷银之外的“年终奖”，也是非常重要的收入。当然这个“奖”还包括军队出征时的开拔费和凯旋时的犒赏，以及重要日子的赏赐。

有个成语叫“犒赏三军”。所谓“三军”就是代指整个军队。古代军队在出征之前及得胜归来之后，国家都需要分别进行犒赏，《续通典》中记载：“唐李筌《太白阴经》曰：‘古人出师，必犒牛酒。’”

可能会有人好奇，古代不是不能宰杀和食用耕牛吗？其实，法律虽然规定不能轻易宰杀耕牛，但是这里的“牛”算是打了个擦边球。因为理论上，在古代军队出征之前犒赏的“牛酒”，并非直接给人食用的，而是用以祭祀的。只不过，在“喂饱”了神仙之后，这些牛肉最终的归宿实际上还是将士们的肚子。因此，牛酒作为犒赏军队的食物，或者说是祭品，在本应禁止食用牛肉的唐宋时期，却颇为常见。比如《旧唐书》记载：“即复见镕，请出牛酒货币以犒军。”在南宋时，牛酒甚至被当作了一种寻常的犒赏军队的食物赏赐。《宋九朝编年备要》中记载道：“守文得俸禄，皆市牛酒，以犒军士。”

相对于程序化的战前犒赏，绝大多数君主对于得胜归来的将士，都会给予极为慷慨的犒赏。比如在《诗经·小雅·六月》中记载："来归自镐，我行永久。饮御诸友，炰鳖脍鲤。"当然，只有将校级别的军官能够享受这种规格的犒赏。但普通的士兵得胜归来后，朝廷对他们也少不了赏赐，这中间基本都会有布帛钱财，以及丰盛的酒食。尤其是到了明清时期，出征得胜之后的赏赐，已经丰盛到可以维持士兵一段时间的家计。比如一个首级就可以奖赏5两至30两，甚至50两白银。对得胜军队的犒赏其实也是一种笼络士兵以及军官们的办法，丰厚的奖励会让他们更乐意为自己的君主浴血厮杀，毕竟谁会不爱财呢?

不过仗也不会天天打，对于戍边的将士们来说，他们驻扎在最危险的地方，直面外敌的威胁，因此，为了保持他们的士气，对其进行定期犒赏便是必不可少的。明代的九边由于是防御蒙古的战略重地，因此政府对九边士兵的犒赏便格外频繁，甚至达到了"十日一犒"的程度。对于万人左右的军队，犒赏费用是全军每次三百两。除此之外，明廷还会为边军发放黄酒和猪肉各一斤，而且这些黄酒和猪肉还是已经在店铺加热处理完毕，可以直接食用的。

明人沈周对于边军有一段记载："从军莫从口外军，身挟战具八十斤。头盔脑包重得之，顿项掩遮以五论。唯甲所披四十五，腰刀骨朵二四六。"高强度的作战环境对士兵的士气要求极高，这也难怪明廷会对九边的将士如此慷慨。明廷正是通过不断施以恩惠的方式，尽量让士兵保持更高的战斗意志。

不过，这不等于说明代边军日子就真的很好过，因为很多时候还要考虑军官的剥削，以及土地兼并等。明代中后期，纪青描写边军困苦的《边军谣》中说："边军苦，边军苦，自恨生身向行伍。月支几斗仓底粟，一半泥沙不堪煮。聊将斛卖办科差，颗粒底曾入空釜。官逋私债还未足，又见散银来籴谷。揭瓦偿，今年瓦尽兼折屋。官司积谷为备荒，岂知剜肉先成疮。近闻防守婺州贼，谝遣丁男行运粮。老弱伶仃已不保，底况对面拖刀枪。婉婉娇儿未离母，街头抱鬻供军装。闾阎哭声日震地，天远无路闻君王。君不见京师养兵三十万，有手何曾捻弓箭。太仓有米百不愁，饱饭且趁构栏游。”所谓皇帝不差饿兵，当兵的吃不饱，就别指望人家在战场上有什么优异表现了。

到了清代，由于财政上更加注重对绿营、八旗的犒赏和日常饷银等问题，因此清代士兵的日子明显比明代要好过很多。尤其是在犒赏问题上，清代皇室时常会对士兵们直接进行犒赏，这在很大程度上避免了明代那种严重的贪墨现象。在清代时常举行的木兰围场围猎中，皇帝还经常会向杰出的勇士赠送后来演变成清代赐服的“黄马褂”。不过就和现代的很多企业一样，纸面上的东西永远要比实际的好看得多，最下层的士兵是否能够因为朝廷的犒赏真正得到恩惠，在古代社会，基本取决于自己顶头上司的良心。

中国古代军校都有哪些课程

为了适应战争发展的需要和有效提高军队的战斗力，古代学校从一开始就担负起为军队输送人才的重任。同时，随着冷兵器不断演变，其特性也会在这种教育中体现出来，学校军事体育活动的特点包括：军事体育内容不断丰富，训练手段不断科学，训练方法不断规范。这样，从学校的整个军事体育教育发展来看，军事教育的质量是不断提高的。

唐朝时，武则天设立了武举制，其内容有长垛、马射、步射、平射、筒射、马枪、翘关、负重、身体等。由于武举制的建立，学校教育的内容也发生相应的变化，为了适应武举选拔，学校必然加强学生考试项目的培养。这些项目中，大部分直接与兵器的使用有关，其他没有直接关系的，间接上也为兵器的使用提供了条件，如翘关、负重就是对力量的测试，力量的大小与使用兵器威力的大小是紧密联系的。

到了宋朝，除了民间继续兴起学习武艺、强身健体的活动外，最重要的是武举制度的扩大。仁宗时，“武学”曾一度停办，但到宋神宗时，在王安石变法的推动下，重建了武学。武学是一种专门的军事学校。《宋史·选举三》载：“神宗熙宁五年（1072年），枢密请建武学于武成王庙……生员以百人为额，选文武官知兵者为教授。使臣未参班与门荫，草泽人召京官保任，人材弓马应格，听入学，习诸家兵法。”这是中央一级的武学。

学生不论出身和阶级，均可应考武学，合格者进入学校学习三年。武学生的学习内容分军事理论和军事技术两部分。理论部分主要学习诸家兵法，教授历代用兵成败；技术部分主要是马射、步射和武技等。宋时武举、武学除军事理论外，主要着重于骑马、射箭、马战、弓力和器械方面的训练，以及提高这些技能的相应身体素质练习。这些军事体育项目是武学中的主要内容。武学的建立，使军事体育进入学校领域并有了专门机构。

明王朝建立后，采取多种措施大力抓教育，形成了一个文化教育网络。为了培养军事武艺人才，明朝设置了中央武学，还在儒学中专门开设武艺课程，设专人进行教习。明太祖洪武二年（1369年），曾诏天下府州县皆立武学。诏书说，元朝“学校虽设，名存实亡，今天下郡县并建学校，延师儒，招生徒，讲道论德以复先王之旧，生员专治一经，以礼、乐、射、御、书、数设科分教”。

当时，为了贯彻朝廷为军事部队选拔人才以加强统治的旨令，武学对学生的要求很严。《明会要》记载：“遇朔望，习射击队于射圃。树鹄置位，初三十步，累加至九十步，每藕二人，各挟四矢，以次相继。长官主射。射毕，中的饮三爵，中采二爵。”这些措施创造了武生、儒生既学文又习武的条件，为培养文武兼备的人才提供了良机，促进了学校军事体育的进一步发展。

清朝沿用了明朝的武举制度，同时把维护本阶级利益的中坚力量按八旗制发展起来。当时，武艺教学成为军事体育教育的主要内容，《清史稿·选举志》上说：“清有学校，向沿明制。”当时设有国学、官学、府学、州学、县学。清朝统治阶级尤其注重对满族子弟的文武习练，他们三令五申，甚至以法定之。而在当时，官学中均配有专门的骑射教官教授技能。

这些做法，从客观上对普及骑射起到了促进作用，尤其是在学校中实行“文武兼备”教育，这对延续军事体育、增强士兵体质起到了很好的作用。

不难看出，为了更好地为军队培养人才，随着冷兵器的演变，学校中的军事教育质量得到不断提升，但是到了清朝，这种训练已经达到极限，冷兵器最终还是不敌火器。

一提打仗，太子就喊没钱，明朝的钱哪儿去了

电视剧《大明风华》中有这样一个有趣的场景：永乐帝朱棣和自己的三个儿子——太子朱高炽、汉王朱高煦、赵王朱高燧商量对蒙古的战略，武人作风浓厚的朱高煦和朱高燧不断提议出塞北将蒙古的隐患彻底解决，顺手收拾掉不听话的兀良哈三卫。太子朱高炽却在一旁连连摇头表示不同意，理由从头到尾只有一个：没钱！

堂堂的大明帝国，为什么总会喊“没钱”呢？

有明一代，其实并不算太穷，之所以给后人留下很穷的印象，是因为其混乱的财政制度。在明初，由于军屯制度仍未崩溃，其财政压力并不是很大，朱高炽的话未免有些言过其实，至少当时率军出征绝不像明末那样困难。明初军屯规模浩大，卫所制度是其基础。所谓卫所，自京师达于郡县，皆设立卫、所，外统于都司，内统于五军都督府。都指挥使司下辖若干个卫，卫下辖一定数量的千户所和百户所。卫所士兵部分负责屯田，部分负责操练战斗，军队的开支基本不用朝廷负担。

据《明实录》中关于赋税粮数（民田）和屯田子粒数（卫所屯田）的记载，在《大明风华》故事发生的永乐初年，正是明代卫所屯田数量的顶峰。从永乐元年（1403年）到永乐十七年（1419年），屯田子粒数都在八百万石到

两千万石之间，此时明军出征，朝廷并不会有太大的压力。而从永乐到宣德年间，相比在三千万石左右小幅度浮动的赋税粮数，由于土地兼并和军屯的不断崩坏，屯田子粒数整体上不断下降，而屯田子粒减少所带来的空缺，就需要朝廷出钱了。所以在永乐到宣德年间，明军还能屡屡出关打击蒙古，宣德以后，卫所制度崩溃导致的军费开支压力大，迫使明军转为守势。

自明武宗朱厚照以后，由于明武宗的父亲明孝宗朱祐樘错误地废除了支援边境的“开中法”，边境的商屯逐渐被迁移南下，军队无法就地取粮，原本由军屯负责的军费开支，由于军屯制度的崩溃，只能从国库支出。这意味着从此之后，军饷需要国家调拨而不能就地取饷，军费也就成了国家财政的沉重负担。

在军屯卫所制度体系下，军饷主要来源于军屯田收获，就地补充，这在减少运输费用的同时，也方便随时调动部队作战，这也是明初的军队几乎可以扫平天下的原因。而在此之后，明军军饷的发放时间和运输耗费远超国朝初年，明朝也就陷入了没钱打仗的怪圈。“万历三大征”中，虽然明军的人数并不多，但仅援朝之役就耗资700万两白银，宁夏之役耗资200万两，这在明初几乎是不可想象的耗费。

军屯制度崩溃所伴随着的是明朝财政制度的愈加混乱。明代的财政困难实际出现在明武宗朱厚照以后，在当时，明朝没有统一的财政部门，所谓户部其实只是管理一部分财政。所谓晚明收入两百多万两，就是只统计了户部的太仓银库，而这只不过是其中一个储银库。类似的储银库还有：在嘉靖八年（1529年）置办用于储藏矿银，以给工价，后专备内府取用的节慎库；太仆寺所属的以被垦为田地的各牧监草场收取租金的仓库；皇帝私人的内承运库等。除大型的储银库外，两京以及各地包括大运河的粮仓，都在户部储银库编外，并不由其统一调度。

即便在天灾人祸不断的晚明，明廷也并未如唐朝一样，对地方失去控制，其各类名目加起来也应该有接近两千万两的收入。然而，晚明由于将门家丁的兴起和世兵制度的全面崩溃，作战时军饷耗费极其巨大，所谓李自成进入北京以后在崇祯皇帝的内库中搜出几千万两白银的说法，不过是无稽之谈。

此外还有“一条鞭法”带来的财政崩塌。所谓“一条鞭法”，是明代嘉靖年间提出并确立的赋税及徭役制度，由桂萼在嘉靖十年（1531年）提出，积极主张均平赋役和清丈土地，并由张居正在万历九年（1581年）将其推广到全国范围。新法规定，各州府县的田赋、徭役以及其他杂征总为一条，合并征收银两，按亩折算缴纳。这样大大简化了税制，方便征收税款。同时使地方官员难以作弊，进而增加财政收入。“一条鞭法”在一定程度上解决了明廷的财政困难，但却在某种程度上助长了商品经济的蓬勃发展，这反而动摇了明朝以农为本的根基。

“一条鞭法”的实施，使得传统上需要缴纳粮饷的各种类别折银上缴，使得南方传统的农耕地区去种植茶叶这类高价的作物，这给明代后期征集粮饷增加了困难。随着明代国家赋役白银化的进程加快，大明几乎成了“白银帝国”。雪上加霜的是，晚明的外部经济出现了困难，日本德川幕府实行闭关锁国政策，从日本石见银山流入中国的白银骤然减少，而北半球地区的整体性冰河期在日本带来了农业减产，日本民间自发的贸易也大大减少。同时，欧洲也陷入了三十年战争，打得不可开交，白银流出自然减少。晚明的东西方外来银路几乎断绝，这种打击简直是致命的。

外来银路的急剧减少使得大明整个社会陷入萧条，而先前实施的“一条鞭法”让经济作物的种植和扩大以及工商业的发展大有成为主流的趋势，由此带来的农业衰落，使得本就缺粮的明军“屋漏偏逢连夜雨”。银钱紧缩之下，崇祯皇帝对于钱又有很大需求，于是刮地皮刮得太狠，又对地方官吏催促甚紧，在这种形势下，官逼民反的情况逐渐出现，并开始遍及北方，大明帝国也渐渐走向了灭亡。

从良家子到赤佬，古代军人地位演变

“护羌校尉朝乘障，破虏将军夜渡辽。玉靶角弓珠勒马，汉家将赐霍嫖姚。”每当谈及中国历史的辉煌时代，总是绕不过汉唐的赫赫武功和与之相联系的一个个闪耀的名字，它们历经岁月长河，已经成了一个民族的不朽记忆。在这种不朽中我们也能看出，中华民族自古以来是从不缺乏尚武的传统与精神的，“男儿何不带吴钩，收取关山五十州”是无数中华男儿精神世界的真实写照。

但是，自安禄山将唐王朝由盛世踢入深渊后，一切都发生了变化。曾经被赞为“赳赳武夫”的武人日渐成为野蛮与邪恶的代名词，以至于到了唐王朝灭亡后的五代时期，就连“兵”“卒”等标识军旅经历的词语都成为一种侮辱性词语，甚至出现了“故世之詈（骂）人者，曰黥卒，曰老兵，盖言其贱而可羞”的情况。那么，造成这一切的原因到底是什么呢?

其实，武人形象的恶化源于武人群体本身的劣化，而这种劣化早在唐代就已初露端倪了。唐朝初年，在政治上延续了“文武合一”的传统，社会精英无论是学习文化知识还是战阵武艺，都能进入朝廷，而文武兼备者更是大大增加了进入朝廷决策层的机会。这种在军事活动中积累军功，最终进入朝廷决策层甚至成为宰相的过程，传统上被称为“出将入相”。

但是这一传统在武则天追逐权力的过程中发生了巨大的变化。以女子身份牟取最高权力的武则天，始终面临着大量政敌的威胁，而这些政敌中不乏长孙无忌这样位高权重并且在军中拥有巨大影响力的实权人物。因此，武则天为了削弱政敌的势力，一方面大力发展科举，并热衷于提拔缺乏军事经验的官员；另一方面则以各种名义削减军功所能带来的实际收益，堵塞通过军功升迁至决策层的制度性通道。

武则天这一政策的结果，就是大量社会精英放弃追求军功，转而专攻文治，客观上造成了武人群体的劣化。而这种劣化所导致的军事灾难和边境战争的长期化，又进一步造成了府兵的大量逃亡，因为平时务农、战时从征并且自备武器装备而没有饷银的府兵，无法承受常年戍守边关的状态，这最终造成了府兵制度的崩溃。

社会精英弃武从文，以良家子弟为基础的府兵制完全崩溃，唐王朝最终只能依靠招募“蕃人”和“寒族”来维持其军事力量。所谓“蕃人”就是当时的“异族”，他们往往缺乏文化素养并作风粗野，而所谓“寒族”则是平民百姓，之所以投身军旅，绝大多数是因生活所迫或别无所长。是故，至唐玄宗时就已经出现了“不肖子弟为武官者，父兄摈之不齿”的情况。

武人群体的劣化所造成的灾难性后果，不仅导致了“安史之乱”的爆发，还在“黄巢之乱”后彻底瓦解了唐王朝的中央权威。叛乱时期，不仅各地的武人大肆篡夺军政权力，而且不少盗匪和叛军也为了追求名利而接受招安成为官军，进一步劣化了唐朝的正规军。这造成的结果是叛乱结束后，各地的军政大权几乎完全被军阀化的武人所把持，开启了中国历史上一段“军阀治国”的黑暗时代。

很多人想当然地将今天的人民子弟兵代入古代军人身上，但实际上，具体到唐末五代时期，武人及其所属的军队与政权的种种作为，充满了反动军阀的特点。他们行为粗鄙、横征暴敛、为政残暴，对人民造成了巨大的灾难。

古代军队依靠严酷的军法来维持军纪，动辄处斩是古代军纪的鲜明特点，很多军阀将这种严酷的军纪用来治理民政，便会造成杀人如麻的恐怖景象。五代将领王建立升任节度使后，因其热衷“连坐”，大量采用“一人犯罪诛杀全家”的判刑方式，被时人称为“王垛叠”，意即每次杀人后将尸体堆积成山的状态。晚年的王建立因早年间杀戮太重，便投身佛教，希望能在宗教中寻求心理解脱。

军阀们不仅嗜好杀戮，而且贪婪无度。例如五代军阀赵在礼在担任宋州节度使时，横征暴敛，令当地百姓苦不堪言，后来赵在礼要调往永兴，当地百姓都争相庆祝，并宣称如“眼中拔钉”般快活。赵在礼得知后，上表朝廷要求留在宋州一年，获得朝廷同意后，赵在礼向当地所有百姓每人收取一千钱，美其名曰“拔钉钱”。

军阀们不仅对民众残酷暴虐，对士兵也严酷至极。五代时期，因为战争频繁并且死伤甚重，大多数老百姓都不愿意当兵，于是军阀们便像抓壮丁一样强征士兵入伍，不仅要求其自备粮食前往军营，还要在身上刺字防止其逃跑。而一旦有士兵逃亡被抓，则要面临种种酷刑的惩戒，甚至会被挖出心肝来吃。

说到挖人心肝来吃，就不得不提唐末五代的食人风气。自安史之乱以来，因为战争的频繁与残酷，军队在军粮用尽后往往食用人肉充饥，但在此过程中，有些军阀喜欢上了人肉的味道，从此将吃人肉当作了一种特别的嗜好。五代军阀苌从简因为爱吃小孩肉，经常派人从民间偷拐小孩来吃。军阀赵思绾则爱好吃人的肝胆，并称“吞此（胆）千枚，则胆无敌矣”。

自唐代以来武人群体的劣化和其在唐末五代形成的暴虐形象，令武人在为人所畏惧的同时，也成为民众鄙视和厌恶的对象。宋朝建立后，太祖赵匡胤提出了“朕欲武臣尽读书以通治道”的愿望，希望能改变这种现状。但他在接到攻灭后蜀的宋军军官“割民妻乳而杀之”的奏报时，除了怒吼“兴师吊伐，妇人何罪？残忍至此，当速置法以偿其冤”，也只能哀叹积重难返了。

崇祯皇帝该不该让“快递小哥”李自成下岗

曾有人开玩笑说，历史上后果最严重的一次开除员工事件，就是明朝让驿卒李自成下岗，结果直接导致了明朝的毁灭。那么，明朝到底应不应该开除李自成，或者，如果不开除李自成，明朝会灭亡吗?

要搞清这一点，先得搞清楚李自成丢掉的那个岗位到底是干什么的。中国古代的驿站，有古代王朝转运公文信件和物资的职能，可以给持有官方文书的各地往来官员和信使提供免费吃住，以及为他们更换马匹或船只等交通工具。这就给很多人一种印象，驿站就是一个快递邮政点加招待所或高速服务区而已，因此，人们往往认为李自成就是邮递员或者是快递员，或者将他理解成国道附近的旅馆或招待所的员工，或是高速公路上服务区的工作人员，但事情显然没那么简单。

其实，驿站也有很强的军事功能，比如，它也是转运粮食、军器等军备物资的中转站。明代为了方便统治全国，尤其是为了加强对边疆地区的管理，在主要交通线上，每60里设驿站，每10里设递铺，有的地方还设递运所，即运送官物的机构。在边地，明朝还设有卫所管理的军用驿传系统，即塘铺。以李自成的家乡陕西为例，洪武二十七年（1394年），陕西境内共设置驿站100处，崇祯八年（1635年）则设驿站78处；递运所，按《弘治会典》载，弘治十年

（1497年）设72处，按《万历会典》载，万历十五年（1587年）设35处。

可能有读者觉得，100个小物流站或者客栈的员工，直接裁了也没关系。毕竟，在一般人的印象中，一个客栈也就七八个人而已，驿站还能大到哪儿去？100个驿站，不过相当于裁了几百个快递小哥或者伙计。

但明朝的驿站其实很大，以江苏省的盂城驿为例，其鼎盛时期拥有厅房100多间，其中包括：正厅、后厅各5间，库房3间，廊房14间，马房20间，前鼓楼3间，照壁楼1座，驿丞宅1所；驿马65匹，驿船18条；马夫、水夫200多人，这还不算那些保洁员和厨子。

即使那些规模稍小的，比如像贵州的龙场驿，也有驿丞1人，吏1人，伕23人，马20多匹，铺陈（被褥卧具）23套，而且龙场驿周围还有8个类似驿站。所以驿站可不是一般人想象中的放大版同福客栈。

如果硬要类比的话，有的大驿站可能类似于欧洲中世纪的城堡。比如某些小说里提到的鸡鸣驿，就是我国现在保存完整的一座驿城。之所以说其是"驿城"，是因为其规模已经是个特大号城堡了。

史料记载，鸡鸣驿在成化八年（1472年）就建有土垣，后来因为被洗劫过，所以在隆庆四年（1570年）又升级成了砖修城池。全城周长达到2330米，城墙高达12米，底宽8～11米，上宽3～5米，设东西两门，城门上方筑两层越楼。要知道，宋代很多县府的城墙，高度也不过三四米，而且城墙单薄。鸡鸣驿的城墙如果放到宋代，已经是和开封城一个级别的了。

那么，一个驿站为什么要修建这么高大的城墙呢？看看鸡鸣驿的位置就明白了。鸡鸣驿地处河北怀来，正是明代著名的土木堡之战发生的地方。加之正如前文提及的，驿站不光要转送大量公文，还有为往来军队提供粮食及转运粮食的责任。所以，作为位处前线战区的一个重要信息节点和大型物资储备基地，自然要把城墙修得又高又厚。

而且，带城墙的驿站可不止鸡鸣驿一个。明朝在东北就设立了不少带城墙的大型驿站，比如辽宁锦州附近的十三山站城，古籍记载：“十三山站，城东七十里，周围一里二十步，东一门。”又比如辽宁盘锦盘山县的高平堡遗址，东西750米，南北500米。据载：“堡南曰镇武堡，堡北曰魏家城。”还有辽宁海城牛家庄驿，是一个方形砖筑的小城，东、西、南、北四墙皆长270米。据《海城县志》：“牛庄驿，县西四十里东、西二门。”

可以看出，明帝国正是通过这些驿站或驿城，实现了对边疆地区的统治与管理。比如从永乐到宣德年间，明帝国对努尔干司的统治，正是建立在这些驿站或驿城的基础上。只可惜明朝中后期实行战略收缩后，这些驿站或驿城给当地部族当了“嫁妆”。

至于西北的驿城，比如李自成老家的榆林驿城，也是军事意味浓厚。榆林驿始建于元世祖中统三年（1262年），现存榆林堡驿城建于明英宗正统十四年（1449年），明武宗正德十三年（1518年）扩建南城，明穆宗隆庆三年（1569年）建砖包北城，明神宗万历四十五年（1617年）重修。

榆林堡外墙周长共2064米，内分南、北城，其中北城周长974米，占地59276平方米，南城长1336米，占地103092平方米。其占地面积约为宁远卫城的一半，已经达到明代所城的标准。从人员编制来看，明永乐年间，榆林驿光走递甲卒就有421名，还不包括平时的防卫人员。此外，该地还有马120匹、驴60匹，即使到了清康熙三十四年（1695年），榆林驿还有马94匹、马夫97名，每年支出白银511两、豆1209.6石、麸345.6石、工食银1400两，每月支米248石。

据考证，明代西北驿卒数量有四万人，李自成就是这四万人中的一员。这些驿卒，除“送快递”和招待往来人员之外，其实也是某种意义上的城堡守卫和后备兵源，基本上都有骑马射箭的底子。

后来崇祯皇帝之所以裁撤驿站，是因为觉得一年可以省几十万两白银。但驿站有亏空是因为贪污腐败，以及大量人员蹭吃蹭喝，比如像徐霞客就曾在驿站白吃白住。这只是制度漏洞，不是驿站本身有错啊！但是崇祯皇帝不是选择整顿驿站管理制度，而是直接选择裁撤。这就好像一个人左手伤口不好愈合，每天很疼，结果这个人不去治伤，而是干脆把整个左手给砍了。没有驿站，各地的物资调度、公文传递，以及对前线战区的控制都将成为大问题。而且裁撤驿站，就是断了本来可以成为预备兵员的数万人的生路，更影响到了几十万个家庭。这些能骑马射箭、本该成为明军后备兵源的人，看着家里揭不开锅，会做何种事情，历史已经告诉我们了。

总之，从“事后诸葛亮”的眼光来看，明朝的问题不是开除了一个李自成，而是把几万个“李自成”都给开除了，而且这种开除完全没有必要。至少，开除了他们之后，应该解决其生存问题，但明朝并没有。如果这几万人没有被裁撤，也没去加入农民起义军，明朝会不会灭亡呢？这事还真不好说……

第六章　形胜篇

峰峦如聚，
波涛如怒，
山河表里潼关路

四千年前的“鹰巢城”——石峁古城

看过美剧《权力的游戏》的朋友，都记得那座建在高山之上的鹰巢城。其实，在中国上古时期的西北地区，也有这样一座“鹰巢城”。那就是近些年在中国西北发现的、距今四千多年的石砌古城——石峁古城。这座古城当初被发现时，真的可以用“石破天惊”来形容。这也让人产生了一个疑问：在上古时代，中华先民为什么要建造这么庞大的石质防御城堡，难道真有上古怪兽要防御吗？

其实这座古城很早就被人发现了，但一直被认为是秦代古长城遗存。直到2012年，考古人员才正式确认其为龙山时代古城。从勘察结果来看，石峁古城分为外城和内城，内城墙体残长2000米，外城墙体残长2840米，整个古城面积约425万平方米。其属于夏商之前西北地区最大的古城遗址。特别要提到的是，中国史前古城多以土城为主，而石峁古城是用石块砌成的石城。因此，石峁古城也是中国上古时代最大的石城。在传统认识中，龙山时代陕北一带一般不会有大城市的，之前在内蒙古阴山附近发现的石城面积也不大，但是这座古城的发现颠覆了传统认知，震惊了全国！

令人震惊的同时，这座古城也留下了不少谜团。

首先，这座古城在墙体的材料和形制规划上，对于防御力有着执着的追求。城墙用石块砌成，非石砌城墙部分也是版筑夯土（版筑土墙比普通的木棍夯筑的城墙要坚固很多）外包石块，城墙内部还加了纤木支撑来增加城墙的稳固性。

除了城墙，古城的城门不同于以往影视剧中那种直通式城门，而是罕见的弯道式城门。古城不论是便门，还是已经发现的东门出口，都是曲折的，而且便门类似两道城墙重叠，弥补了城墙开口所带来的防御减弱。这种城门虽然不利于出入，但是增加了敌方攻入城门时所需的人力与时间成本。也就是说，要想从这里攻进去，除非先把这两道墙拆了。

古城的正门防御性更高。以东门为例，其不光采用了三道门垫的那种三重城门，在门前还有21米长的障墙。障墙和墩台形成了一个外瓮城，而墩台后面还有一道城墙与南墩台相连接，形成一个内瓮城，两座瓮城相当于上了双保险。因此，石峁古城也被认为是中国最早带有瓮城的古城。除此以外，古城还有城墙马面和墩台上的交叉火力。通过考古人员对这些马面和墩台角台的测量发现，这些马面墩台体积都不小。比如一号马面实长约12米，宽约7米，残高3.5米（原高度可能在6米或7米）；南墩台顶部长约21米，宽约14米，高约5.6米；北墩台长约20米，宽约16米，高约6.7米；一号角台北边长约17米，其余各边长约14米，残高为4米；二号角台比一号角台略大，顶宽为20米，呈方形。从面积上看，每个墩台驻守五十个甚至一百个士兵都没问题。

南、北墩台与其他马面一样，都是内部夯土版筑成型，外部石块包砌。石峁古城的统治者为了强化防御，在墩台正面一侧又加筑了一层厚1.3～2.5米的石质护墙。

试想一下，面对那些坚固而且凸出的墩台，直接攻打城墙很容易受到守城士兵交叉火力的打击；攻打城门则要面对外瓮城和内瓮城的多重防护，即使突破也是伤亡巨大的。入城通道又极为弯曲，很容易被堵在瓮城里腹背受敌。

所以，面对这样一个建在山顶上，又拥有水源的石城，只要没有火器，其攻城难度就是超乎想象的。

除了坚固的城防，古城内还发现一定数量的铜器，说明当地已经进入铜石并用时期。根据出土位置判断，其年代不会晚于四千年前。

这里要说两点：第一，石峁古城发现的时间较晚，所以发掘的时间也短，很多遗址还需要挖掘。现在挖出来的铜器不多，不等于当时铜器少。比如二里头遗址的数百件铜器，也是从20世纪50年代到今天，慢慢发掘出来的。第二，古埃及的中王国时期（公元前2040年—前1786年）铜武器也不是主流，大规模使用成熟的青铜武器，是埃及中王国晚期和新王国时期了。

目前，石峁发现的铜器有铜环、铜镞和铜刀。铜环与铜镞是砷铜，而铜刀则是锡铜，也就是成熟的青铜。

铜环是目前古城遗址附近发掘较多的铜器。从形态和成分来看，石峁铜环与陶寺的铜环高度接近。从铜刀的成分和形制来看，类似于马家窑文化铜刀和后世的二里头与朱开沟文化铜刀，甚至与殷商铜刀也有相似之处。刀上的刀环伴随中国刀四千多年。

铜箭镞的意义则更为重大。既然石峁用铜制造消耗类武器，说明石峁金属武器化已经达到相当高的程度，绝对不是“一群拿着石块和木棒的原始人”。铜镞的外形图片目前没有公布，但是根据描述，其双翼有銎，和早期北方青铜箭镞外形非常相似。

那么，石峁古城城防坚固，又有充足而先进的武备（铜兵器），古城本身更是修在山上而又背靠河流，当地人究竟为何要修建如此巨大复杂、远超时代的城墙？他们又是要防御谁呢？总不会真有什么上古怪兽吧？

其实，石峁的南部也存在一个巨大的古城——陶寺古城。长期负责陶寺遗址发掘与研究的何努先生有这样的看法：陶寺在衰落的时候，石峁古城正好处于一个兴盛时期，而且石峁古城在修建时，大量使用其他地区的人做祭品。光是在东城门下就发现大量的人头骨祭祀坑，而那些被祭祀的人来自石峁北部及东部地区，甚至包括蒙古高原一带。从考古勘探来看，当时河套一带以及阴山南部，也存在大量石城，说明中国北方存在多个强悍政权，并有激烈的战争与较量。

石峁古城到底属于哪个文化族群？石峁地处西北，它到底属于中原文化圈还是西北文化圈？石峁和后来的夏商周三代是否有直接关系？石峁到底有没有文字？目前陶寺发现的陶文和骨刻文与甲骨文接近，但是石峁在灭亡陶寺政权之后有没有继承陶寺文字呢？除此以外，石峁的黄牛和山羊来自西方，那么石峁人有没有和欧亚大陆上的草原民族交过手？这一切还有待于进一步考古发现。

但是，可以确定的是，四五千年前的中国已经是当时最先进的文明之一了。文明“三要素”中的城市与金属冶炼，石峁古城都已具备，剩下的就是文字了。而在石峁古城最近的发掘中又发现了一些疑似装饰品的陶鹰，还有占卜用的卜骨，以及疑似文字的符号。总之，石峁古城仍有太多的谜团等待破解。

楚汉成败的关键因素——东西对峙的地缘政治

公元前206年，刘邦被项羽立为汉王，原属楚国的刘邦集团从此获得秦岭以南地区的统治权。刘邦的封国国名为“汉”，源于秦汉中郡，郡名起于汉水，所管辖的国土包括巴、蜀、汉中等原秦国故郡。刘邦于该年四月赶至汉中就国，不久之后，就与项羽决裂，废除早期实行的楚律，转而实施秦律，并且设立职官，以萧何为丞相，制定律令，整顿户籍，又以韩信为大将，重申军法，整顿军队。这是后世所言刘邦“汉承秦制”大规模的开始。

刘邦获得巴、蜀、汉中这些地区后，不仅在政治上可以正当地使用“秦法”，关键是军事上得到了故秦长期经营并取得过巨大成功的战略后勤基地，在此后的楚汉相争中，人力和粮食的供应都得到了保障。刘、项同为楚人，但在对秦地的认知中体现出了不同的地域观念，这也显示了项羽的短视。

秦灭亡后，项羽主持诸侯大分封，而他的分封理念还停留在战国时代。项羽虽然形式上恢复了分封制，但是诸侯王与自己没有血缘关系，反而存在各种利益冲突，这便成了其分封制必然失败的潜在因素。

刘邦抢先进入关中，按照盟约，应当封关中王，但项羽以“巴、蜀亦关中地也”的理由背约，将刘邦封到了巴蜀之地。在他看来，巴蜀地区与外界地势阻隔，交通不便，以往是秦国流放罪犯的目的地，而不是传统的政治中心区域，没有多少利用价值。因此，他对刘邦的安置表面上是分封，实则近乎流放。

其实，在秦国崛起和统一的过程中，四川盆地和关中平原一样，为大秦提供了最基本的物质条件。项羽将刘邦封于巴、蜀、汉中，使其坐拥战略后勤之地，足见他对历史经验缺乏足够的了解和认识。甚至对于关中地区，项羽也没能意识到其巨大的战略价值。据《史记·高祖本纪》载，曾有人劝项羽称霸关中："关中阻山河四塞，地肥饶，可都以霸。"但项羽见秦宫室残破，又考虑到楚军思归的情绪，竟然没有接受。

而刘邦则以一名楚人的身份，成了巴蜀地区的合法统治者。战国以来，秦、楚为世仇，但是在这样的传统心理背景下，刘邦大量抽调巴蜀地区的兵源物资参与楚汉之争，却没有引发当地民众的强烈抵制，这也能看出巴蜀地区对刘邦是持支持态度的。

之所以这么说，是因为刘邦把自己的利益和秦地的利益结合在一起，从一个外来统治者转变为故秦地利益的保护者和代言人。刘邦角色的转化是有一个过程的。在以"群盗"身份于江淮起兵伐秦时，刘邦行事也很残暴，多有屠城之举，但自从西入咸阳后，他开始善待秦人，并约法三章，由此得到秦人的理解和支持，以至于"秦人皆喜，唯恐沛公不为关中王"。更重要的是，刘邦不仅因袭故秦行之有效的军事、律令、职官等制度，还继承了故秦的宗教信仰文化。据《汉书·郊祀志》载，刘邦据有关中、蜀、汉中后，除了增立北峙以祀黑帝外，更召回故秦祀官，然后复置太祝、太宰。在项羽得到鲁地儒生的全力拥戴之时，刘邦基本吸收了故秦文化，在意识形态领域得以与项羽相抗衡。

在动用巴蜀地区巨大人力物力的同时，刘邦也及时给予了优惠政策以安抚民心。据《汉书·高帝纪》载，汉高帝二年（前205年）二月，刘邦"令民除秦社稷，立汉社稷。施恩德，赐民爵。蜀汉民给事劳苦，复勿租税二岁"，相较而言，关中卒从军者仅"复家一岁"。这种"取予兼用、恩威并施"的政策，使巴蜀民众得到了及时的休养生息。由于看到以往秦人统治时的宽和政策得以延续，因此巴蜀民众在政治上并不仇恨楚人刘邦，反而产生拥护的心理。

巴地的板楯蛮等少数民族由于参加了北伐关中的战役，刘邦也待之以体恤的态度。当他们有思乡情绪时，刘邦不仅允许他们归家，而且采取封侯、减免租赋等措施以优抚之，因此也在很大程度上得到了他们的政治认同，据《后汉书·南蛮西南夷列传》载，蛮“遂世世服从”。

楚汉战争结束之后，由于汉初军功集团的强大，刘邦被迫分封异姓诸侯；后来为了拱卫中央朝廷，又分封同姓诸侯。但刘邦始终没有放弃郡县体系回归封建制度。当时，尽管境内有什邡侯、平州侯等小封国，巴蜀地区一直都是君主直辖，足见“龙兴之地”的战略地位。同时，为了表彰巴蜀地区对西汉建国的贡献，汉高帝六年（前201年）分巴蜀二郡，又新置一郡，命名为广汉郡；高帝十一年（前196年）下诏令：士卒从入蜀、汉、关中者皆免终身租赋徭役；西汉初年，政府对巴蜀边区也有一定程度的开发。这些措施都反映出汉初中央朝廷对巴蜀这一战略根据地非常重视的态度。

以大历史的眼光来看，地形的差别容易产生不同的经济生活和不同的政治组织，古代中国形成东、西二元，是很正常的。大体说来，东方经济好，所以文化优；西方地理好，所以武力优。秦末汉初的历史发展依然体现出这种东西对峙的特点，也表现出一定的历史延续性。秦故地地势险要，土地肥沃，在争霸与混战时期，凭借易守难攻的地理条件，对争霸者非常有吸引力。作为关东楚人的刘邦在入秦建汉过程中迅速兴起，实际上也得利于秦王朝对关中及巴蜀的上百年艰苦经营。秦政短祚，汉承秦利，凭借故秦军事和制度优势，得以收其功实为己所用。而项羽对于包括巴蜀在内的秦故地政治和文化的排斥，是其失利的重要原因。

为何唐朝处心积虑要扫平淮西

要说唐朝历史上危害最大的藩镇，当属淮西。那么淮西为何会有如此之大的危害呢？那就得从地理上说起了。

唐元和九年（814年）闰八月，彰义节度使吴少阳死，子吴元济秘不发丧，擅领淮西军务，唐廷拒绝授予吴元济职衔，“（吴）元济不得命，乃悉兵四出，焚舞阳及叶，掠襄城、阳翟。时许、汝居人皆窜伏榛莽间，剽系千余里，关东大恐”。次年一月，唐廷正式开始讨伐淮西。

唐廷在吴少阳死后，迅速部署兵力，四个月后就正式对淮西宣战。唐廷在淮西问题上之所以会迅速决策，主要有以下原因：

第一，淮西镇处于唐王朝的腹心位置，严重威胁到唐王朝的生存和发展。淮西镇掌有蔡州、光州和申州之地，其形势“逼近东都，中天下而持南北之咽喉”，既可以威胁以汴宋为核心的运河漕运系统，又会威胁转道江汉水域的漕运系统，这对严重依赖江淮财赋的唐王朝来说，无异于被扼住了“咽喉”。为了保证漕运的安全，唐廷必须在汴宋周边屯驻重兵，因此平定淮西成为唐代中期以来的重大军政问题。

第二，淮西镇从李希烈到吴元济，屡有乱作。德宗建中削藩，李希烈反叛，侵占周边十余州，阻断漕运通道，诱发了“奉天之难”。兴元后李希烈称帝，南侵江淮、江汉无果，方退回淮西。贞元十五年（799年），德宗调动十六道兵马平定淮西吴少诚，两年无果而终。因此淮西的割据几乎是一个长期遗留的历史问题，平定西川、镇海后，对淮西用兵势在必行。

第三，平定淮西的时机已经成熟。早在元和四年（809年）唐廷发动第一次讨伐成德战争之前，宰相李绛就建议讨伐淮西，但没被宪宗采纳。吴少阳死后，李吉甫认为“淮西非如河北，四无党援，国家常宿数十万兵以备之，劳费不可支也。失今不取，后难图矣”。同时，经过数年的和平时期，唐廷也具备平定淮西的经济基础，因此这时唐廷平定淮西的时机已经成熟，条件已经具备。

吴少阳死后，唐廷立刻进行军事部署，为平淮西做准备。元和九年（814年）闰八月十七日，唐廷以河阳节度使乌重胤为汝州刺史，充河阳、怀、汝节度使，治所为汝州，在蔡州西北部署了防线。九月七日，又以洛州刺史李光颜为陈州刺史、忠武都知兵马使，从北面压制蔡州；又调任泗州刺史令狐通为寿州防御使，防范东南的光州方向。十三日，以荆南节度使严绶为山南东道节度使，从西南逼近淮西。用两个月的时间，唐廷完成了对淮西的战略包围，部署极为严密。

十月，唐廷开始发动对淮西的军事行动。《讨吴元济制》曰：“宜令宣武、忠武、太原、武宁、淮南、宣歙等兵马合势，山南东道及魏博、荆南、江西、剑南东川等道兵马与鄂南计会，东都防御使与怀汝郑节度及剑南、义成军兵马犄角相应，同为进讨。”

另外，韩愈的《平淮西碑》则反映了当时军事部署的执行情况。唐廷基本实现了从淮西镇四个方向同时进讨的计划，其中陈许李光颜、宣武韩弘均是从北方进讨，三镇统辖唐军主力，因此蔡州北边为主战场。只有山南东道节度使严绶及后来的随唐邓节度使李愬从西南方向突破，而寿州防御使令狐通及后来代之的李文通则从东南策应。

关于战争双方的兵力。元和十一年（816年）十二月之前，唐军“讨淮西诸军近九万”，之后多有增益，估计总兵力达到十万以上。关于淮西镇的兵力，据韩愈的《平淮西碑》记载：“合攻其北，大战十六，得栅城县二十三，降人卒四万。道古攻其东南，八战，降万三千。再入申，破其外城。文通战其东，十余遇，降万二千。愬入其西，得贼将，辄释不杀；用其策，战比有功。……师还之日，因以其食赐蔡人。凡蔡卒三万五千，其不乐为兵愿归为农者十九，悉纵之。”因此共计淮西军队有十万余人投降，战死者数量则不得而知，可见淮西的兵力也超过了十万。

宪宗使用武力彻底平定西川、镇海、淮西、淄青四镇，而且山南东道、幽州、魏博、成德、宣武等镇也望风归附，使安史之乱以来的藩镇形势得以改观，史家称之为“元和中兴”。

大宋“汴京之围”为何惨败

在古代，一个国家的首都作为统治者的居所和整个国家的心脏，往往要受到加倍的保护。对于都城，国家往往是不惜血本，力求将其打造得固若金汤。例如长安城，根据考古发掘，其城墙高度大于12米，顶部宽度有10米，城外还有深约3米的壕沟。

长安城有崤函之固，尚需如此大费周章，那些地势不如长安优越的都城，在城池的建设上就更是让人煞费苦心了。北宋的都城汴梁（今河南开封）就是如此。汴梁地处华北平原，而当时作为中原屏障的“幽云十六州”并不在中原王朝手中，导致其直接暴露在北方辽国的威胁之下，边防压力之大自不必言。

公元955年，后周世宗柴荣继位后，开始了汴梁城的大规模修筑工作。当时，周世宗共集结了十多万的民夫重修汴梁城，在修筑外城时，因为开封当地的土质松软，他还特意命人从百里之外的虎牢关一带取土夯筑城墙，最终修成了由外城、内城、皇城三重城垣构成的汴京城。此次修筑奠定了北宋“东京城”的基础。考古证实，北宋汴京城一直是在后周汴京城的基础上扩建的。

宋朝建立后，又对汴京城进行了多次扩建和修筑，其中规模最大的一次发生在宋神宗熙宁八年（1075年）。这次修筑前后历时三年，据说动用了上万人。除了加固城墙外，还在城墙上修筑了敌楼，在城门处修筑了瓮城。敌楼和瓮城，原本都是只用在边境城池上的防御设施，例如唐朝的长安城就“不置瓮门及备守之具”。但是因为宋辽之间的紧张形势，汴京城也“边城”化了。

至北宋后期，汴京城已经发展出了城外壕沟（护城河）、壕沟后羊马墙（处于城墙与城壕之间的城墙）、羊马墙后外城、外城后内城、内城后皇城的五重防御体系。此外，为了加强城池四角的防御，元丰七年（1084年）时，宋廷还于汴京外城“封筑敌团”，即在外城的四角上修筑城楼，以增加城池四角的防御力量。

城门的防御更是重中之重。北宋时，汴京城共有十二座城门和九座水门，其中南熏门、新郑门、新宋门和新封丘门因为通御路是“直门两重”（两道城门）外，其余城门均为“瓮城三层，委曲开门”。而汴京城的水门（河流通道）也是戒备森严。例如汴河东水门，除了水门本身有铁闸拦河外，两边还有两座“拐子城”，即两座瓮城。若有敌人进攻水门，宋军就可以从两侧的瓮城夹击敌人。

所以，公元1126年，即靖康元年，当金军兵临城下时，所面对的就是这样一座有三道城墙、五重防御体系、城防设施齐备的坚固城市。

金军于靖康元年正月初八抵达汴京城下，而在正月初六，陕西统制官吴革就已经率领勤王军队到达了汴京。

金军到达汴京后，驻扎在汴京西北角的牟陀冈，之后发动了对汴京的进攻。金军首先进攻汴京西水门，以“大船数十只顺汴流相继而下”，结果守臣李纲率2000宋军驻扎水门，等金军船只到达后，就“以长钩摘就岸，投石碎之”，打退了金军第一次进攻。

金军见进攻水门不成，又转而进攻酸枣门、封丘门。金军架设云梯攻城，结果在守城班直（宋军精锐）的弓箭射击下“应弦而倒”。宋军不仅在城上使用弓弩、檑石、床弩、投石机攻击攻城的金军，还派遣敢死队出城袭击金军，“烧云梯数十座，斩获首十余级”。金军见一方面汴京久攻不下，另一方面各路勤王大军不断到达，自身兵力劣势越来越大，于是便停止了攻城。最终，金军在进行了一番政治恫吓后，撤回了北方，第一次汴京保卫战结束。

第一次汴京保卫战虽然以金军的北撤告终，但是宋廷内部的混乱怯懦却在金军面前暴露无遗。在金军第一次南下时，宋钦宗就想逃离汴京，经重臣李纲力谏才留了下来。勤王大军陆续到达后，宋将姚平仲提出了夜袭金营的计划，以为勤王大军到达，金军不足为患的宋钦宗立刻就答应了姚平仲的建议。但此次夜袭最终因为计划泄露而失败，无能胆怯的宋钦宗立刻就将责任推到了李纲身上，将其罢免，还遣使至金营谢罪。金军北撤后，宋钦宗不整饬兵马、重修军政，而是一方面不断遣使向金人求和，另一方面追究李纲等主战派的责任，认为其“专主战议，丧师废财”。

靖康元年闰十一月，金军第二次包围汴京。金军此次兵力相比第一次更加雄厚，至边境城下的达十万之多，还分兵五万前往潼关堵截陕西勤王大军入关，可谓准备万全。北宋一方则大不如前，经过以宋钦宗为首的投降派的“整肃”，此时汴京兵力极为空虚，仅有七万正军，而各路勤王军队有的被金军堵截，有的被别有用心者截留。金军到达时，汴京城基本没有勤王军到达；最终到达汴京的勤王军，也只有三万八千人左右。

此次金军对汴京城“环城列栅”，并大量制造投石机、鹅车等攻城器具。可金军昼夜攻城四十余日，也一直没有占到什么便宜。

但北宋君臣将希望寄托在了“六丁六甲神兵”上。所谓的“神兵”，不过是神棍郭京招摇撞骗，招募市井之人临时拼凑而成。最终，在宋廷反复催促下出城作战的“神兵”一触即溃，而“神兵”出击的城门恰好是城楼受损的宣化门。“神兵”溃散后，金军顺势进攻，并趁着“神兵”败退的混乱，登上了开封城的外城墙。至此，汴京外城被金军夺取。

但外城只是最外城的城墙，金军尚需攻克两道城墙，才算完全攻克汴京。可宋钦宗听闻外城被攻克，顿时就丧失了抵抗下去的决心，从此沦为了金人的提线木偶，对金人的任何要求都予取予求，最终酿成了史称“靖康之耻”的历史悲剧。

总之，就算宋军野战不是金军的对手，如果不是投降派的“整肃”，汴京城就不会陷入被围攻的境地；就算汴京被围攻，如果不是北宋君臣玩什么“神兵”，外城也不会失守；就算外城失守，如果不是北宋君臣对金人予取予求，汴京也不会就这么落到金人的手里。然而，历史终究没有如果。

为何中国西南地区易攻却难经略

华夏民族对云贵高原的经略，从战国时楚国设立黔中郡，又派大将庄蹻入滇开始，到现代对云南西南部澜沧江以外的土司改土归流才彻底完成，可以说，这个过程花了两千多年时间。如果以汉武帝经略滇地作为统一的中央王朝管理云贵高原的开始，到明王朝时中央王朝才能对云贵高原大部分地区进行有效统治，这个进程也花了一千多年时间，其间，云南更是一度从中央王朝分离出去，建立了南诏、大理这样的独立政权。

在火器发展起来之前，东南亚是非常落后而弱势的。中原王朝无法经略中南半岛，除了气候环境的因素之外，更重要的问题在于云贵高原不好消化，因此缺乏一个稳固的后方。比如元成宗时代，试图开疆拓土，令大将刘深征讨泰国境内的“八百媳妇国”。然而刘深路过贵州西部，因征粮激起土著反抗，水东土司宋隆济、水西女土司奢节相继起兵，刘深迎战之下，“既不能制乱，反为乱众所制，军中乏粮，人自相食，计穷势蹙，仓黄退走，土兵随击，以致大败”，“失地千余里”。

此后元朝花两年时间，付出巨大代价，才艰难平定水东水西之乱。但因无力废除两土司，被削减的两土司的土地很大一部分交给了播州杨家，导致播州杨家的坐大。对云贵高原的征服，很多时候看起来并不艰难，比如蜀汉诸葛亮平南中，隋朝史万岁平爨氏，蒙古灭大理国。然而要令云贵高原安定，却颇为不易，大大小小的政治实体只是保持着名义上的臣服，却凭借高山险阻维持着独立性，如同一颗颗的定时炸弹。

云贵高原大部分地区海拔在1000米以上，且群山纵横，起落极大，将区域再次分隔成一个个的小板块。直径在10公里以下的局部盆地，在云贵高原被称作坝子。坝上地势平坦，气候温和，土壤肥沃，灌溉便利，是云贵高原上农业兴盛、人口稠密的经济中心。云南省约有1100多个坝子，坝子的耕地占全省耕地面积的三分之一以上。贵州的坝子约占耕地的四分之一。

显然，这样的地理环境不利于权力的集中，难以形成较有威权的中央。除了强大的南诏国之外，再没有政权能在云贵实现集权统治。大理对地方的管理非常松散，因此被蒙古人轻易攻灭。而麓川本有希望成为强大的"第二南诏"，却在完成集权之前就被明王朝强力摧毁了霸权。

引用马基雅维利《君主论》中的观点，中央集权的国家较难征服，需要打倒其调动举国资源的强大中央，但一旦将之打倒之后，统治就容易了；诸侯林立的国家则相反，征服相对容易，但想要统治和管理却很困难。云贵高原由于处于青藏高原、川西、川东等地向中南半岛迁入人口的重要节点上，加上其破碎的地理环境利于不同文化的各自发展，其民族、语言、文化的复杂性也是众所周知的。所以我们也就能理解为何蒙古几乎轻而易举地灭亡了大理王国，但其管理却极为松散，并且在元朝后期新生的麓川王国崛起后便被夺走了半个云南。荀子所说"兼并易能也，唯坚凝之难焉"，就是这个道理。

明朝刚刚从元朝手里接管贵州时，用明人自己的话说："盖贵州乃古罗施鬼国，地皆蛮夷，山多箐穴，水不涵汀，土无货殖，通计民屯仅十四万石，为天下第一贫瘠之处，官戎岁给全仰于湖广、四川二省，盖本非都会之地，从古不入版图。我朝但因云南而从此借一线之路以通往来，一线之外，悉皆夷峒。"王士性《广志绎》也说："其地止借一线之路入滇，两岸皆苗。"极为重视西南经略的大明经过200年经营和苦战，也只基本消化了贵州和大半个云南，剩下的半独立政治实体仍待之后去消化。

云贵高原的山民并不比北方游牧民族缺乏尚武精神，在技术上，由于有中原—荆蜀地区—云贵高原和河西—河湟地区—川西山地—云贵高原两条输入途径，也不会太过滞后。他们看起来好对付，只是因为其缺乏统一而有力的领导，但一旦要削除某些确定的政治实体在其老巢的世袭统治，所遭到的反抗不唯其本人，其他土司、部落也会纷纷响应。

无疑，历朝历代当中，明代对于西南经略的贡献是最大的，贵州的安田宋杨四家，川南的永宁土司，都是被明朝所平定。明王朝在云南也大力发展教育，广建文庙，科举制的推行使云南和内地有了共同的文化体制。这一时期，中国南方广大汉人的迁入改变了云南当地人口构成，到明后期汉人人口占到云南总人口的50%以上。也就是说，从明朝开始，汉地十六省增加了云南、贵州，变成了汉地十八省。

总之，华夏民族通过两千年的经营，才真正消化云贵高原，将之纳入“中国”的范畴。

三个月众筹修座城：明代上海老城墙传奇

现在很流行一个词，叫“众筹”，但是众筹可不只现代有，古代其实也有，比如明代上海县城城墙就是众筹修建的，而且只用了三个月。

很多人认为上海是个后起的年轻城市，是近代才迅速发展的，以前只是个小渔村。实际并非如此，在古代，上海地区并不是蛮荒之地，而是很繁华的。根据《上海地方志》记载，唐天宝十年（751年），设立华亭县，当时的人口约有90360人。这可是人口接近十万的县，要知道，当时的营州人口才三千户！

到了元朝至元二十七年（1290年），上海所在的松江府户数达到163926户，人口888051人。明朝洪武二十四年（1391年）的松江府更是达到337136户，1094666人。一个府达到百万人口是什么概念呢？南京应天府在洪武二十六年（1393年）是7县163915户，1193620人。也就是说，当时的上海，人口比南京也仅仅是略少。

从明代地图来看，松江府的面积和今天的上海市辖区基本吻合，只是略小。松江府临近的苏州府有235万人，但是苏州府面积更大。如果说上海一带是小渔村，那么这个“渔村”未免也太大了一点。

不过，上海县一开始是没有城墙的。明朝江南经济发达、城镇化水平高，所以出现了不少不带城墙的城镇。毕竟建城墙影响交通不说，还费钱，而且上海县也不是兵家必争之地。当时的松江府，还有松江府城和金山卫城以及两个所城负责上海地区的安全。而且明朝初期明军战斗力还是不错的，面对倭寇威胁也能应付。当时上海县的人多靠出海为生，本身也有武艺，一般海盗来了直接就给堵在外面。但是到了明朝嘉靖年间，也就是那个炼丹皇帝在位的时候就出事了。当时，北方边境不消停，东南沿海的倭患也集中爆发了。

嘉靖三十五年（1556年），倭寇洗劫松江府全境。结果有城墙的松江府城没事，而没城墙的上海县就悲剧了。明万历时期的《上海志》记载："杀歼兵民甚众，纵火焚庐舍及县署，邑里为墟。"而《大明世宗肃皇帝实录》则记载："癸丑倭寇复入上海县，烧劫县市。知县喻显科逃匿，指挥武尚文及县丞宋鳌俱战死，贼屯县中七日，纵火焚官民廨宇庐舍略尽。"于是，当时的上海人意识到必须得修城墙了。

《上海县志》记载，上海官绅顾从礼上奏朝廷："今编户六百余里，殷实家率多在市。钱粮四十万余，四方辐，货物尤多。而县外不过一里即黄浦，潮势迅急，最难防御……盖贼自海入，乘潮劫掠，如取囊中，皆由无城之故。"要求朝廷"转念钱粮之难聚，百姓之哀苦"，主张迅速"开筑城垣，以为经久可守之计"。然而，朝廷表示，修城墙可以，但是朝廷是没钱的！面对这个情况，当时的上海人做出了一个决定——众筹！

比如这位顾从礼就捐了4000石（约合75.5万斤）大米，而已去世的文学家、书法家陆深的夫人梅氏，不仅捐田500亩、银2000两，还拆了自家房屋来助筑小东门。类似的事情，可以说是数不胜数。就这样，上海的城墙修起来了。而且标准相当高，进度相当快。

唐宋时期内地不少城墙只有两三米高，但是上海县的城墙高2.4丈，周长9里，和宋朝的府城一个级别！城上还筑有雉堞3600余个，敌楼2座，沿城墙外面筑有阔6丈、深1.7丈、周长1500余丈的城壕。那么，修筑这么高标准的城墙，用了多久呢？答案是三个月！

我们可以对比一下一些古城城墙修建的时间，来看看上海修城墙的效率。以隋朝洛阳宫城为例，洛阳宫城大内边长1030米，面积约1平方公里；诸小城东西长2100米，南北长1840～2160米，总面积约4.2平方公里。这座城修了多久呢？

根据《大业杂记》记载："初卫尉刘权、秘书丞韦万顷总监筑宫城，一时布兵夫，周匝四面，有七十万人。城周匝两重，延袤三十余里，高四十六尺。六十日成。"也就是说，隋朝洛阳宫城用了七十万人，两个月修完的。如果说隋代太远，说说明代的宁远城。宁远城周长只有3.2公里，修了一年。当然宁远城在防御性能上要好于上海县城。但是宁远城毕竟有上头拨款，而上海县城墙完全是民间自己修的。

在城墙建成后不久，倭寇又来犯。倭寇打败黄浦江上的大明水师后，又想像上次那样洗劫上海县城。但是在城墙的掩护下，苏松海防道佥事董邦政率领上海军民击败了倭寇。

可以说，上海城墙的快速修建成功，不仅体现了一个军事奇迹，更体现了明代东南地区的经济实力和市民阶层的潜力。因此，说明代中后期资本主义萌芽出现在江南地区，还是相当有依据的。只可惜，这个资本主义萌芽却没有进一步发展成新的生产关系。

近代，随着经济发展，城墙限制了上海的经济发展。最终在1912年，上海县的古城墙开始被拆除。目前，在上海大境路还保留一段长近50米的古城墙和建在古城墙上的大境阁，在向人们诉说着曾经的传奇与荣耀。

四任总兵战死，辽东为何变大明心头痛

明末的辽东，是明清大战的主战场，萨尔浒之战就是在这里打的，最著名的争议性人物袁崇焕也是在这里起家的。那么，辽东地区对明朝到底有什么重要作用？大明在辽东又是怎么一步步被蒙古和女真打崩的呢？

对中原王朝来说，辽东地区历来就很重要。早在战国时代，燕国就在此地置郡。到了汉代，为了断匈奴左臂，汉武帝灭掉卫氏朝鲜，在辽东设置汉四郡。三国时代，公孙家族凭借辽东割据数十载，之后的慕容氏也借此争雄天下。南北朝时期，高句丽趁中原王朝无暇东顾之际，逐渐占有辽东大部地区，至隋唐时期，已经对中原王朝构成了严重的威胁。隋唐花费近百年时间，终于重新夺回辽东。到了五代，契丹统合辽东，女真更是由此崛起，而蒙古也遵循“先取辽东，拔金人根本”的战略，最终全取天下。由此可知，辽东的战略地位是极其重要的。尤其在五代之后，政治中心从陕西迁移到华北地区，明清更是建都北京，辽东逐渐肩负起拱卫京师的重任，历代朝廷都很重视辽东地区的建设，尤以军事为主。

到了明代，被驱逐出中原的蒙古“屡谋兴复”，辽东正好处于防御蒙古的右翼，所以战略地位尤显重要。明朝在辽东实行军政分离的管理模式，设置辽东都司管理军事，而行政监察等民事权则归山东布政司管辖。之后又经历过大将镇守和亲王镇守等不同模式。建文帝时期，由于燕王朱棣起兵造反，镇守辽东的辽王被召回南京，建文帝就恢复了大将镇守制度，此时始有辽东总兵的称呼。到永乐时期，辽东正式确立总兵镇守体制，之后副总兵、参将以及游击等属官都一一被设置，总兵体制遂逐渐完善。

有明一代，在大部分时间里明朝最大的敌人就是蒙古。虽然最频繁扰边的是宽阔的北方防线，但辽东也逐渐受到骚扰。正统年间，兀良哈三卫被鞑靼的也先逼迫，被迫离开自己的放牧故地，迁徙到广宁等地放牧，辽东地区的蒙古入侵数量陡增。为了打击其势力，时任辽东总兵曹义多次率兵与兀良哈战斗，擒获头目孛台等人。此时明朝国力仍在，而蒙古进犯的主要攻击目标还是在正北的宣大等地，所以辽东地区的明军仍能不费力地弹压蒙古。到了正德年间，朵颜卫开始强盛，他们与察哈尔的小王子结盟，开始有计划地联合进攻明朝。往往是小王子部进犯宣大地区，靠近辽东的朵颜部就同时攻击辽东和蓟镇。此时的明军仍能左右招架，辽东总兵韩玺就曾率兵击败数千朵颜部众，“追斩甚众，尽还所掠”。

如果说此前明朝尚能勉力维持，那么自嘉靖二十六年（1547年）后，随着察哈尔、内喀尔喀等部落相继迁徙到辽东边境，这些新来的蒙古人“剽掠无时，边人不得耕牧”，明军的边防压力陡增。嘉靖三十五年（1556年），察哈尔部十余万人入侵辽东，深入广宁等地。辽东总兵殷尚志率兵抵敌，失败身死，明军损失千余人。这是明代第一个战死沙场的辽东总兵，他的死标志着辽东防线的崩溃开始了。殷尚志的死，仿佛打开了潘多拉魔盒，他死之后七年，嘉靖四十二年（1563年），时任总兵杨照在出击土蛮部时，遭遇伏击身死。几年之后的隆庆四年（1570年），蒙古土默特部大举进犯锦州大胜堡，辽东总兵王治道轻敌出战败亡。短短十几年间，三名辽东总兵战死沙场，辽东地区的局势之恶化，可见一斑。

辽东的形势在万历年间出现了好转。李成梁成为辽东总兵后，屡次远出捣巢，多次大败察哈尔土蛮部，使得辽东的局势暂时稳定了下来。继任的董一元在万历二十二年（1594年）和二十三年（1595年），连续击杀喀尔喀部的两个重要首领，重挫喀尔喀部的气焰。李如松担任辽东总兵后，继续对土蛮的打击态势。万历二十六年（1598年），土蛮卜言台周部进犯辽东，李如松“率轻骑远出捣巢”，不想被叛徒走漏风声，中伏而死。这样，四十年间，已经有四位辽东总兵战死沙场。

不但正面战场压力骤增，连平常出去打个猎都提心吊胆。万历四十年（1612年），蒙古蟒金诸部近宁前，守将祖天寿抽空出去打猎，结果“被围曹庄，将士死者二百三十人，被掠者六百余人，天寿以数骑免”。这一下就损失八百多人，导致辽东驻军终日胆战心惊，遂无宁日。

除了蒙古，辽东地区还要对付另一个强敌——女真。女真在明朝中前期还是比较顺服的，直到成化年间，建州女真勾结蒙古诸部大肆侵犯辽东，所谓“一岁凡九十七，杀十余万人”，对辽东地区构成了严重威胁。明朝遂发兵攻打，此时明朝国力碾压女真，打仗也是顺风顺水，打了几个大胜仗，建州女真就衰落下去，辽东地区局势也稍安。但到嘉靖末年，建州女真王杲和王兀堂异军突起，又开始勾结蒙古，进犯辽东。嘉靖四十一年（1562年），辽东副总兵黑春中伏战死。幸亏此时的辽东总兵是李成梁，他率军多次击败女真，连续击杀王杲和王兀堂，并修建宽甸六堡，巩固边防。这边建州女真的问题刚被解决，海西女真又开始内乱，李成梁被迫再次率军平叛。到万历十一年（1583年），女真暂时失去了对明朝的威胁。但是因为李成梁的一些误判，最终又导致努尔哈赤的崛起。

辽东的压力在于要同时面对蒙古与女真的强力挑战，而这两家只要想搞事情，必然会联手攻击。这在辽东历年遭受的扰边中体现得很明显。等到了努尔哈赤的后金崛起之后，更是恩威并施，直接与蒙古结成了同盟。这就导致明朝辽东地区面临的压力陡增。而同时明朝自身也在走下坡路，国力大减，再加上用人不当，辽东的败亡也就是情理之中的事了。

后金崛起后，与明朝在辽东地区进行了三十年的拉锯战，双方互有攻守之势，有胜有负。在此期间，又有两位辽东总兵——张承胤、刘渠战死。至此，已经有六位辽东总兵死于抵抗蒙古与后金的前线。最终在崇祯十七年（1644年），最后一任辽东总兵吴三桂率兵入关，辽东至此全部落入后金手中。

明末潼关到底有多险

潼关自古就是兵家必争之地，此地进可攻中原，退可守三秦。在明末的乱世中，潼关对任何一方都至关重要，孙传庭与洪承畴就是在潼关的南原伏击了李自成，使得李自成差点丧命；不久后李自成攻破潼关，击溃孙传庭所部，明朝也就走进了历史的尘埃。而李自成的大顺政权也因为潼关被清军攻破，最终“昙花一现”。那么潼关究竟为何如此重要呢？我们就从其历史延续、自然天险和人设关城①等方面来简单认识下明末的潼关以及孙传庭布防的潼关防线。

潼关源于先秦时期的桃林塞，于东汉安帝时期创建关隘。东汉羌民起义，官军作战失利，统治者遂创建潼关以控制东西要道，拱卫京师洛阳。到了唐代，潼关城的位置因黄河在此处的陡转东流而于唐天授二年（691年）北迁至今港口镇一个较低的台地之上。之后历朝，潼关城并无大规模迁移，基本维持在唐潼关城的基础上。

明代是潼关历代军事设防最森严最完备的时期。明洪武元年（1368年），派郭俭守之，洪武七年（1374年）在潼关设守御千户所，隶属陕西都司，洪武九年（1376年）又设潼关卫，隶属河南都司，潼关开始有了长期驻军，周边州

① 指人为设下的关隘和城池。

县还设有军屯。永乐六年（1408年），又改隶北京行都督府，正统六年（1441年）后改为直隶后军都督府的在外卫，弘治年间成为直隶中军都督府的在外卫。

潼关之险，在于它是由黄巷坂、禁沟、秦岭、黄河所构成的一个天然要塞。

黄巷坂处于潼关城东，全长5里左右。自函谷关东来的道路仅仅只有黄巷坂一条路，其南面是山势陡峭的秦岭，北面则是黄河，这就形成了南依秦岭、北临黄河的孤道地势。在这个孤道内，军队难以展开阵形。所以，黄巷坂成为潼关东面的第一个天然屏障。在其最东面的金陡关也就成了潼关城的第一道关卡。

禁沟也称“禁谷”或“潼沟”“潼谷”，自潼关城南直通秦岭，可与武关连通。其中深度最长的沟道有四条，分别是列斜沟、禁沟、潼水沟和望远沟，除此四条沟之外，还有多条深达数十米至数百米的沟道，这些沟道统称为禁沟，皆成南北纵向。由于这些南北沟道横断潼关南原地区，所以，自古以来潼关南原无东西大道可通。但是，翻越这些沟道，仍然可以进入关中。而禁沟与潼关城地处南北一线，要夺取潼关，就要突破禁沟，这样禁沟也就成为潼关南面平原的天然屏障。

秦岭同样是潼关南原的天然屏障，由东往西有西峪口、桐峪口、善车峪口、太峪口、麻峪口、蒿岔峪口、潼峪口等众多横向峪口可做天然要塞，这些峪口不仅地势险要，而且道路错综复杂，这些都使得入侵者的后勤补给难以为继。

此外，黄河出秦晋峡谷南流到潼关北，折转而东。在这里，洛水、渭河在黄河汇聚，黄河则紧贴潼关城下流过，形成天堑，既无途可通，也隔断了北来之路，在潼关城北侧形成自然防卫，因而守潼关很少考虑城北安全，黄河天堑形成了天然屏障。

由于南面的秦岭直接通向了禁沟，可由此翻越秦岭。为了防止潼关因敌军穿越秦岭而被攻破，秦岭北麓山脚下的潼关地界自东而西设置了西峪关、善车关、太峪关、蒿岔峪关、潼谷关、水门关等关卡，此外其实还有一些关卡，但史料记载不一。这些关卡均有驻军把守，成为潼关城的南部前沿哨卡，和潼关城浑然一体。所以，潼关城既有秦岭这个天然屏障，又有关卡防卫，这就保证了潼关城南部的安全。

为了守卫禁沟，禁沟周围自古就设十二连城，由秦岭山脚向北计三十里。根据《潼关卫志》和《续修潼关厅志》有关记载，十二连城指的是明清潼关古城南面禁沟沿线及其附近一带的一个军事联防体系的总称，其既可以设防于禁沟之东，也可以设防于禁沟之西，还可以设防于南面秦岭诸峪通向禁沟的通道。这些联防体以小城为据点，并设有沟西关、杨家关、禁沟关、汾井关、巡底关、五庄关、石门关等多个大小不一的关卡。这些关卡从禁沟向南，大约每三里建一个小城，内有烽火台，驻有军队。

至于潼关主关城，《潼关卫志》记载如下："依山势曲折，周一十一里七十二步，高五丈，南倍之。其北下临洪河，巨涛环带，东南则跨麒麟山，西南跨象、凤二山，磋峨耸峻，天然形势之雄。门有六……三门各有楼。南以山势重叠，不竖楼。南北水关二，南水关洪武三十三年（1400年）建，北水关宣德年间建。"

从以上段落中可以看出，潼关关城主体建在深山沟壑之中，这为城池提供了天然的屏障。扼踞要路于秦岭和黄河之间的狭长谷地，南城墙可依山势抵御秦岭南麓方向的进攻，北城墙顺水流一方面可护卫黄河方向水军的进攻，另一方面可控制河边大道。这样的选址在军事防御布局上可谓是"依山筑关，傍水建城"，再加上众多城门、城楼及水关的辅助，都极大地满足了军事防御需求。

就城池本身而言，明朝的潼关基本上是沿袭宋朝旧址修建的，但也增加了一些大型城防建筑，并且不断扩大了城关规模，修缮了城楼及防御设施，城门也有增加。正德以后潼关城墙二三十年间都会不同程度地加以修葺。

孙传庭在到任之后，详细考察了潼关城之外的南原四十里地形，认为南原的军事地理位置十分重要，便在南原上建造三座硐堡，并屯兵于内。这些堡墩全在深沟旁建筑，并将旁边可通行的小径封死，确保堡墩独占高处的优势。各屯步兵二百名扼守声援。又置十五墩，墩与墩相距不到三里，各宿火器手二十名。并授驻守南原游击署参将王永祥为实职参将。除了潼关附近以外，孙传庭还修筑了华阴城、西安城墙、汉江浅滩等地，将潼关这个“点”与西安省城连成了“线”。孙传庭在积极备战的同时，根据陕西所拥有的军事地理优势，积极布防，这些都为潼关南原之战以及日后再次在潼关布防打下了良好的基础。

现存潼关城遗址平面略呈不规则长方形，东西长约2.5公里，南北宽约1.5公里。关城北墙较直，其余三面城垣略呈弧形，今天北墙已经不存在了，东、西城墙北段保持较好，现残高3～6米，东墙南段和南城墙依山势而建，外部最高达390余米，保存稍好。西门瓮城仅存泥土基座，南北长65米，东西长48米。南门仅存砖砌门洞，高约5.5米，宽2.8米，进深12米。

烧掉乾隆几千万两银子的大小金川为何那么难打

对于乾隆皇帝的“十全武功”想必大家都有所耳闻，由于这些战争中充满了太多“名场面”，所以人们很容易忽略当中许多值得深扒的历史细节。其中，乾隆有一项极为难堪的“武功”，那便是耗时数年，投入无数人力物力的大小金川之战。大小金川这样小小的方寸之地，究竟为何能让清军如此大费周章呢?

去过川西阿坝州，或者看过全套《平定两金川得胜图》的读者，应该对当地多山的地形并不陌生。所谓“大小金川”，大金川和小金川名字的由来也和当地的两条河流有关。可以说光是从地形上，清军在行军以及后勤补给等方面就有诸多不便。考虑到围攻大小金川的清军是从各地调来的部队，除了后期经过专门训练的健锐营，其他很多都缺乏山地作战经验，因而战斗表现也多有不佳。

当然，地形确确实实是一个大麻烦，但如果只是复杂地形，清军即使被拖住，也不至于出现后续一系列尴尬的操作。可以说，大小金川战役中，最令清军将领头疼的，还是当地数量众多的碉楼。

由于原大小金川地区的碉楼已经被清军火炮拆得七七八八，所以我们就借现在有名的丹巴碉楼群，来体会一下这些碉楼到底有多么夸张。

如果不提前解释，很多人大概会下意识地误以为这些高大的碉楼就是什么大烟囱之类。而且如果单纯从火器时代的堡垒建造准则来看，这些高大细长的碉楼，绝对算得上是几炮就能轰下一座的绝佳“脆脆棒”。那么这样落后的碉楼，为什么会让清军付出巨大的伤亡呢？这一点，就要结合碉楼所处的环境分析了。

正如前文所说，无论是大金川还是小金川，在地形上都是典型的河谷环境，当地修建的城寨也无一例外是沿山而建，数量众多的碉楼与民居一起，呈阶梯状分布。

当然无论是大小金川，还是我们保存到今天的丹巴碉楼群，都不是为了对付清朝而临时修建的防御工事。川西地区修建碉楼的历史算得上是源远流长，这些碉楼不仅是为了防止外敌入侵或者村落之间的械斗，同时也为了防止野兽袭村，以及及时发现潜在的泥石流威胁。

长期的历史文化传统之下，当地居民也将修建更高更大的碉楼视作一种炫耀自家财力的手段，这使得川西山区的碉楼数量极为众多。这种高大的碉楼如果建在坡度极大的山坡上，不仅可以居高临下地对敌人进行“降维打击”，还可以完美监视敌人动向，而且即使是敌人迂回从山上俯攻，位于碉楼顶层的守备者也可以凭借高度，以一种平行角度进行射击。

不过对于清军来说，除了要被自己头顶的土司军队不间断监视外，火炮的使用上也存在着巨大的麻烦。清军要仰射碉楼，这对火炮威力的发挥带来很大的影响。而当地砖石制成的藏式民居，本身就如同一座座小型堡垒。在碉楼上的土司军队发现清军开始准备火炮射击时，可以及时到较低矮的民居中躲避，这就是为什么土司士兵可以做到“碉尽碎而不去，炮方过而人起”。

如果说还有比火炮难以发挥作用更能令清军抑郁的，那就是当地民众对清军的反抗态度了。虽然位于今天四川的大小金川地区在隋唐时期就在中原王朝的统治之下，但是当时的统治实际水分相当大。当地是嘉绒藏族聚居区，与汉族地区本身就有所差别，而从元朝设立土司开始，这个在地理上颇为封闭的地区，与其说是在明清帝国治下的一方领土，不如说是一个封闭的小国。

而在大小金川战役中与清军并肩作战的土司军队，与其说是响应清廷的号召，倒不如说是出于对大小金川两家土司的仇恨，以及对协助清军作战从而获得物质封赏的欲望。这种非常现实的立场，让参战的土司军队在作战中表现得“一言难尽”，甚至他们是否会和敌对的大小金川土司做什么不可明说的交易，对于当时的清军统帅来说，都是难以确定的。

这种极为复杂的情况是非常考验一个国家军队从高层到基层的指挥官在战略方针和前线指挥的经验与技术的。无论是大金川之战中没有军事经验的讷亲的表现，还是第二次大小金川之战中薛琮与桂林之间的不和，都暴露出了当时清朝在军事管理上的极大问题。加之乾隆皇帝本身对军事行动的干涉，也让前线指挥变得非常混乱。这场战争中暴露出的清朝军事制度上存在的大量问题，等到清朝统治者真正认识到时，已经是大厦将倾之时了。

第七章　衣食篇

兵马未动，粮草先行

古代节约粮食的措施有哪些

自古以来，节约粮食、抵制浪费就是中华民族的传统美德，由于中国尚有一定比例的粮食需要进口，爱惜粮食确实有必要被我们所重视。在生产力不发达的古代，粮食压力只会更大，那么古人是怎样节约粮食的呢？

首先是禁酒。禁酒是东西方共有的节约粮食的方式，因为酿酒会消耗大量的粮食。传说最早颁布禁酒令的是夏朝的建立者大禹，可见禁酒在中国历史记忆中的深刻性。

关于禁酒，虽然有各种称饮酒误事的说辞，但也有“清酒为圣人，浊酒为贤人”的说法，显然，禁酒与否最关键的考量还是粮食问题。禁酒令的颁布一般都是在战争或灾荒时期，一旦国家需要备战，或者收成不好，就会禁止民众用粮食酿酒。如东汉末年，曹操执政时就曾发布禁酒令，禁止百姓酿酒饮酒，以配合屯田政策，确保粮食供应。而在和平时代，粮食充裕，政府一般就不会禁酒，但也会采用酒水专卖制度，使得酒的价格上升。百姓私酿酒也被禁止，政府就能从中获得很大一笔收入。苏联初期也曾实施禁酒令，无疑与战乱时期的粮食压力有关。不过与此同时的美国禁酒令的出现则是出于宗教原因，结果并未执行成功。

战争一旦爆发，粮草消耗就非常巨大，归结起来主要因为四个字：在途消耗。古代没有机动车，一般就靠马驮牛拉。由于古代路况不好，士兵、民夫或牲畜往往需要逾越大量崎岖地形，这增加了能量消耗，对粮食的需求量就更大了，所以非作战状态的士兵以及运送粮食的民夫，也都需要消耗大量粮食。因此，控制在途消耗就成了节省粮食的关键。毕竟，哪怕不打仗，让民夫服徭役也需要在途消耗。

秦始皇专门修建“秦直道”通往甘肃，宋朝在北方修建了运河用于运输，明朝朱元璋在北伐时，为了缩短运粮路程，直接在松亭关、大宁、会州等地修了粮仓。这都是通过降低运输路径来减少在途消耗的方式。而在战争和徭役时，就近征发人员也可以提高征发效率，降低在途消耗，从而节省大量粮食。因此，中原王朝常常拥有远多于需求的常备军。

在秦之后，徭役也一般依照就近原则。毕竟，秦朝灭亡的重要原因之一，就在于服徭役的距离太过遥远，国家和人民的负担过重。另外，唐朝的府兵制从高宗时代开始崩溃，也是由于府兵口粮需自备，而唐统一之后征战距离越来越长，士兵从战争中所获收益抵不上在途消耗，往往陷入贫困。

对于游牧民族来说，牛羊是重要的战略物资，也是战争中可以行动的军粮，节约粮食主要就在于减少牛羊的损耗。与很多人想象中游牧民族顿顿吃肉的情形不同，现实中，一般牧民的食肉量并不多，这是因为牛羊需要一定的时间来繁殖，只有富余的牛羊才能用于食用。意大利传教士加宾尼在《出使蒙古记》中记载：“他们把小米放在水里煮，早晨喝一二杯汤，白天就不再吃东西；晚上吃一点肉，并且喝肉汤。”在非战争时期，牧民们的进食量很少，他们比农耕民族更能忍饥挨饿，因此，过去的游牧民族一般也并不是人高马大。草原上的牧民也有广种薄收的农业，还会搜集野菜，以植物粮食来满足食物需求。

游牧民族还会捕鱼，成吉思汗幼年时，就曾因争夺鱼而射杀了自己的异母弟弟别克帖儿。草原黄鼠也是牧民重要的食物来源，但这种硕大的啮齿类动物和关内的家鼠一样会传播鼠疫，游牧民族往往因此死伤惨重。另外，游牧民族还有一种非常残酷的节约粮食的方式：在白灾等灾荒发生时，他们经常抛弃老人，让其等死，来保证青壮年有足够的食物来生存。

当然，古人也会像当代人一样，强调减少粮食浪费，譬如唐玄宗就禁止了士子登科或官位升迁所举行的烧尾宴，因为此宴过于奢华，太过浪费。朱元璋当了皇帝之后，每天早饭“只用蔬菜，外加一道豆腐”，率先垂范来引导上下的饮食节俭之风。不过，古代基本是“朱门酒肉臭，路有冻死骨”，平民一般连饭都吃不饱，更不用说浪费了，浪费食物是官员与富人的“专利”。

关于节省粮食，还有件有趣的事情。宋朝是中国历史上饥荒和人吃人事件发生较少的时代，粮食供应较为充裕，而其中一项重要原因就在于宋人放弃了马政，马场被占为田地。另外，宋人还很喜欢强占塘泺等水利设施来开垦水田，这确实增加了粮食供应，但也因此导致东南地区常常发生水患。

古代战场上也有“方便面”吃

众所周知，古代军队在战乱时期，很可能出现人吃人的情况。于是，很多读者可能会因此好奇，古代军队在正常情况下是吃什么呢？

对于这个问题，如果回答说吃方便面，不知道会不会让人大跌眼镜？但不开玩笑地说，虽然现代方便面是华裔日本人发明的，但广义上的方便面，即速食面，在历史上很可能是韩信发明的。陕西合阳有种小吃叫踅面。当地故老相传，当年韩信征讨魏王豹经过此处，屯重兵于黄河岸边。为了解决战况紧急、来不及做饭的问题，韩信命人将军中面粉都烙成薄饼，再切成长条，需要食用时在开水锅里滚下即可。后来这种食品一直流传下来。虽然这个传说颇有几分民间野史的气质，未必靠谱，不过这种食品应该确实是来自军队。

那么这种速食面后来在军中有没有流传下来呢？古代军中军粮都是怎么做出来的，还有没有其他类似的发明呢？要知道这些问题的答案，必须要先了解一下中国古代饮食结构的变化。

简单地说，秦汉以前，北方以耐旱的小米（粟）为主食。到了汉代小麦（含大麦）的种植才渐渐扩大，但普通人家只能吃麦粒直接煮成的麦饭，面粉做成的各种面食如饼（类似现在的馒头）、馒头（类似现在的包子）等，只有上层社会才能享用。这时的水稻只在南方种植，而且产量也远不如现在的高。

至于玉米、红薯、花生等高产作物，都是明朝中后期才从南美洲引进的。

战争是个极其消耗资源的活动。军队自然是什么食物多、什么食物便宜就吃什么，而这又带有强烈的地域色彩。从秦汉到隋唐，中国的政治中心一直在关中及洛阳一带，军中主食也以小米为主，毕竟粟米是赋税主体，稻麦只能算作“杂粮”。但正史中也经常有将小麦充作军粮的记载，如《三国志注·诸葛亮传》记载：“（诸葛）亮破之，因大芟刈其麦。”《晋书·桓温传》记载：“（桓）温恃麦熟，取以为军资。”

解决了吃什么的问题，接着要解决的是怎么吃的问题，毕竟粮食不能生着吃。此外，要考虑到军队的特殊性，像在家里那样从容地研究厨艺估计是不大可能的，因此还要追求方便、快捷和耐储存，最好能带在身上，拿出来就能吃，打仗间隙随时可以补充能量。在此基础上，军粮也要适当考虑口味，毕竟士兵也是人，天天吃粗粮也受不了。南北朝时期就发生过军队在改善伙食后打胜仗的例子。

《南史·卷九·陈本纪上·第九》记载：“是时食尽，调市人馈军，皆是麦屑为饭，以荷叶裹而分给，间以麦绊，兵士皆困。会文帝遣送米三千石，鸭千头。帝即炊米煮鸭，誓申一战。士及防身，计粮数脔[①]，人人裹饭，婫[②]以鸭肉。帝命众军蓐食[③]，攻之，齐军大溃。”

如果说踅面类似于现在的方便面，那么鸭肉包饭和现在的盒饭十分接近。不过这些都是临时加餐，大多数情况下，军中主要还是将大米或粟米煮成饭或粥来吃。而早期，麦子也不做深加工，和米一样直接煮成麦饭，这种麦饭口感很差，常常被视为粗食。从当时的记载可以看出，粟饭流行于北方，米饭流行于南方。不过，在南方人眼中，粟饭是难以下咽的粗食，而在北方人眼中米饭

---

① 脔（luán），小块的肉。

② 婫（hùn），盖在上面，又读“kūn”，一般用作女子名字。

③ 蓐（rù）食，早晨未起身，在床席上进餐，这里指早上吃。

却是上品，只有麦饭口感最差。至于后世军粮的改进，大部分则是围绕着面食进行的。

历史上，与面食有关的著名军粮有诸葛亮的馒头（带馅）、锅盔，以及戚继光的“光饼”。馒头这种国民级食品及其来历基本上妇孺皆知，在这里就不必赘述了。锅盔的做法是：“多用干面，掺水少许，合成硬块，大锅炕之，得食为盔，以灼将士。”此物在川陕等地十分常见，口味谈不上，但确实方便携带且耐储存，也算得上很实用的发明。

戚继光发明的“光饼”就更便携了：将面粉和好，擀成许多小圆块，然后在炭炉里烤熟，做好后中间穿孔，士兵直接挂在身上，饿了就扯两块下来。“光饼”根据不同口味，还可以加入不同佐料，总之是十分靠谱的野战口粮。除此之外，明军还有一种“利器”，就是把煮熟的米饭晒干，然后作为军粮运输保存，需要的时候用热水一冲就能吃。

总之，古代军队的努力方向就是将生火做饭的环节尽最大可能从战场上挤出去。

以上说的都是粮食谷物的食用方法，下面说说肉类和蔬菜的加工。在此之前，有件事读者一定要弄清，那就是：军中除了临时获得肉食，比如野外打头鹿、村里抢头羊等可以尝口鲜以外，其他大规模携带的肉食，都必须进行适当加工，以便能长期保存。

在这个问题上，大致可以分为两大流派，一是农耕派，一是游牧派。先来说说农耕派。一般情况下，农耕民族经济发达，盐可以随便吃，所以腌制成了主要的选择。古籍上有很多相关的词，比如“鲞”“鲊”“腌”“羓”等，至于做法，可以参考《齐民要术》里的记载：“凡作鲊，春秋为时，冬夏不佳。取新鲤鱼，去鳞讫，则脔（切块）。脔形长二寸，广一寸，厚五分……炊粳米饭为糁，并茱萸、橘皮、好酒，于盆中合和之。布鱼于瓮子中，一行鱼，一行糁，以满为限……白浆出，味酸，便熟。食时手擘，刀切则腥。”

关于腌肉，和军队有关而且名气最大的自然就是金华火腿了。和韩信的踅面一样，金华人民坚持认为火腿的发明者是金华籍抗金名将宗泽。虽然这个传说在正史上找不到记载，但在民间流传极广，也不必太较真。金华火腿分为很多个品种，包括隆冬腌制的冬腿、月牙形的月腿、烧竹叶熏出来的熏腿、白糖腌制的糖腿以及与狗腿合腌的戌腿等。假如此传说是真的，和靠面包为生的罗马军团士兵、靠饭团为生的日本武士，以及将椰枣作为主食的古阿拉伯军人比起来，南宋军人无疑是很有口福的。

除了腌制，肉食还可以做成各种酱，并且在士兵的日常生活中扮演了十分重要的角色。敦煌出土的一片汉代竹简就记载了河西边塞军人的日常食品清单："酒三斛，黍米二斛，酱二斗。"这很可能说明在大部分情况下，新鲜蔬菜和肉类对于边塞军队来说是遥不可及的，在漫长又无聊的戍边岁月里，以盐入味的各种酱类是士兵们唯一的下饭菜和调味品。

上面说的是农耕民族的军粮的概况，下面再说说游牧民族的军粮。众所周知，游牧民族的主食是奶以及奶制品，因为普通牧民也吃不上肉。蒙古大军在出征的时候经常携带大量牛羊作为移动粮草库。不过在快速奔袭时，携带牛羊显然不方便。蒙古军的便携军粮一般是两样东西，一是马可·波罗记载的脱水的粉末状奶制品，另外一种就是风干牛肉条。这种肉条是专门选出来的脂肪更少的红肉，切条后在室内自然风干，再用锤子敲打，最后只剩下纤维，体积也比原来大大缩小，称得上真正的军用压缩食品。

总之，关于古代军队吃什么，是个因地制宜的问题，所以在极端情况下，军队几乎什么都吃。古代军队那些为了节省烹饪时间而发明出来的速食军粮，虽然动了很多心思，但由于口味的原因，往往只是战备存储，几乎不大可能是士兵的首选。毕竟时至今日，现代军队也是对各种方便食品充满了怨念，而更偏爱野战厨房。

怕热不怕冷：酷暑高温的特殊军事作用

大家都知道，在古代，严寒对行军作战有很大的影响。比如著名的金蒙三峰山之战，因为天气突然变冷，导致金军非战斗减员严重。除此以外，还有唐征高句丽的蛇水之战，就发生过唐军冻坏膝盖的事。其实在古代，酷暑对于战争与军事，也有着巨大的影响。

天热影响打仗的典型战例，发生在北宋攻打越南时，《宋史・卷二百九十・列传第四十九》记载："交阯李乾德陷邕管……（宋）先遣将复邕、廉；至广西，讨拔广源州，降守将刘应纪；又拔决里隘，乘胜取桄榔、门州，大战富良江，斩伪王子洪真。乾德穷蹙，奉表归命。时兵夫三十万人，冒暑涉瘴地，死者过半。至是，与贼隔一水不得进，乃班师。"在这次战争中，北宋军队开头进展顺利，收复了失地，连破越军。但是随着深入敌境，面对越南湿热的天气，来自河北、山西一带的宋军显得不适应，三十万人死者过半。宋军最终因为非战斗减员太多，不得不撤兵。

至于生活在寒凉地区的北方少数民族军队，比如契丹军队，对高温的反应就更加明显了。根据《辽史》记载，辽代后期道宗皇帝耶律洪基有在"夏捺钵"避暑、议政等的习惯："夏捺钵无常所，多在吐儿山……乃幸子河避暑……子河在吐儿山东北三百里。怀州西山有清凉殿，亦为行幸避暑之所。四月中旬，起牙帐卜吉地为纳凉所。五月末旬、六月上旬至，居五旬。与南北臣僚议国事，暇日游猎。”可见，在辽代，生活在东北地区的人也要选择避暑的地方。

关于契丹的出兵时节，《辽史》上也有明确记载：“其南伐点兵，多在幽州北千里鸳鸯泊……若帝不亲征……进以九月，退以十二月，行事次第皆如之。若春以正月，秋以九月，不命都统。”此外，辽天显十一年（936年）七月，五代后唐河东节度使石敬瑭曾遣使，乞请契丹军队南下助他灭唐立晋。辽太宗耶律德光即复书明确答复，“以俟仲秋”才能兴兵进击。从时间来看，农历九月是公历10月，此时华北地区也已经入秋了，正是清凉干爽的时候。十二月则到了大寒时节，对于华北地区是全年最冷的时候，再待下去就费力不讨好了。所以契丹人才会习惯九月进兵，十二月退兵。

对于契丹军队来说，六七月出兵不仅要面对高温，还可能面临暴雨。一旦遇到暴雨，许多武器，尤其是弓箭就不能用了。除此之外，暴雨往往还伴随着各种传染病。后来，在南宋开禧北伐过程中，宋军在围困宿州时，因为暴雨导致军营积水，内部一团混乱，最终被金军击破。

除了契丹军队，女真军队在面对南方地区的湿热时，有时也会不适应。南宋建炎南渡后，在选择统治中心的时候有临安和建康之争。临安派最终占据上风，就是考虑了女真军队难熬夏天高温的情况。生活在白山黑水寒冷地区的女真人更喜欢选择在天气凉爽的时候出兵。比如建炎三年（1129年）时，女真人就是在正月出兵，连下楚州、泗州，最后南下扬州，吓得宋高宗赶紧南下渡江。三月，女真军队掠夺一番后，就开始撤兵回淮北。

当南宋和女真人建立的金政权在淮南对峙的时候，淮南的雨季不光对女真会造成麻烦，也给南宋军队造成了麻烦。总的来说，天冷和天热都会对古代军队的行军作战造成很大影响，但是如果准备充分的话，寒冷还是好克服的，比如三峰山之战，蒙古军就准备了大量的物资来应对天寒，从而击败了金军。可是天热这事就不好办了，比如后来的忽必烈灭宋之战，元军在襄阳已经于三月投降的情况下，却因天热而一直与宋军胶着，一直到了八九月才取得了较大进展。

古代冬天打仗有多困难

在前一篇文章中，我们讲了酷暑对战争的影响，而与之相反的是，历史上，很多中原王朝其实一直在竭力避免冬天打仗。因为冬天行军自然要受到暴雪带来的行军阻碍，积雪不仅会影响士兵的行军，也会造成后勤给养运输的困难。而且很多发生在北方的战争，尤其是中原王朝与北方游牧民族的战争中，寒冷本身就是一个极大的阻碍。比如唐太宗亲征高句丽时，就因为深秋到来后唐太宗担心冬天后勤难济，从而草草退兵。除此之外，蒙古与金朝之间的大昌原之战和红巾军第一次征高丽时，金军和红巾军都是由于军队不适应寒冬而最终落败。所以，冬天对于战争可怕的影响可见一斑。

冬天的确是个大问题，但是对于古代的将领们来说，也不是说他们想不在冬天打仗就可以不用在冬天打仗。因此，解决寒冷给战争带来的影响就变成了一件非常重要的事情。

所要应对的问题，无疑就是如何保证稳定的后勤以及如何给将士们保暖。相较于后者，前者实际上要容易解决得多。唐朝征高句丽时，为了保证给养问题，曾派水师配合，一方面水路兼进，维持强力的攻势，另一方面，水师也可以用以保证陆军的给养问题。而如何寻找一种保暖性合格又产量足够的织物，才是最难的。

在明代棉花种植兴起之前，中国的传统纺织业以丝麻为主。古人大多会使用兽皮或麻布包丝絮做成的被子和衣物来御寒，但其产量相对较低，这是长期以来都难以解决的问题。在古代政府向农民征收的实物税中，丝帛一直是重要的一环，为的就是能够保证官府和军队的供应。但即便如此，想要长期在北方纬度较高的地区维持军事力量，依然是一件困难的事情，因此，中原王朝的实际控制区域，往北很少超过辽东地区。

从明代开始，由于棉花的种植被大规模推广，整个中国的纺织业也随之发生革命性变化。棉花迅速取代了丝麻，成为最重要的纺织原料。在军用的御寒物中，棉花也迅速崛起，取代了兽皮和丝絮。产量巨大的棉花，使得明清时期中国的实控范围首次大规模地向北扩张，并在清代到达了黑龙江流域。

棉花对于战争的影响，在处于小冰河期的明末战争中表现得最为明显。如今传世的明末人物画像中，相当多的人物都穿着较厚的服装，其气候的寒冷可见一斑。除此之外，明末布面甲取代了普通的札甲，其中气候的原因也不容忽视。在寒冷的天气中，暴露在外的铁片会变得更脆，因而表面有布匹覆盖的布面甲，能将铠甲的损耗率降低一些。

在大明和后金之间的战争中，冬天的严寒使战局发生了很大改变。其中最明显的莫过于后金对于觉华岛的军事打击。在柳河之战中，明军主动进攻却被后金击败，后金便开始准备进行一场大的进攻战。后金对于明军的正式攻击正是在冬天开始的。这一举动一方面是考虑到当时辽东的明军有许多来自内地，还没能适应辽东寒冷的冬天，另一方面则是考虑到明军的火炮也会因寒冷而受到影响。于是，伴随着后金的攻势，宁锦之战爆发。

当时海上结冰加之西北风大作，明军无法将宁远城北的粮食统统撤回，导致这些粮食落入后金之手。不过冬天所带来的劣势，对于宁远地区的明军来说倒还不算严重，真正惨烈的是觉华岛方向的战场。

在孙承宗掌管辽东期间，重点在觉华岛建立起了水师，目的在于使其能够和宁远城互为掎角，并且负责辽东地区的粮食中转。但是孙承宗在建设觉华岛水寨时忽略了冬季渤海沿岸的结冰问题。在宁锦之战中，后金正是利用了明军这一疏忽，通过海冰进攻觉华岛。觉华岛守军立刻凿开岛屿沿海的海冰，但是由于气候寒冷，海水很快就再次结冰。

觉华岛驻守的军队多是水师，兵力较少且不擅长陆战，于是觉华岛很快失守。岛上的7000守军以及大量当地居民和海商纷纷遭到屠戮。虽然宁远城在宁锦之战中逃过一劫，但是和宁远城互为掎角的觉华岛沦陷后，失去水师策应的明军很快就在辽东的战略上陷入了严重的被动局面。

在冬季作战，有一件常见的交通工具，就是雪橇，雪橇在我国北方的许多民族中都经常使用。在战争中，雪橇自然也用来作为后勤乃至军队行军时使用的重要交通工具。今天滑雪爱好者所使用的单人雪橇，其实最早在斯堪的纳维亚半岛就是用来作为行军工具的。

总的来说，冬季行军和作战，尤其是对于适应了温带气候却要前往北方寒冷地区作战的部队来说，是一个极具挑战性的任务。即使时至近代，仍有拿破仑征俄失败这样血淋淋的教训。冬季所带来的大量不确定因素，要求军队的指挥者们必须更加谨慎小心地处理每一个可能遇到的问题，但即便这样，仍不能保证万无一失。

古代君王为何都是围猎“发烧友”

如果提及古代的各类大型活动，尤其是涉及皇室参与的大型活动，那么围猎绝对算得上是出镜率极高的了。不过，虽说古代娱乐活动远不如现代丰富，但像围猎这种能够持续两千多年，直到清末都让皇室乐此不疲的活动，却也绝对是少数。那么围猎到底有什么魔力，能如此长盛不衰呢？

要说明围猎为何如此兴盛，就必须先理解它到底是要干什么。围猎既然带有个“围”字，那么显然这项活动肯定是一项多人运动。具体来说，围猎就是通过包围的方式，将一个地区的野兽驱赶到一处，然后再进行集中射杀。

这一过程虽然听起来并不比那种一个国王、一根长矛、一壶酒再加一头野猪的狩猎更加刺激，但是对于围猎的最高指挥者来说，像这样指挥一场大型围猎，就相当于指挥了一场“战争”。比如清代著名的“木兰秋猕”，在围猎的过程中，首先会由专门负责侦察的士兵在围猎地寻找兽群，然后由管围大臣率领骑兵将有兽群活动的区域包围，并逐渐收缩范围。当兽群最后集中到一个相当小的区域之后，再由皇帝首先射猎，接着皇子和王公大臣们根据等级依次射猎。最后，士兵再一拥而上，对兽群进行大规模猎杀。

这种有着固定流程的大规模狩猎，不仅可以锻炼士兵们的骑射能力，同时，在古代没有军校来专门培养军事人才的情况下，这种围猎无疑给那些只有理论知识的王公贵族提供了一次难得的实操指挥机会。除此之外，在像辽代的“四时巡狩”和清代的“木兰秋狝”活动中，会有大批显贵和士兵离开京城，此期间的人员调度等工作，也为君主提供了一个实际审查官员或者皇子能力的宝贵机会。

不过，要是觉得围猎的作用仅仅就这些，那也有些太过小看这一古老活动了。实际上，古代无论中原王朝还是游牧民族国家，围猎除了是一种不以人为目标的低强度而大规模的军事演习外，还具备众多政治上的功能，而这恰恰也是围猎这一活动能有如此旺盛生命力的原因。

围猎的政治作用最显著的就是作为一种“秀肌肉”的力量展示。比如《周礼》记载，周朝就将围猎（当时称之为“田狩”）纳入军礼“大田”之中，这除了能对军队和军官的指挥能力进行训练外，还能震慑各个诸侯国，以维持周天子的权威。

与中原王朝的“田狩”不同，游牧民族的围猎除了是君主“秀肌肉”的行为，更是中央政权与其他部落进行联动的重要舞台。除了少数像辽国、西夏这样的控制了城镇和农业耕地的政权以外，大部分游牧政权其实都没有完整的官僚体系。因而，他们的政权构造，大多都是以某一强大部族为纽带的部族联盟政体。在这种情况下，游牧君主想要保证自己不会成为亡国之君，除了要保证自己的武力值长盛不衰外，如何协调好各部族之间的关系也是一个重要问题。

当然，如果只是要解决日常事务，那么还可以简单地将各部首领召集到汗帐开会；但如果要进行大规模战争，则需要强化各部之间的协调性以及对于政权的认同感，那么举行围猎活动，让自己统领的各个部族共同参与其中，自然就是非常好的选择。

其实促进认同感这一行为，在清代的“木兰秋狝”中也是非常重要的一环。比如在康熙年间，康熙皇帝就以自己蒙古“博格达汗”的身份，召集蒙古各部与清军一起参与。到了乾隆年间，由于准噶尔对蒙古草原各部的影响力被极大减弱，因而“木兰秋狝”不需要再像康熙时期那样搞召集各部的大场面，但是依然要求蒙古各部的王公台吉①轮流参与。作为清朝皇室传统小弟的科尔沁部，在每次“木兰秋狝”中，都会派出士兵参与围猎。

当然，古代的围猎倒也并不乏一些流于形式的情况。除了中原王朝日趋娱乐化的田狩外，还有一些像辽代的“四时巡狩”，围猎本身虽然已经没有了游牧政权进行统合各部的需要，但是却依然有让辽代的君主们牢记自己是游牧民族子孙的用意。至于清代的“木兰秋狝”，从乾隆后期开始，形式也从大型狩猎活动日益向皇室的大规模出游靠近。

到了道光四年（1824年），因为当时清廷财政拮据，道光帝最终下令停止了“木兰秋狝”，中国流传了数千年的大规模皇家围猎，也就此画上了句号。如果这一古老活动就这样结束，也算是圆满地退出了历史舞台。然而就在咸丰十年（1860年），英法联军在八里桥大破清军，随即向北京进军，咸丰帝以“木兰秋狝”为名，仓皇逃往了承德。这次最后的“木兰秋狝”，也让围猎最终以这样一种蒙尘的结局退出了历史舞台。

① 台吉，清代对蒙古王公的爵位名号，后亦用作军衔和行政区长官的称号。

第八章　演义篇

古今多少事，
都付笑谈中

既有二郎神，大郎何在：杨戬的真实身份

提到天上的神仙，二郎神杨戬显然是知名度极高的一位。但是，为什么杨戬的称谓会是这么奇怪的“二郎神”呢？既然有“二郎”，那“大郎”又去哪儿了呢？

一般来说，神话中的神仙形象都是由不同时期多个传说人物糅合而成的，二郎神杨戬也不例外。而二郎神的最初形象，其实会令人大吃一惊。在《宝莲灯》等传说中，二郎神是哪吒的舅舅，但从其神话原型来看，二郎神其实应该是哪吒的二哥，哪吒是其三弟。

最早的二郎神是唐初出现的“独健二郎”。独健二郎是佛教密宗中毗沙门天王的次子独健，而哪吒为毗沙门的第三子。至于“大郎”，按密宗的记载，是最胜太子，也是佛教的守护神与战神，据称四面八臂，但大多数人都没有听过其名号。

唐太宗李世民在随父起兵时，曾有自称毗沙门天王的神降于府前，表示愿意襄助起兵，因此，在太宗即位后，毗沙门天王信仰在全国范围内被推广开来。作为天王的次子，独健自然也在祀位之列。不过，独健可并非一个毫无作为的“神二代”。根据传说，在大唐安西都护府受到西域联军进攻时，独健曾身披金甲，冠珠帽，执弓矢降世，喝退西域五国，因此名噪一时。唐代在很多

地方单独设立了独健二郎的寺庙。

代表佛教的独健二郎出现之后，道教也不甘示弱。其中，四川的道教门徒将灭蛟龙、除水患的赵昱改造为道教神祇。道家文献记载："赵昱字仲明，与兄冕俱隐青城山，从事道士李珏。"隋末时赵昱拜嘉州太守，由于犍为潭中有蛟龙作祟，赵昱为保百姓平安，不顾个人安危入水斗蛟，最终胜利而归。因其排行老二，故而被称为"赵二郎"。相比于独健二郎退西域联军，赵昱的杀蛟事迹对深受水害的川蜀百姓更有吸引力，因此对赵二郎的崇拜虽然基本局限于川蜀，但在民众中却更有基础。从独健与赵昱的勇武事迹来看，二者在形象上有着明显的共通性。

赵二郎在川蜀地区广泛流传不久，名气更大的李二郎又盖过了其风头，成为川蜀地区盛行的"灌口二郎神"。先秦时期，李冰在蜀地修建都江堰，造福一方。所谓的李二郎，则指的是李冰的次子二郎。

传说李二郎智勇双全，不仅擒杀蛟龙，还协助父亲李冰修建都江堰。在正史典籍中，并无关于李冰次子的记载，结合李二郎信仰在唐末五代时期才流传开来，可以看出李二郎的形象是在前述两个二郎的基础上吸收李冰的传说构造而来的。李二郎最初形象为"二郎……年正英韶，犹喜驰猎之事""其像俊雅，侍从者擎鹰牵犬"，英武的形象与前述的两位二郎如出一辙。至于为何会出现二郎的名号，可能是因为李冰曾有二郎的昵称，或者是因为"儿郎"之类的赞誉之语，之后不断演化为"二郎"。

至于杨戬为何会成为"二郎神"则有两种说法。一说是因为在宋代时，曾有宦官杨戬变蛤蟆和宦官杨戬到清源妙道二郎神庙查案的记载，后来被明清小说家将会变身的杨戬与二郎神结合起来，经过通俗文学的不断叙述，杨戬就成为正牌的"二郎神"。

另一种说法则是，在南北朝时川蜀地区曾出现氐人杨难当。杨难当为氐人，早在东汉末年，其祖先杨腾已为部落大帅，移居仇池（今甘肃武都境内），至其父杨盛、兄杨玄时，氐人之势日增，北扩地至秦州之上。在东晋、刘宋两朝，父兄二人皆赐封至王。在杨难当被立为王后，其势更张，纵横捭阖，先事刘宋，后附北魏。相比父兄，他更是野心勃勃，不以魏太武帝所封的南秦王为足，自称大秦王，“置百官具拟天朝”，又喜战伐，曾东伐梁州之汉中，南攻益州之涪城和巴西，虽一再被宋人击败，仍能退保其疆土。他算得上是氐族人中的头号英雄，在他以前的杨腾、杨盛，以后的杨大眼等皆不能与之相比。要立氐人的族神，首推这位杨家的二郎。

到了明清时期，杨难当的形象逐渐与川蜀地区其他的二郎神结合，最终出现了二郎神杨戬这一形象。从其身边常伴哮天犬，以及祭祀沿用非汉族祀礼的宰羊传统可以看出，后世的二郎神多少也有些少数民族“猎神”的影子。

在宋代，赵二郎、李二郎、独健二郎，以及小规模传播的杨难当，都在川蜀及周边地区独立传播开来。到元明清时期，这些纷乱复杂的二郎传说就成为当时小说家、剧作家的灵感来源。在元代时，就出现了《灌口二郎斩健蛟》《二郎神醉射锁魔镜》《二郎神锁齐天大圣》等诸多关于二郎神的话本，但其中的主角都是赵昱。直到后来《西游记》与《封神演义》的出现，才将二郎神杨戬的形象固定下来。

值得一提的是，二郎神杨戬为什么会选择三尖两刃刀作为其专属武器。其实从二郎神的武器上，我们也可以窥到其形象产生的复杂性。

在宋及以前的记载中，诸多二郎神的形象多为披金甲，执劲弓（或宝剑），伴猛犬。到了明清时期，无论是传说中的赵二郎还是文学作品中的杨二郎，都是手执三尖两刃刀，很明显是在宋代棹刀基础上加工而来的。同时，在宋人所画的《免胄图》中，画家将棹刀经过艺术加工画在唐军手上，增加士兵的威武之气。作为以英武出名的“二郎神”，手持三尖两刃刀，确实要比持宝剑和弓矢霸气不少。

总之，“二郎”并不代表兄弟排行，而是一系列历史话语被反复叙述和演化的结果。所以不管有没有大郎，杨戬都得是二郎神。

哪吒的火尖枪：从宋代飞火枪到明代梨花枪

国产动画电影《哪吒之魔童降世》在上映后取得了不错的票房。电影中，哪吒所使用的火尖枪给观众留下了深刻的印象。

电影中的火尖枪，其最大的外形特点当数在枪刃的后面有一个莲花状的金属物。这一外形对于古代的工艺来说难度不大，虽然会增大枪头的重量，但对于电影中这种长度明显属于短枪的火尖枪来说，额外的金属附加物能增强其攻击威力和增大其攻击范围。

比如明代的椝，在枪头的后面还会有一个类似狼牙棒的结构，这样在使用时，使用者可以更好发挥钝击的效果。当然，火尖枪在电影中基本没有出现当狼牙棒的用法。这一是因为上面的莲花状结构太小，二是火尖枪在电影中还有个更重要的作用，那就是喷火。

虽然会喷火的枪矛听起来有些魔幻，但实际上，在历史上这样的武器并非没有出现过。在明代，就有一种功能在某种程度上类似电影中火尖枪的热兵器——梨花枪。这种武器可能最早起源于宋代的一种被现代人称为“飞火枪”的武器。在《金史·蒲察官奴传》中，记载一种武器，“以敕黄纸十六重为筒，长二尺许，实以柳炭、铁滓、磁末、硫黄、砒霜之属，以绳系枪端”，其威力“临阵烧之，焰出枪前丈余”。按照《金史》的记载，这种火器最早使用于金末与蒙古人的作战中，“汴京被攻已尝得用”。考虑到外形的相似度，这种飞火枪与明代的梨花枪很有可能存在着传承关系。

伴随着明代火药武器的大量使用，梨花枪自然也不仅仅只是一个喷火筒而已，但遗憾的是，史料对于梨花枪没有详细记载，不过我们可以从《火龙经》所记载的其他类似的火器中，找到关于梨花枪的一些蛛丝马迹。比如，书中记载的一种名叫“飞天神火毒龙枪”的武器，与梨花枪类似，都是在枪柄上加装火筒。这种火器正如其长长的名字，在枪杆上加装了四倍于梨花枪的火筒，其中两个负责喷射“毒火”，另外两个则是可以发射铅弹的小型火铳。

同时，人们也不得不加强枪柄本身的强度，因此“飞天神火毒龙枪”的枪柄是用铜或铁打造，仅有一尺五寸（大约半米）的长度。这种长度，和几乎可以想象的重量，都使得这种火器明显并不适合近战。人们为了能够让“飞天神火毒龙枪”在近战时尽可能地具有威慑力，会在枪的刃部涂上一种剧毒——“虎药”。

不过即使有了其他武器的参考，却还有一个难以解决的问题，那就是梨花枪的火筒究竟是用来喷射“毒火”的还是用来发射弹丸的?

首先何为“毒火”？由于《火龙经》对此没有更加详细的描写，因此暂时还很难确定这一名词的含义。不过据推测，这个所谓“毒火”，可能是一种类似我们今天看到的烟花，也就是带有一些金属片或者有毒物质的溅射性火器。

相对于喷射铅弹的小型火铳，一个小号的烟花无疑是要轻便得多。因此，假设梨花枪仅装有一发火筒，而且主要目的是用于近战，那么这种更加轻便、后坐力又较小的配置，出现在近两米的枪上也就很合理了，这也就符合《火龙经》对于梨花枪的描述。而且相对于金代仅能喷火的飞火枪，梨花枪的杀伤范围也能大大增加。

梨花枪既然具备这些功能，那它究竟是用来干什么的呢？考虑到其前身飞火枪就是用来守城的，而在《火龙经》中，也记载了这种火器“以佐威远等砲”，那么，很有可能这种火器的作用是在攻守城时提供一种近距离的火力阻击，或者是配给负责保卫火炮阵地的士兵使用。

当然，以上都只是猜测，其实还有一种可能，那便是梨花枪本身就只是飞火枪改名之后的产物。不管怎么说，作为神话传说中的哪吒以及他所使用的火尖枪，不同人对其有不同的理解，对其有不同的展现，也是可以理解的。

《姜子牙》的背后：武王伐纣真没那么简单

继《哪吒之魔童降世》之后，动画电影《姜子牙》上映后同样收获了很高的票房与反响，但与其精良的制作相比，头重脚轻的故事剧情则招致了很大争议，其中，电影对于武王伐纣的正义性提出质疑，而这种质疑其实从古至今都很普遍。那么，商周易代的真相到底如何呢？

其实，我们从《封神演义》中就能感受到作者许仲琳的怀疑。在他笔下，助商的截教固然有很多人残忍滥杀，不是善类，但助周的阐教也道貌岸然令人恶心。书中对于纣王的描写充满了千年来的模式化抹黑，对于周文王、周武王的套路化吹捧，则不由得让人怀疑根本是反讽。由于那个时代离我们太过久远，当时真相究竟如何我们已经无从得知，但我们仍然能凭借一些吉光片羽拼凑出历史的图像。事实上，很多人自以为了解的真相，其实只是第一层。

第一层真相就是纣王不是昏君。其实在《论语》当中，子贡就说过：“纣之不善，不如是之甚也。是以君子恶居下流，天下之恶皆归焉。”显然，纣王残暴得无以复加的形象，是西周以来一代代渲染丑化的结果。甚至连毛泽东也曾评价说：“其实纣王是个很有本事、能文能武的人。他经营东南，把东夷和中原的统一巩固起来，在历史上是有功的。”第一层并不需要太多辨析，而第二层真相则是：纣非昏君，但大商当灭。

历史上，商朝没有明确的疆域边界，而是通过辐射其霸权来统治，其都城也数次迁移。愿意接受商庇护的邦国，就是“商联邦”的一员。晚商政治发展开始成熟，商王世袭朝嫡子化发展，祭祀阶层和贵族开始从政治上被排挤，小臣开始崛起，这是商亡过程中与周勾结者甚多的原因。

先商的强权是建立在征伐诸夷的基础上。春秋的攘夷概念，其实在商代就已经有雏形了。商朝的王权之强大，在于与蛮族斗争，捍卫文明，因此得到各邦尊奉。

《易经》说：“高宗伐鬼方，三年克之。”结合甲骨文，这是指商王武丁、妇好夫妇攻打河套一带的蛮族鬼方的战争。鬼方当中甚至有一些白种人群落，在商朝遗址中经常能找到白种人被献祭的骨骸。

然而这绝不是说商王的直属领地能够延伸到河套那么遥远的地区。商王是为了保护边境上的邦国而发兵征讨侵犯华夏民族的鬼方、土方等蛮族，承担天下共主的义务，捍卫华夏文明。其行军路上，所有邦国都需要提供粮食物资补给。而到了晚商，其用兵方向注重于东南而偏废西北，实质上则是商国力衰退的明证。由于贵族祭祀阶层占有越来越多的土地人口，商中央对于出兵支援周边邦国渐渐力不从心。而东夷人口不断增加，既形成了对商王畿的威胁，也使得商王能够通过征讨东夷获得奴隶，改善财政，纣王的东征战略只是继承父亲帝乙的既定国策。

由于商不再有能力出兵抵御西北方向的蛮族，边境的小邦不得不逐渐抱团，形成周这样的区域性强权。在帝乙时代周就曾经起兵反商，商不能平定，只能议和告终，甚至学界有帝乙与周人和亲的观点。《易经》中有“帝乙归妹”的记载，亦即帝乙把女儿嫁了出去，“妹”指少女，并非兄妹之“妹”。顾颉刚将之与《诗经·大明》中描写的周文王姬昌成婚之事联系起来，认为帝乙将女儿嫁给了姬昌，从而使商周联姻。

不过，也有学者对此提出了质疑，认为两者无关。《史记》就说“帝乙立，殷益衰”，而纣王才具有限，改革也并不能挽救帝国的颓势。面对新生的周，衰朽的商被取而代之是顺天应人的事情。

到这里，有人会觉得纣王无辜，大商无罪，值得同情。那让我们进入真相的第三层，回去观看那个血腥的时代。

河南郑州二里冈及其附近的遗址中，很多房基下面都发现有奴隶的尸骨，尤以小孩居多。1955年在第五文物区，发现171号坑内的奴隶双手反绑，手指、手臂和脚趾全部被砍掉，残忍至极。

商代人殉之风极盛，不仅远远超过他们为了捍卫文明而击败的那些野蛮民族，在世界范围内可能都是独一无二的。他们让奴隶殉葬时，往往斩首、断其手足，令其屈曲而埋，也有活埋的。贵族死后陪葬车马，经常拿车夫一起陪葬。那是一个足以令人吓出一身冷汗的时代，对奴隶而言可以称作人间地狱。固然，很多奴隶来自被讨伐击败的蛮夷部族，但也有很多源于商联邦内部的内战，甚至因债务、犯罪等原因导致的平民沦为奴隶。这样看来，大商亡得实在不冤。

我们就此进入更加可怕的第四层真相。《牧誓》中说：“今商王受，惟妇言是用，昏弃厥肆祀，弗答；昏弃厥遗王父母弟不迪，乃惟四方之多罪逋逃，是崇是长，是信是使，是以为大夫卿士，俾暴虐于百姓，以奸宄于商邑。今予发，惟恭行天之罚。”纣王的罪过竟然包括“昏弃厥肆祀”，也就是不认真杀人祭祀祖先！武王光伐纣就祭祀了几百人，包括他亲自动手的。战争胜利后更是祭祀了很多次，“乃夹于南门用俘，皆施佩衣衣，先馘入”“武王在祀……乃以先馘，燎于周庙”，一次就用鼎煮上百人。

当然，我们也不宜溢美纣王善待奴隶，毕竟武王伐纣一次性解放了数以万计的奴隶，远多于被他杀害的数量。事实上商后期祭祀衰退是国力削弱的结果，在纣王的祖父文丁、父亲帝乙时代杀人祭神就大为减少了，征伐所得的奴隶作为劳动力，而变得较以前更受重视。奴隶社会实在是个人命贱如草的时代。屠杀奴隶在自命代表正义的周王眼里，竟然是理所当然的事情，因为在那个时代的价值观中，奴隶本身就没有基本的生命权。

最后，让我们在感叹中进入第五层真相吧！周武王伐纣时声讨纣王不认真祭祀，但由于战争需求，他也不得不解放了大量商王拥有的奴隶。商末期对于劳动力的重视意识终究在周朝延续下来，随着周公旦作周礼，人祭人殉在周朝快速减少，历史向着文明的方向走去。到了春秋时代，秦穆公死后实行人殉导致贤士纷纷远离秦国。

而曾经祸害了商朝又投奔周朝的旧贵族祭祀阶层们，在周成王时代的三监之乱中也遭受了巨大打击，削弱这一阶层正是周朝得以享受百余年强盛的基础。然而或许是由于生产力发展使得贵族阶层扩张变得更容易的原因，周的贵族阶层膨胀速度远快于商代。到了西周末期，周厉王也像纣王一样力图改革，却因失败而蒙受污名，历史正是这样循环下去的。

我们再来谈一谈姜子牙。姜子牙名姜尚，出身东夷，曾经在纣王的宫廷中为官，后来代表东夷中的一些部族与周结盟，姜尚的女儿邑姜嫁给周武王成为王后，生下了晋国的开国君主唐叔虞。令人惊讶的是，灭商之后，更多东夷部族站在了商残余势力一边反对周朝。周公旦平定三监之乱后就发动二次东征，平定了许多东夷部族。而姜尚则从武王时代开始就在东夷地区获得了更多领地，成为齐国先祖，齐国成为周王朝插入东夷地区的一根强力楔子，并在讨伐东夷各部的过程中继续发展壮大，最终成为东周强国。

很显然，东夷各部并非铁板一块，且在晚商几代君主的讨伐中进一步被分化，形成亲商派系。姜尚无疑是出身亲商派系才可能被纣王所任用，其选择助周仅能代表少数几个东夷部族的立场转变。

那么，应当如何客观评价纣王这个亡国之君呢？

固然，宠信妲己只是商朝历代女性干政的传统（参考武丁与妇好），嗜酒、喜好奢华也是商朝历代的作风。但纣王的作为也不宜高估，因为他的很多改革举措在其祖父与父亲时代就已经开始。商朝末期，虽然残忍的杀人祭神减少，但似乎也丢掉了祖先的尚武风气，商王亲征越来越少。纣王虽然有勇武之名，但可能极少甚至从未亲自征讨过外敌，难以通过强大的军功提高威慑力，最后困死朝歌。显然，比起另一位亡国之君夫差，纣王能力差得太远了。他没能力解决商朝末年的危局，反而让国内矛盾在他的统治下越发激化，亡国也就丝毫不奇怪了。

人中吕布：“勇而无计”的三国第一武将

众所周知，《三国演义》作为一部小说，书中所描写的三国时代，与历史上真实的三国是有区别的。不过由于小说中对武将战斗力的夸张描写过于深入人心，如今很多文章为了吸人眼球，直接将《三国演义》里一些高战斗力角色贬得一文不值。

最典型的就是吕布。在《三国演义》中他是战力巅峰，而当今一些人却说他不过是丁原手下的一个主簿，一个“秘书”的战斗力不会有多强。那么吕布的战斗力究竟如何呢?

首先，吕布在史书上出场时的确是个主簿，但他是怎么当上丁原的主簿的呢？先介绍一下丁原。受到《三国演义》电视剧影响，很多人印象里的丁原，大致都是那个被吕布一剑“秒杀”的文绉绉老头儿，但其实，历史上的丁原也是个能征善战的武将。他手下除了有吕布，还有后来威震逍遥津的张辽等猛将。而吕布之所以能够跻身这个从上到下武力值爆表的武斗派集团，也正是依靠他“以骁武给并州”的战斗力。而且别小看主簿这个官，虽然主簿听起来似乎是个职位不高的小文官，但实际上，当时主簿是大臣的幕僚之长，换言之，吕布依仗自己的一身武艺，一举成为丁原最重要的亲信。

除此之外，在《三国志》中有不少描述吕布武艺高超的记载。比如在投靠董卓后，吕布“便弓马，膂力过人，号为飞将”，董卓也因为吕布的武艺而“行止常以布自卫”。吕布的实际战绩其实也不少，比如早年在南县担任吏时，便“有警急，追寇虏，辄在其前”；之后在“文和乱武”时，吕布更是在与郭汜单挑中“以矛刺中汜，汜后骑遂前救汜”。此外，吕布“不好斗而好解斗”的名场面——辕门射戟，更是显示出了高超的箭法。

总的来说，吕布的个人战力虽然并不像《三国演义》中所描述的那样所向无敌，但也绝对配得上那句“马中赤兔，人中吕布”的赞誉。不过作为一方诸侯，光自己能打显然不够，吕布作为将领的水平又如何呢？

关于这个问题，后来陈登给吕布的评价——“布勇而无计”，其实就是对吕布为将水平的最好诠释。董卓死后，吕布虽然短暂接管了董卓的部分军队，但随后，在李傕、郭汜两将为了争夺权力而引发的“文和乱武”中，他所掌控的董卓旧部很快就损失殆尽，最后只能是“将数百骑出武关”，前去投靠袁术。

换言之，吕布虽然有诛杀董卓这个高调开局，但是他真正开始角逐汉末群雄，却是以一个低位开始进行的。从关中出逃后，吕布先后投奔了袁术、袁绍、张杨和张邈。虽然这期间也有像张辽等猛将一直跟随吕布，但是考虑到吕布在张杨处，为了保命甚至不得不说出“卿杀布，于卿弱。不如卖布，可极得汜、傕爵宠”这种话，可以想见，当时颠沛流离的吕布，过得绝对不比后来的刘备好。

那么关键的问题来了，既然吕布前期混得这么惨，那他究竟是怎么翻身的呢？这就要说说吕布短暂生命中最后一个贵人——陈宫。与《三国演义》中所描述的不同，陈宫其实一开始是曹操帐下的武将。在曹操进攻徐州时，驻守在曹操根据地兖州的陈宫，投靠了吕布当时的上司张邈，并和其他几个守将一起迎接吕布占据兖州。

陈宫此举究竟出于什么心态，这里不做分析。不过可以肯定的是，在后来接手徐州之前，吕布的军队主力正是陈宫等人带来的原曹操驻守兖州的守军。此后，吕布击败张飞，夺取徐州，又进一步吞并了刘备和原陶谦的大批部队。也就是说，巅峰时期的吕布，部队中有张辽等少数一直跟随自己的嫡系，也有像高顺这样来路不明、疑似是吕布在袁绍帐下时招募的部队，更多的则是收编自兖州和徐州的部队。换言之，吕布后来在与曹操争夺徐州时，所带领的是一支东拼西凑的部队。

当然，收编其他武装部队为己所用，这本身也是汉末三国时期各路诸侯的必修课，但吕布在这一点上做得非常一般，己方内部的叛乱行为屡禁不止，手下两位堪称股肱的大将陈宫和高顺之间也有非常尖锐的矛盾。可以说，在吕布集团后期关于如何应对曹操进攻的决策上，这一点带来了非常巨大的负面影响。

说回吕布作为将领的问题，如果只是单纯作为一员战将，吕布的确有很强的能力，否则也不会连袁绍和曹操都对他感到忌惮。但如果要再往上一步，让吕布作为一方诸侯，其能力就要打折扣了，毕竟他“无谋而多猜忌，不能制御其党”，加之人际关系的处理方面，又搞得手下“诸将各异意自疑”。要不是当时军阀之间正处于混乱的攻伐状态，以吕布的水准，只怕覆灭得更快。

最后，还有个按理说不是问题的问题，那就是吕布的民族问题。有不少人认为，吕布老家在今内蒙古，加之他又擅长骑射，因此他是匈奴人。实则不然。从东汉到隋唐时代，社会风气都非常看重出身。如果是在南北朝那样战乱不断的时代，想要伪造出身要简单很多，但是吕布生活在汉末，当时才刚由统一王朝进入战乱时期，其早年经历和家世是很难作假的。

陈寿在写《三国志》时，对于一些少数民族出身的人物其实都有明确记述，如孙权的母亲吴夫人，在《三国志》中就明确记载是“吴人”，而在董卓的女婿牛辅帐下，也有“支胡人赤儿”①。可见，《三国志》本身并不讳言所

① 即所谓“胡赤儿”，当为“支胡人赤儿”之误，“支胡”为“月支胡”之简写。

记者的“异族”身份，如果吕布真的是匈奴人，陈寿又何必冒着砸自己名声的风险，给一个自己评价不高的人物编造寒门出身呢?

况且，在古代，骑射技艺本身就是衡量一个将领能不能打的重要指标，并非只有少数民族才擅长骑射。因此，没有足够的证据能表明吕布是匈奴人。

吕布辕门射戟难度有多高：一箭射出奥运冠军水平

前文我们讲了吕布，而吕布的最高光时刻无疑是辕门射戟。吕布这一箭，令当时的关羽、张飞、纪灵等人都大惊称赞，后世也不乏文人赋诗赞美，但这一箭具体厉害在哪儿，我们现代人却无法体会。

射箭，第一看准确度，第二看射击距离。辕门射戟准确度自不必言，一箭中的，但其距离到底有多远，史书却没有记载，因此一直没有定论。虽然史书没有记载吕布辕门射戟的距离，却记录了吕布的兵力。这使得我们完全可以根据吕布的兵力推算出吕布射戟的大概距离。我们从史料中得到的信息是，吕布带步兵1000、骑兵200前来调停，于沛西南一里安屯。吕布下营后请刘备、纪灵等共饮食，宾主双方聚在一起吃吃喝喝。这说明大家位置在中军帐内。在营门举戟，即中军帐至营门的距离。

把这些点提出来，我们就可以进行推算了。吕布所处的时代是东汉末年，承汉制，军队的编制基本为：5人为伍，10人为什，50人为队，100人为屯，500人为曲，1000人为部。

这种部队编制一直传承下来，到了宋代，宋人在《武经总要》归结了下营之法："今采诸家之法，著于篇云。凡置营，先计人数，列营几重，配地多少。随师众寡，一人一步。使队间容队，宁使剩队，不得少队。""每队幕五口。若在贼境，地狭，则四步下幕；若地土广阔，不在贼境，则五步下营。"

由此可知，50人为一队，一队有5个帐篷，那么就是10个人一个帐篷，间隔5步一个。而距营栅必然还有一定距离，我们也按5步算。1000人可以编为10×10的方阵。一个帐篷至少能躺下10个人，我们姑且算作6步见方。那么从中军到营门，大抵在60步的距离。

古代一只脚迈出叫跬，两只脚各迈一次叫步。虽然古尺有差别，但是步的尺寸基本都在1.5米左右，由此推算吕布辕门射戟的最小距离，至少在90米。但古代军队等级森严，并不都是以10人为一个帐篷，《武经总要》里也有记载，即军校等下级军官是5人一个帐篷，中级军官一人一个大帐篷还要带几个小帐篷。如果加上这些的话，吕布辕门射戟的距离估计要在百米开外。

据明代《兵法心要》里提到的数据，“阵有一千九十三人、七分五铢，守地一千七百五十尺”，就是一营1093人，和吕布所带军马的人数相去不远，1750尺按明尺是570米，这个数据应该是营地的周长，那么以圆周率算来，直径180米，半径则是90米，与此前推算的90米是一致的。

为方便理解，我们可以带入现代奥林匹克运动会的射箭项目来对比一下。现代奥林匹克的射箭距离是70米。其使用的箭靶直径122厘米，以五个色环排列，细分为10个同心圆，中心圆直径在12.2厘米。而汉代戟的形制如下：“内长四寸半，胡长六寸，援长七寸半。”汉代一寸为2.41厘米，戟的小支就是援，长援在18厘米左右，短援在12厘米左右，与比赛用的靶子差不多，但却是横条。现代比赛用的弓、箭均是现代最新科技的成果，具有良好的性能。弓上可安装瞄准器、稳定器、飞行防震器，箭的材质也相应恒定制式化。但就算是这样的高科技产品，也无法完全消除箭在射出后的抖动所导致的散布①，影响精确度。在汉代的工艺水平下，吕布所用弓箭的精确度如何，也就可想而知了。

因此，考虑到吕布辕门射戟时的距离，以及当时装备的精度，他却有十足的把握能一箭中的。可以说，吕布这一箭，绝对射出了奥运会冠军的水平！

---

① 散布：射击及射箭术语。

演义小说中的武将单挑真能决定战争胜负吗？

在以《三国演义》为代表的古典历史演义小说中，往往都会有“武将单挑”这样的关键性情节。这种单挑的正式名称叫“斗将”，在小说中，斗将的结果往往能够左右整个战局的胜负。那么中国古代的战争中真的有像小说那样的斗将吗？

斗将在历史上确实是存在的。比如在楚汉争霸时期，项羽就曾经在阵前叫阵，要求刘邦出来与自己单挑。除此之外，项羽还曾经多次率领精锐的小部队，与汉将进行斗将对决。到了南北朝及之后的隋唐时期，将领带领小部队进行斗将的风气日渐兴盛，很多大名鼎鼎的将领，诸如尉迟恭、秦琼，甚至唐太宗李世民，也都极为享受冲锋一线与敌将对决的快感。有的斗将过程尤为激烈，精彩程度堪比小说。比如五代时期，桀燕皇帝刘守光手下的单廷珪、元行钦和后唐名将夏鲁奇之间，就发生了一场精彩的斗将。史书记载：“乾化二年（912年）正月，夏鲁奇从周德威攻刘守光于幽州。守光将单廷珪、元行钦以骁勇自负，鲁奇每与二将斗，辄不能解，两军皆释兵而观之。”

直到宋代，斗将依然很频繁。《宋史》记载了几则宋军的斗将事件。《郭遵传》记载：“夏兵来寇，阵出骁将杨言[①]当遵，遵挥铁杵破其脑。”《王珪

① 杨言，通“扬言”

传》记载：“夏军有骁将，持白帜植枪骂曰：‘谁敢与吾敌者！’枪直伤珪右臂，珪左手以铁杵碎其脑。又一将以枪进，珪挟其枪，以杵击杀之。”金军也是斗将的强烈爱好者，《毕再遇传》记载灵璧之战中，“金将有持双铁简跃马而前，再遇以左刀格其简，右刀斫其胁，金将堕马死”。

正所谓艺术来自生活，明代描写战争的小说中，最具影响力的《三国演义》和《水浒传》都是成书于元末明初，作者所参考的自然也是元明易代时期的战争场景。这个时期的斗将，值得好好说说。

当时，无论是明军还是元军，都是以大军团作战的模式战斗。然而在这种情况下，充满个人英雄主义色彩的单骑斗将却常常发生。其中最威名远扬的，自然要数名将常遇春。《明史纪事本末》中就记载了一次常遇春的光辉事迹：“徐达率大军自虎牢关进至河南塔儿湾，元将脱目帖木儿以兵五万迎战，列阵于洛水之北。我军既成列，常遇春单骑执弓矢冲入其阵，敌发二十骑攒槊刺遇春。遇春发一矢，毙其前锋，大呼杀入。”在当时的语境中，“槊”指的是将领所使用的长枪，因此如果记录无误，常遇春便是遭到了二十多名元军将领的围攻，却依然凭借自身高超的武艺，将元军将领们击退。

常遇春这种惊险的事迹自然不止一次，在鄱阳湖水战中，他也有极为惊险的经历。《明史》中记载：“友谅骁将张定边直犯太祖舟，舟胶于浅，几殆。遇春射中定边……”不过，常遇春作为高级将领，频频参与斗将，也确实极为危险，以至于朱元璋不得不亲自劝说他谨慎行事：“当百万之众，勇敢先登，摧锋陷阵，所向披靡，莫如副将军遇春。然吾不患遇春不能战，但患其轻敌耳，吾前在武昌，亲见遇春，才遇数骑挑战，即轻身赴之，彼陈氏如张定边者，何足称数，尚据城指挥，遇春为大将，顾与小校争能，甚非所望，切宜戒之。”《明实录》中这段劝说，虽然朱元璋是在否定常遇春的斗将行为，但同时却也对他的高超武艺给予了很高的评价。

当然，喜好斗将的不是只有常遇春一人，明代另一位名将傅友德直接上演过一出斗将的好戏。《明史纪事本末》记载道："李贰遣裨将韩乙盛兵迎战，友德跃马奋槊，刺韩乙坠马，败去。"至于元军方面对于斗将的兴趣也一点不输明人。《元史》中记载道："王禅自上都兴兵至榆河，燕帖木儿御之。阿刺帖木儿以戈刺燕帖木儿，将及，燕帖木儿侧身，以刀格其戈，斫之中臂。"除此之外，在《庭闻述略》中也记载道："也先入寇时，有一骑搴旗，一骑挟弓矢，将薄城中。石彪出城，一斧砍落其首。"

斗将，虽然并不像演义小说作者们所写的那样，能完完全全决定着战争的胜败，但在古代战争中也确实是存在的。那么古人为何热衷于斗将呢?

南北朝和隋唐时期，将领往往会率领小部队进行突击活动；而五代十国的斗将，都是为了振奋军队的士气。尤其是在宋与西夏的战争以及后来的宋金对峙中，双方常常都会进行长时间的拉锯战。在这种情况下，斗将获胜往往能够极大地振奋士气，有利于保持整支军队的战斗力。

明初的斗将活动则又有一些区别。明初的军队结构上，往往是以步兵作为主力对抗来去如风的元朝骑兵，在这种情况下，明军将领主动出击与元军进行"斗将"，其实也可以认为是一种在缺乏突击力量的困窘下，为应对元军袭击而被迫采取的策略。加之蒙古人本身也有斗将的喜好，斗将事件频出也就不难理解了。

当然，斗将这一行为，不管怎么说，都蕴含有一种强烈的冷兵器时代的情怀在其中，随着火器的发展，斗将行为最终消亡。后来郑成功在荷兰军阵面前炫耀自己的弓术，并要求荷兰人与其斗将时，荷兰人却只报以嘲讽，实际上也表明了"斗将时代"已经彻底过去。

大意失荆州？关二爷：这都是阴谋

在中国历史上，要说哪位名将在民间的知名度最广，或者最为大众所认同，那一定要数大名鼎鼎的武财神——关羽。不过，历史上的关羽，虽然有着“威震华夏”的赫赫战功，但同时却也有着“败走麦城”的暗淡收场。“大意失荆州”，也是民间一直流传的俗语。那么，这位盖世名将究竟为何会丢掉荆州呢?

三国时代说的荆州，并不是现代湖北省的荆州市，而是指汉代十三州之一的荆州，范围主要是在今天湖北和湖南一带。而今天的荆州市，则是当时荆州的治所江陵城。不过，在吕蒙“白衣渡江”前，关羽所控制的并非整个荆州。根据建安二十年（215年）孙刘“湘水之盟”的约定，当时荆州的南郡、零陵郡、武陵郡三郡归刘备，也就是在关羽治下；而江夏、长沙、桂阳三郡归孙权，而诸葛亮曾经隐居的南阳郡，则是在曹操的控制之下。

建安二十年，刘备拿下益州。同年，吕蒙奉孙权命令率军进攻长沙、桂阳、零陵三郡，其中长沙、桂阳二郡，直接是“蒙移书二郡，望风归服”。在此情况下，刘备“自还公安，遣羽争三郡”，换言之，已经做好了与孙权全面开战的准备。但是此时曹操拿下汉中，为了防止曹操继续南下益州，刘备只得与孙权划定“湘水之盟”，返回益州备战。之后，建安二十二年（217年），汉中之战爆发，同年，鲁肃病死，吕蒙接替鲁肃军务，为夺取关羽镇守的湘水以西三郡，他与关羽交好以待时机。

建安二十四年（219年）五月，曹操率军撤离汉中，汉中之战结束，同年刘备“拜羽为前将军，假节钺”，之后关羽率领荆州军队北伐，襄樊之战爆发。秋天，汉水泛滥，关羽趁机“水淹七军”，击败于禁。同年，曹操派人到孙权处“劝权蹑其后，许割江南以封权”，孙权的反应则是先派人到关羽处“为子索羽女”，但是关羽反对婚事，并辱骂来使，随后便是吕蒙诈病后“白衣渡江”。关羽回军时，发现后方已经被吕蒙拿下，最后败走麦城。

重新梳理过时间线后，我们其实可以发现两个重要问题：首先是刘备方面，关羽发动襄樊之战，绝对不是所谓作战意图不明，或是关羽独断专行，而应该是经过长期准备后，在刘备授意下承接汉中之战的连续性北伐，故而刘备在称汉中王后，便“拜羽为前将军，假节钺”，而关羽也能够在同年就发动如此大规模的北伐。

其次，孙权一方，包括孙权和接替鲁肃军务的吕蒙，实际上都一直在觊觎关羽镇守的荆州。

换言之，如果从宏观角度来看，关羽所谓的“大意失荆州”，严格来说应该是整个刘备集团对于孙权集团的威胁认知不足，过于专注对曹操集团的打击，最后导致荆南三郡的失守。不过具体而言，关羽究竟是因为自大，还是像有人所猜测的那样，是因为手下早就与孙权集团密谋，才最终丢掉荆州呢?

这个问题牵扯到四个重要人物，分别是以“白衣渡江”一战成名的吕蒙，原本驻守江陵的麋芳，驻守公安的士仁，以及劝降麋芳、士仁的虞翻。《三国志·关羽传》中，对于相关问题记载如下：“又南郡太守麋芳在江陵，将军傅士仁屯公安，素皆嫌羽自轻己。羽之出军，芳、仁供给军资不悉相救。羽言‘还当治之’，芳、仁咸怀惧不安。于是权阴诱芳、仁，芳、仁使人迎权。”

如果只看《三国志·关羽传》，那么很容易得出结论，麋芳、士仁的投降是因为这两人长期遭到关羽的蔑视，最后在关羽的一句“还当治之”的威胁下，干脆投降了孙权。但这个说法本身有很多问题。

士仁暂且不论，麋芳何许人也？他和他哥哥麋竺乃是徐州世代豪族，在陶谦病死后，正是他哥哥麋竺迎刘备入主徐州，在刘备被吕布击败，面临全盘崩溃时，麋竺不仅将全部家产给予刘备渡过难关，还把自己妹妹嫁给了刘备，这之后麋竺、麋芳两人便一直跟随刘备集团。有这样的背景，别说麋芳只是“供给军资不悉相救”，恐怕就算真的私通东吴，想要杀他，也需要刘备点头。

况且历史上关羽并没有一路护嫂“过五关斩六将”，麋芳的妹妹麋夫人在关羽被曹操擒获之后就再无记录。以关羽的性格，对麋家可能怀有一种愧疚感，单从这一层看，恐怕关羽就不会真的重罚麋芳。

至于所谓的麋芳、士仁倒卖军械物资怕被发现之类，其实也说不通，《三国志・吕蒙传》中引用《吴录》道：“初，南郡城中失火，颇焚烧军器。羽以责芳，芳内畏惧，权闻而诱之，芳潜相和。”由此记录来看，这件事与率先投降的士仁没有关系，而且麋芳如果真的倒卖军械，勾结东吴，孙权就不会是后知后觉的“闻而诱之”了。因此，这可能只是一个单纯的意外。当然，以此为开端，麋芳可能和孙权势力有了一些私下接触，但是远没有达到叛变的程度。

既然麋芳、士仁两人投降不是因为畏惧关羽的责罚，那是因为什么呢？要分析这点，就需要以这两人的视角来看问题。根据《三国志・吕蒙传》引用《吴书》的内容，吕蒙部队扮成商人“白衣渡江”，一路拔掉关羽布置的“江边屯候”，到达南郡。随后，吕蒙手下的谋士虞翻要求与士仁见面，在被其拒绝后，写信给士仁。这封信中有一句非常重要：“大军之行，斥候不及施，烽火不及举，此非天命，必有内应。”

根据《吴书》上的记载，从当时士仁对于一开始“不肯相见”和得书后“流涕而降”的反应来看，再结合虞翻信中对于士仁的威胁性的话语，基本可以排除士仁是有预谋的投降。不过虞翻的书信之所以能让士仁“流涕而降”，其实也正是直击当时士仁心中忧虑。从士仁在公安城中的视角来看，明明自己的上司沿着湘江布置了大量屯候，但是吕蒙竟能够神兵天降般杀到公安城下。湘江沿岸究竟发生了什么，吕蒙此番带来了多少部队，城内的士仁完全是两眼一抹黑。敌军已经兵临城下，士仁没有机会收集情报，也无法与江陵的麋芳或樊城前线的关羽取得联系。

这时，我们再来看虞翻信中“此非天命，必有内应”这句，其诱导性就很明确了，那便是利用信息的不对等，让士仁怀疑吕蒙已经买通了包括公安城在内的各地守军，最终让士仁陷入慌乱，悲观地选择了放弃抵抗。随后，吕蒙到达麋芳驻守的江陵，直接“以仁示之”，麋芳“遂降”。虽然史书没有记载麋芳当时的心态，但他很可能和士仁一样，处于混乱状态，当他看到在吕蒙军中的士仁时，更是对当时的局势产生误判，最后只好选择投降保命。

由此观之，虽说关羽可能内心确实瞧不上东边的孙权，但在军事部署上却没有小觑对方。毕竟，既然士仁和麋芳通敌的情况并不成立，关羽在相信吕蒙确实已经病倒的情况下，也只是“稍撤兵以赴樊”，还是留给后方足够的兵力。之后在襄樊之战中，在徐晃救援樊城之后，关羽发现一时无法获胜更是干脆撤军，可以说，他始终没忘记对孙权方保持警惕。至于说关羽为什么要安排能力不强、缺乏对局势判断能力的士仁、麋芳之类在后方，而没有安排更有能力的将领，只能说人才的匮乏本身就是刘备集团的一个无法解决的难题，这一点倒也不能太苛责关羽。

把水泊梁山杀得七零八落的方腊军队有多强

提到方腊，看过《水浒传》的读者应该都对他印象深刻。水泊梁山一百单八将屡次击败大宋官军以及辽军，亦能迅速搞定王庆和田虎造反，却在征江南方腊时损兵折将，被杀得七零八落。金庸小说《倚天屠龙记》里则把方腊描述成明教教主，一代武林高手。那么，历史上的方腊造反到底是怎么回事？方腊真的有小说里那么厉害吗？

首先，方腊造反这件事，纯粹是被宋徽宗给逼出来的。这个文艺皇帝喜欢搜集奇花异草与奇石，却又不愿意为此掏钱。这样一来，在贪官污吏的加码下，老百姓自然就活不下去了。而且，北宋的军费，以及首都每年所消耗的六百万石粮食，也都来自江南。田赋和油钱银本就沉重，如今又加上杭州“造作局”和苏州“应奉局”等机构的压榨，逼得老百姓只有造反一条路了。方腊也就是在这时登上了历史舞台。

方腊的出身目前不详，有说他是开漆园的，也有说他只是个帮工。但不管其出身如何，他都有着很好的战略眼光。按《容斋逸史》的记载，方腊曾说：“我以计縻之，延滞一两月，江南列郡可一鼓下也。朝廷得报，亦未能决策发兵，计其迁延集议，亦须月余；调习兵食，非半年不可，是我起兵已首尾期月矣。此时当已大定，无足虑也。”可见，方腊深知江东一带对北宋的重要性。

而且他的计划是切断或者延缓北宋当地官员与北方的联系，等宋廷反应过来和制定镇压方案时，长江以南已经被他占领；等宋廷做好镇压的准备工作时，他已经安排好了长江防线。

宣和二年（1120年）十月初九，方腊在青溪起义。十一月二十二日，方腊军于青溪县息坑（今浙江淳安西）全歼两浙路常驻官军五千人，杀死兵马都监察颜坦；随后，取青溪县，俘获县尉翁开；十二月初，攻克睦州，占据寿昌、分水、桐庐、遂安等县；不久，向西攻下歙州，全歼东南第三将“病关索”郭师中部，东进攻克富阳、新城；十二月二十九日，起义军攻入杭州。也就是说，方腊只用不到三个月的时间就攻下了大半个今天的浙江省，其攻势不可谓不猛烈。看起来方腊军确实有两下子。

同时，当地豪强也纷纷响应。比如苏州的石生，湖州归安县的陆行儿，婺州兰溪县灵山的朱言、吴邦，永康县方岩山的陈十四，处州缙云县的霍成富、陈箍桶等都起兵造反。

可方腊其实低估了宋军的反应时间，在他按计划完全占领长江南岸之前，宋军就已经出动了。宣和三年（1121年）正月，宋徽宗调集京畿禁军和陕西六路藩汉兵共十五万，南下镇压起义。童贯、谭稹分兵两路，由王禀、刘镇等分别率领，向江南进军。

到了二月，宋军就攻克杭州。三月初，义军反攻杭州，不胜。宋军杨可世、刘镇部攻陷歙州，王禀部攻陷睦州。四月初二，义军衢州失守，郑魔王被俘。十七日，婺州失陷。十九日，王禀部攻陷青溪县。最后，方腊带领义军退守帮源峒。二十四日，宋军发动总攻，方腊等三十多人被俘，解往汴京，八月二十四日被杀。

此后，义军残部仍在坚持斗争，但也是屡战屡败。到了宣和四年（1122年）三月，起义完全被宋军镇压下去。整个方腊起义历时一年零五个月，但若以方腊被俘来算，只有短短六个月。

那么，为何方腊起义一开始声势浩大，短短几个月的时间里就打下了大片地区，但而后又迅速败亡了呢?

首先是宋军方面。自宋太宗灭北汉以来，内地由于没有战争威胁，军队很少进行军事训练，尤其是南方地区，军事训练情况实在不容乐观。南方士兵除了训练不足，兵力也很少。拿两浙来说，史料记载，徽宗政和三年（1113年）时，“两浙本路见管禁军二万四千余人”，而之前的神宗熙宁年间，当地兵力更少，只有四千多人。

而在方腊起义之前，作为两浙中心的杭州，其驻军在政和年间由原来的五个指挥裁成三个指挥，裁掉将近一千人。即使方腊起义后当地增加了驻军，也不过六千人，靖康元年（1126年）北上勤王能调集的也不过两千人。虽然北宋除了禁军，还有厢军和土军弓手等，但是这两者一个类似杂役，一个类似保安队，战斗力根本指望不上。

另外，宋代城墙尤其是南方城墙普遍低矮，建康府城墙高度只有六米，包括杭州城在内的大多地区城墙只有三米多高，并且城墙也薄，普通的木梯就能轻松爬上去。

士兵没战斗力，人数又不足，城防还不给力，这也就不难理解方腊之前为何能势如破竹了。其实别说方腊，由于南方兵力过于空虚，熙宁八年（1075年），越南李朝都曾打进过两广。

再说方腊军。方腊军的兵源多是不堪压迫和裹挟过来的平民。因为当地饱受剥削与压迫，人口又众多，起义军最多时发展到几十万之众。但“众有几十万”，不代表几十万人都是战斗人员。而且，江南缺少兵器工匠，宋朝对民间武器又限制厉害。起义军常见的武器多为朴刀、拉力弱的弓，以及梭镖等非制式军械。至于甲胄，历来被严管，更是想都不要想。虽然起义军肯定也缴获有当地驻军的武器装备，但当地本来驻军就不多，就算装备全部缴获也没多少。方腊本人又不是行伍出身，缺乏作战经验。这样的起义军在面对长期和西夏作战的西北藩汉兵时，其结果自然不言而喻。

况且，城防不利也成为双刃剑。起义军因为城防薄弱，可以靠人数优势迅速拿下杭州，宋军却也可以依仗质量和数量的双重优势，更快速地夺回杭州。

所以，《水浒传》的那种盔明甲亮、器械精良、特别有战斗力的方腊军在历史上其实是不存在的，宋军击败这种起义军也不是什么大问题。相反，让战斗力如此薄弱的起义军快速席卷江南，反而暴露了北宋军事方面的严重问题。

梁山好汉的武功排名主要看兵器

《水浒传》中的梁山一百单八将，性格与经历各有不同，而好汉们使用的武器也是各有千秋。然而，其中很多武器虽然花哨好看，但从实战的角度和小说情节来看，似乎武器花哨程度与实际的武功高低并不相称，用花哨武器的好汉，死亡率反而比较高。

一百单八将中，武功居于第一档的大概包括玉麒麟卢俊义和五虎将大刀关胜、豹子头林冲、双鞭呼延灼、霹雳火秦明、双枪将董平，以及青面兽杨志、花和尚鲁智深、病尉迟孙立等人。而这些一流将领，所用武器大多与北宋时军队主流武器相符。据《续资治通鉴长编》记载，北宋军队最常用的武器大多是枪、刀、锏、鞭、杵、棒、斧等。宋仁宗时，西夏屡屡为患西北，韩琦、范仲淹主持西军，为了提高军队战斗力经常挑选武艺过人的士兵作为将官，其标准即是“马上使刀、枪、槊、铁鞭、铁锏、棍棒勇力过人者”。

双枪属短兵器一类，据《中华兵械图考》，双枪与双棍使法相近，使用时两手须配合得十分精巧，一枪在前则另一枪必在后，一枪在上则另一枪必在下。双枪的优点是攻击点比单枪多，威胁大，缺点是单手使枪力道减弱，不如单枪击刺杀伤力大。宋时长兵器以枪为主，长柄大刀次之。董平这种双枪手在宋军中有可能存在，但属于极少数。董平所用武器和其个人作风十分匹配，花哨而不实用。因此在第一档武将中，实力短板比较明显，虽然经常冲头阵，但实战表现其实一般。征方腊时，董平在独松关左臂受伤，战斗力登时暴跌，被武艺一般的方腊将领张韬杀死。

第二档武将，以骑将而论，小李广花荣（不考虑其弓射能力）、金枪手徐宁、急先锋索超、没羽箭张清、美髯公朱仝、九纹龙史进、没遮拦穆弘等人在一个水平线上。这七位最弱者当属没羽箭张清。

由于《水浒传》描写张清飞石伤人的情节太过精彩，有些读者可能会误以为张清主用兵器即是飞石，实则大谬。张清的主用武器是长枪，飞石只是辅助武器。飞石形状类似鹅卵石，重大概400克，不到一市斤，刚好适于手投。其投掷后飞行距离大概30米，而有效杀伤范围也只10米左右。张清飞石固然打得十分精准，但可惜华而不实，击中人体后无法致死，连重伤也很难，最多只能暂时迟滞敌方冲击速度，这与弓弩能直接毙敌的威力不可相提并论。

金枪手徐宁也是花哨型的选手。他主用武器是钩镰枪，《水浒传》将钩镰枪描写成专克连环马的技术性兵器，使用起来比较难，林冲身为八十万禁军枪棒教头，也不懂钩镰枪技术，以至于梁山为破呼延灼连环马，只能去请徐宁。武艺不同于古董，如果流传不广，只有少数人掌握，则说明它的实用性不强。究其原因，大概在于钩镰枪形制古怪，重技巧而不重力道，这与兵器推崇一击杀伤的原则背道而驰。徐宁教给梁山的九路马军使法和三十六路步军使法，无论大军厮杀还是单兵作战，杀伤力都不够强。梁山征方腊时，徐宁历次出阵，只杀死过一个吕师囊，而此人是个不善武艺的文官，可见徐宁水平其实不高。

第三档武将，诸如镇三山黄信、赛仁贵郭盛、小温侯吕方、摩云金翅欧鹏、锦毛虎燕顺等，其中武器最花哨的无疑是吕方、郭盛。二人主用兵器是画戟。画戟的原型是宋代的武器戟刀，不同的是戟刀一面有月牙弯刃，而画戟是两面均有刃。《水浒传》为了增加方天画戟的酷炫程度，还特意让吕方、郭盛的画戟系上了豹尾，即戟杆靠近刃端的丝绦，舞动起来华美帅气。然而这种造型帅是帅，厮杀时却更不方便了。

吕方、郭盛出场比武时，画戟上的豹尾就缠在一起，拽不动撕不开。后来攻打曾头市，吕方、郭盛双战曾涂，曾涂一眼看出画戟豹尾容易缠绕，用枪把两人的豹尾搅到一起，二人武功立时“卡顿”，差点儿就命丧曾涂枪下。宋江之所以用吕方、郭盛做中军将领，大概只是看中二将人物漂亮、武器亮眼，用来装点门面罢了。

其余的骑将中，如使飞枪（标枪）的花项虎龚旺、使飞叉的中箭虎丁得孙，这两位武功路数颇似蜜蜂，用枪和叉交战打不过别人，便把武器掷出去伤人，只求一击能中，击不中就束手就缚。这种路数在对付武艺精熟的骑将时几乎没有作用。故而龚、丁二人在小说中存在感极低，征方腊时几乎没有单独表现的机会。

使双刀的武将则几乎全部表现不佳。一丈青扈三娘使双刀十回合打败矮脚虎王英，看起来似乎挺吓人，结果在呼延灼手下，十回合刀就被打飞；与林冲正面交手，十回合被生擒。

铁笛仙马麟刚出场时用的是大滚刀，不过后来出军作战，又改用了双刀，大概是作者为了让马麟与扈三娘双刀对双刀。这位好汉武艺一般，双刀打不过祝龙，被方腊的部将用标枪击伤，最后被石宝砍死。不过，像行者武松这种宗师级的高手，力气大，技艺高，配上两把戒刀后，虽是步将，对上骑将也丝毫不惧。

还有一些好汉，武器用得杂了，马上和步下功夫也混淆，拉低了自己的档次。比如扑天雕李应，主用武器是一条浑铁点钢枪，按说也是宋朝时的主流兵器，只不过这位土财主又学了一手飞刀术，看似武功全面、技艺高超，结果上了梁山之后，角色定位越来越模糊。梁山历次大战，李应都未能在马军阵中获得首发。征大辽时，大刀关胜、小李广花荣、没羽箭张清围攻辽国统军兀颜光，作为配角的李应，只能在一旁默默地丢飞刀。

能把花哨武器玩出花样的，只有八臂哪吒项充和飞天大圣李衮。这两人能一边使团牌，一边使飞刀和标枪。但两人虽说攻防兼备，单人攻击力却不高。不过二人也明白自己的缺陷，故而极力发挥团队作战优势，和李逵、鲍旭合成步战四人组，出击时李逵、鲍旭作为攻击箭头输出火力，项充、李衮则率蛮牌、标枪、飞刀手作为掩护，威力提高不少。

有一种观点认为施耐庵是练家子，而且有丰富的战场经验。从其小说中对武器的描写来看，这种观点还是相当站得住脚的。总之，古代打仗不是要杂技，强弓硬弩和长枪大戟才是王道，武器越怪，可能“下线”越快。

第九章　真相篇

西施若解倾吴国，
越国亡来又是谁

真相

烽火戏诸侯：西周亡国的真相

在电视剧《大秦赋》中，周朝的最后一位君主周赧王大骂秦人是养马的家奴，而有观点认为，要不是当初周幽王烽火戏诸侯，周人自己起家的地盘怎么会给了秦人？周幽王烽火戏诸侯一事记录在《史记》当中，但现在越来越多的考证证明，周幽王被犬戎亡国是真，烽火戏诸侯却是假的，而且事实真相更有戏剧性。

电视剧《东周列国志》中，周宣王去世后，继位的周幽王是个中年大叔，而且性情乖张，好色成性。但实际上，根据古本《竹书纪年》的记载，周幽王出生于周宣王三十三年（前795年），继位的时候也只有十四岁。不过，周幽王虽早产但健全，当时负责占卜的官员就觉得这不是好兆头，但是没办法，周宣王年过半百也没儿子，更何况幽王是王后生的，只能让他当王储。公元前780年的周幽王二年发生了一起大地震，当时泾、渭、洛三条河流枯竭，岐山崩塌，《诗经·小雅·节南山之什》是这样描述的：“烨烨震电，不宁不令。百川沸腾，山冢崒崩。高岸为谷，深谷为陵。”这种天灾，不论是经济上还是心理上，对周王室的打击都是十分巨大的。

但当时也不是没有好消息，当时晋文侯同王子多父伐曾，克之。王子多父就是后来的郑伯友，也就是郑桓公。后来，周幽王攻打褒国。褒国在今天的陕西勉县，也就是在汉中一带。褒国把美女褒姒献上，西周由此控制了今天的汉中地区。年龄只有十七八岁的周幽王江山和美人都有了，一定很开心。等到周幽王四年（前778年）夏六月的时候，又发生了一件事，那就是突然降霜。然后到了周幽王五年（前777年），当时的太子宜臼出奔申国。那么申国在哪儿呢？一种说法是今天的河南南阳，另一种说法是今天的陕西眉县。然而这时候周幽王也就二十岁左右，他儿子能有多大？再怎么算也不会超过七岁。一个现在坐高铁都不用买票的学龄前儿童，要从今天西安附近的西周首都宗周，跑到河南南阳或山西眉县，显然只可能是被他母亲带着跑的。

当时太子的母亲为何要逃跑呢？这是因为周幽王宠信褒姒，而太子宜臼的母亲是申侯之女。所以面对周幽王的变心，她三十六计，走为上计，跑回申国才是最保险的。

随着周幽王改立褒姒的儿子为太子，西周的危机就真的来了。周幽王九年（前773年），申侯联络了西戎及曾国，周王室也做出了反应。周幽王十年（前772年）春，周幽王和诸侯在太室盟誓。等到这年九月，周朝军队讨伐申国。

根据史料记载，周王朝在关中有六师的兵力，而六师由王朝卿士主管。在西周后期，国人组成的军队兵源逐渐枯竭，以至于周宣王要亲自去核查人口。这说明周幽王之前和诸侯会盟，也是为了征集军事力量，稳固自身统治，方便自己去讨伐申国。《清华简》的说法是：幽王起师，围平王于西申。此外还有另一种说法，认为当时申侯联络其他几个和他关系不错的诸侯国，已经拥立太子为王了，而且自号天王，所以周幽王想铲除“逆子”。

但是周幽王十一年（前771年）春正月，日晕，形势发生了反转。申人、曾人及犬戎攻入宗周，周幽王和太子伯盘以及王叔郑桓公一起遇害，褒姒被犬戎掳走。《左传正义》引《竹书纪年》的说法：“平王奔西申，而立伯盘以为大子，与幽王俱死于戏。”这就是目前一些古籍对西周灭亡比较靠谱的记录。周幽王并不是像传言那样，还没来得及呼叫军队就被犬戎攻灭了，而是主动出击，结果被反推到家门口。那么关中号称四塞之地，所在区域还有西周的机动部队六师和不少关中诸侯，怎么会被犬戎所灭？

首先是关中的经济出了问题。西周末年随着中国北方气候的由暖转寒，关中地区旱灾频发。共和十四年（前828年）到宣王六年（前822年），关中持续七年大旱，《诗经》中的《云汉》一诗，就真实记录了这次大旱，当时的人指天抹泪地哀叹说："天降丧乱，饥馑荐臻""周余黎民，靡有孑遗"。之后在周幽王时，发生岐山崩三川竭，又是夏季下霜，甚至发生了桃和杏在秋九月结果这样的事，说明关中已经不是原来的关中。同时也有观点认为，当时关中出现土地兼并，导致王室财源枯竭，周厉王为了增加收入，引发国人暴动。联系到之前说的周王室兵源枯竭，显然周王室的力量已经越来越弱了。周幽王之前的周懿王二年（前898年），北方的猃狁甚至能入侵攻至岐山。岐山是周人的龙兴之地，还是都城丰镐西北的门户，这可不是闹着玩的。周懿王任命虢公统率六师讨伐猃狁，大军进至凤翔（今陕西宝鸡市凤翔县）一带，在押上了关中全部兵力后，才保住宗周岐山一带，而周军也损失惨重。

为了加强周原和丰镐的联系，周懿王建立新都槐里。在周宣王时期，周军和戎狄互有胜负，虽然周军依靠机动部队能在主场野战获胜，但是也越来越吃不消。其中千亩之战，周军更是大败，南师尽丧。从《诗经》和各类出土的青铜器来看，西周军队经常在北洛水上游和泾河上游作战，说明戎狄正在此处。周宣王还攻打过太原之戎，也就是今天庆阳和固原一带的戎人，结果失利。周幽王伐申前，也和戎狄等北方民族打过，结果失败。这一系列记录说明关中周边的戎狄问题已经不可忽视了。从地图上来看，相对关中平原，戎狄本身居高临下，所以很容易威胁丰镐。更要命的是，关中不少地方的城市缺少城墙。所以一旦野战失利，很容易国破家亡。

除此以外，周宣王还因干预了鲁国继承人问题，导致权威大丧。西周和东南的淮夷、群舒的战事也极大地分散了周王室的兵力。

总之，周王室关中的兵力很空虚，于是犬戎从泾河上游突入，进入关中地区，周幽王被杀。

从后续周幽王的残余势力依然拥立了一个天子来看，周军似乎并没有全军覆没。目前公认的说法认为周幽王是死在骊山脚下，也有说法认为死在岐山一带，但是这种观点支持的人不多。此外还有个争论，就是当时西虢国是否已经东迁。因为根据三门峡墓葬，一些观点认为周宣王时虢国已经东迁，但是也有不同观点认为，是东周以后才东迁。周幽王是否在投奔西虢国的路上被追上遇害的，留待以后的学者考察。能确认的是，关中地区遭到极大破坏，考古工作者曾经在周公庙遗址发现大量周公字样的甲骨卜辞，还发现不少四条墓道的大墓，但是都被挖空了，年代很接近西周末年。这可能是因为当时战乱，遭遇了“摸金校尉”的结果。

周王室在周幽王亡国之后，虽然出现了后来的携王政权和平王政权，但是这两个周天子都没有再复兴周朝，曾经让孔子魂牵梦绕的西周王朝一去不返，之后中国进入了春秋战国时期。

元代的马弓手埋没了多少“关羽”

《三国演义》中关羽“温酒斩华雄”一段，写得十分精彩。在小说中，华雄连斩诸侯盟军多员大将，众座皆惊，唯独关羽仍敢出战，却又因其“马弓手”的职位，而被诸侯轻视。那么，马弓手一职究竟是何职位，为什么会被诸侯轻视呢？

《三国演义》成书时间在学术界尚有争议，但大致应当在元末明初。在元代，马弓手这个职位确实是“埋没英雄”。

假如我们认为关羽是元代的“马弓手”，那么按照元代的规矩，他的家底相对还是比较厚的。元代初期，必须是有一定技能的工匠户、色目商户、汉人及蒙古军户、蒙古民户等诸色户才有签发弓手的资格，而且是百户出一户弓手。但大元疆域那么大，不是哪里都有这么多蒙古人或色目人的。于是元朝至元三年（1266年），京府及各州、司、县的巡捕弓手，还是百户出一户，但是选拔范围扩大到当地所辖境内的包银户。“包银”是对汉民民户所征收的赋税项目之一。简单点说，就是能用银子和丝绸作为赋税上缴的中等户，才能当上弓手。

家底有了，关羽功夫如何？那自然是“弓马娴熟”。元代选弓手，只要户籍资格够，功夫只需要“弓马娴熟”就行了。至于标准，由当地的里正、主首、社长等人决定。元代和宋代在这一点上略有不同。同样是从中等民户中挑人，宋代除了要求是中等民户，挑人的时候还需要考试武艺，元代则没有这一环，只要户籍资格满足条件即可，剩下的一律由县尉和主簿决定。

从《三国演义》的描述来看，刘备选关羽当马弓手这事情是不太合规矩的，因为虽然关羽有家底，功夫也不差，但是大元为了让马弓手能安心抓贼，通常会选那些家中有兄弟的人，独子是不当弓手的。毕竟，当弓手抓贼是有危险的。

那当了弓手后，关羽的待遇如何呢？这个就说来话长了。招募弓手抓贼是元承宋制，弓手们有编制，但没有待遇。弓手之所以要百户出一户，就是要由这一百户中的其他九十九户来负担弓手这户的赋税和徭役。税是不用出了，再加上要当弓手本来就应该有点家底，平日吃喝是不愁的。

不过光免了役税，还不足以让弓马娴熟的关羽为刘备大哥出生入死抓强盗。

根据元朝规定，按时抓贼有赏，明码标价。抓到强盗，赏五十贯；抓到小偷，二十五贯。提供线索的奖励参照上述标准减半。要是抓到五人以上的犯罪团伙，弓手给编制（与一官）。不过抓到五人团伙，说明辖区衙门管理不力，所以弓手虽然能升官，但是弓手的上级要减一级资历。但要是抓到10人甚至以上的盗抢团伙，那就不一样了，弓手能获得编制，上级领导有方，也能升一等官。元代归德府有个弓手叫全青，亲自抓获强盗11名，于是当上了巡检。

抓贼时，弓手有伤亡怎么办呢？由官家出钱抚恤。皇庆元年（1312年），唐州有个弓手叫宋聚，他在追捕抢劫曹州纸币发行准备金的强盗时，奋勇向前，舍命战斗，不幸被强盗射死。皇帝给的抚恤金，是按照宋聚应承担的职役，比照阵亡士兵标准，发两年抚恤，丧葬费则按照抓到贼人的标准给付。这样的案例在元代中书省的奏章中十分常见。可以说，关羽如果在元代当弓手抓贼，倒是没有后顾之忧。

抓贼虽然有赏，但必须是“按时”才行。这个“按时”是按照月来算的。

百姓报案后，当夜值班的弓手会被勒令在一个月内将罪犯缉拿归案，一个月内若没有抓到罪犯，就要扣管弓手的捕盗官的薪水。没抓到窃贼，扣一个月薪水；没抓到强盗则扣两个月薪水。而对于弓手来说，抓不到罪犯就不光是罚薪水的事情了，还得打板子。一个月没抓到窃贼打7板子，没抓到强盗则打17板子；两个月没抓到窃贼打17下，没抓到强盗则打27下；三个月还没抓到，就分别再加10下。当然了，破案这事，光靠刑罚也没用，所以元朝皇帝也会给个宽限的机会：如果在期限内抓不到所有罪犯，抓到一半也就不赏不罚。

至元十年（1273年）五月，兵部、刑部所上呈的奏文中都说到，博州路王阿丁的房子被盗贼给烧了，县尉罗旺在两次规定的时间之内都没有抓获盗贼，就由其他人接任县尉，而刚上任的县尉刘源在最后规定的时间内也没有捕获贼人，因为任职时间不足，没有革去其官职。但之后则终止发放其俸禄，在此当差的弓手也按照处罚条例进行惩处。

除了抓贼，弓手还有无数的杂役要做。虽然大元政府三令五申不得骚扰基层，不得随意差遣弓手“占差”，但是谁让大元的基层养不起这么多专职的公务员呢？于是元代弓手除了抓贼，还担负很多别的职责。

正经差事包括巡夜。元代宵禁是很严格的，晚上七点到九点就开始宵禁，行人不许外出，凌晨三点到五点宵禁解除。城里的宵禁就由弓手执行。碰上不守规矩的“夜游神”，弓手抓到了就打他板子。没官身的打27下，有官身的打7下。不过有官身的也可以花一贯钱赎罪。

又如向导。古代大宗货物运输时要分批，把每批分作若干的车或船，以其为一组，一组一纲，称作“纲运”，如“生辰纲”“花石纲”都是如此。关羽要是在元代当弓手，当纲运路过涿州地面时，他就要全副武装，给车队迎来送往当向导，免得被“好汉们”截了。

再如巡盐。无论哪朝，盐在中国古代都是专卖，查私盐是必须的。元代巡查私盐的差事就是正经落到弓手头上的。因为这是和抓贼一样的正经差事，所以关羽要是出门“巡盐”，官府会给米一升，马吃的草料、粟给三升。每天如此。

既然县尉手下养不起更多的专职公务员，弓手们必然能者多劳。除了巡夜要每天进行外，小地方没有那么多贼要抓，所以关羽这个弓手，除了朝廷的正事，大哥的琐事他也要帮着干，这也是公务。比如验尸、押车，本来应该由刘备这样的主管做的，可能就交给二弟去干了。

值得一提的是，关羽的职位虽然名叫“弓手”，但其所配装备里其实没有弓，至少在元初没有弓，因为元政府一直禁止民间持弓。不过随着元朝统一战争的结束，日常乡里防贼抓贼的任务渐重，官方就逐渐放宽弓箭禁令，从只允许蒙古军人持弓，到汉人弓手都能持弓，这个放宽的过程大约持续了15年时间。不过弓箭毕竟杀伤力强，所以弓手所用的弓箭平时都是统一锁在县衙，只在弓手出门抓贼时发放。

但是，由于弓手平时的任务主要是抓贼和巡逻，弓箭这样致死性强而停止力不强的武器，平时并不适合弓手用来执行巡逻任务。所以大部分时间，弓手其实是持闷棍的。而这样的长杆，平时也要给蒙古军官管理，没有蒙古军官的，由各路达鲁花赤及色目官人收归之后，交由提控官统一管理；弓手执行完任务之后，器仗则由各处的主簿、县尉、巡检等收齐后统一管理。

知道了元代弓手的职责和待遇，读者想必能理解，小说中公孙瓒看到涿郡马弓手关羽伟岸身影时，为什么会不禁说出“埋没英雄”了。

诸葛亮八阵图到底有多先进

阵法是中国古代军事科学方面重要的发明创造。其中，古代阵法的集大成者，当属两汉至三国时期的将领们，他们对于阵法的理解达到了登峰造极的地步，尤其是诸葛亮的八阵之法，更是令人无比神往，就连杜甫也写诗称赞：功盖三分国，名成八阵图。那么诸葛亮的八阵法是如何发展出来的呢?

在两汉时期，将领们已经充分意识到，阵法的优劣对于战争的胜负有着至关重要的意义。所以在对敌作战时，他们多会将阵法灵活应用到战场之上。如韩信背水列阵大破赵军二十万，窦宪破匈奴“勒以八阵，在以威神”，卫青部署五军阵出击匈奴，李广列圆阵力战超过自己兵力二十倍的匈奴大军，陈汤以步兵百余人夹门为鱼鳞阵等。将领们对阵法的重视程度，可见一斑。

杨家湾汉俑军阵，为我们了解汉代阵法的使用情况提供了参考。杨家湾汉俑军阵共有十一个坑。战车坑仅有一个，内有战车三辆，排在由步兵、骑兵组成的两翼十个小方阵之间。另外十个坑是由步兵与骑兵组成的十个方阵，各方阵前有一至三个带兵将领，阵中前为步兵，后为骑兵，“体现了以步兵为前锋，以骑兵为主要突击力量的编组形式，它是由单一的步骑编队纵深递次配置的方阵，以单一骑兵编队为机动力量，车只作为指挥员的机动工具”。这也反映出这一时期战车的衰微和骑兵的兴盛，以及这一特点给军阵排布所带来的影响。

秦汉以后，随着炼钢技术的进步，铁兵器有进一步的改进，杀伤力大大增强。与此同时，战车衰落，步兵、骑兵作用加强，作战时白刃格斗，战斗冲击方式和以往基本相同。但战争的阵式比以前有所改进，其中最为著名的就是诸葛亮的八阵。《三国志》曾记载说诸葛亮“推演兵法，作八阵图”。

诸葛亮的八阵是对先秦八阵的继承和发展，可谓是冷兵器时代典型的集团方阵。后人研究认为，诸葛亮的八阵是由四奇四正八阵合成的集团方阵，以八个单元组成步骑协同作战的多元方阵。八个单元又可各自分为八个小单元，合为一个大阵，则共有六十四小阵。阵后，又设游骑配合大方阵作战。八阵的阵型可离可变，阵式上包容对称，既可以用来正面交锋，又可以用来奇袭包围。具有以前为后、以后为前、四头八尾，触处为首、敌冲其中、两头皆救的灵活应变能力。因而，在诸葛亮之后，军事家对八阵的研究探讨从未中断过。

晋初，晋文帝令亲信陈勰“受诸葛亮围阵用兵倚伏之法，又甲乙校标帜之制，勰悉暗练之”。继陈勰之后，马隆又依八阵图作偏厢车，大破秃发鲜卑。北魏献文帝时，大臣刁雍上表请求“采诸葛亮八阵之法，为平地御寇之方”，可见诸葛亮的八阵仍在流传，这也证明了诸葛亮八阵法威力之强。对八阵图的改进，也成为诸葛亮入选武庙、成为武庙十哲的重要原因之一。

古代打仗真有“天助我也”吗？

看过《三国演义》的人，一定都对小说中诸葛亮“草船借箭”和“借东风”两则故事印象深刻。在很多时候，对于一个优秀将领而言，一项非常重要的硬指标便是能够“上知天文，下知地理”。但是，在古代，仅靠自然现象预测天气，根本不可能达到像小说中的诸葛亮那样“神鬼莫测”的水平。

在难以预测的情况下，天气对于战争的影响，有时候就像是一把比拼运气的“俄罗斯轮盘赌”。比如我们耳熟能详的“火烧赤壁”，就是曹军遭遇了“即时风”，即突然的东风，于是孙刘联军抓住机会，对曹军发动火攻，从而赢得了赤壁之战的胜利。当然，孙刘联军一方能够抓住机会，也有可能是因为他们熟悉当地天气，知道在这一时节，风向本身就并不稳定。在这种情况下，曹操就算脸涂得再白，也只能当一把“非酋”了。

除了赤壁之战，凭借天气扭转战局的例子也不少，比如靖难之役中，后来的永乐帝朱棣率领的燕军与当时明军之间的白沟河之战。

白沟河之战可以说是朱棣军事生涯中最为惊险的战斗之一。整场战斗总共持续了两天，第一天是明军中熟悉朱棣作战风格的将领平安设下伏兵后，各路明军对燕军进行的一场包围战。虽然最后燕军突出重围，但是损失惨重。到了第二天再战，明军依靠兵力优势，再一次展开合围攻势，明将瞿能、平安绕至燕军后方，攻击后军，朱棣虽然尝试对“战神”李景隆率领的明军中军进行正面攻击以期瓦解其攻势，但是却以失败告终。

不过，得益于李景隆的多疑和燕军少量援军的赶到，燕军没有在明军包围的压力下崩溃。但是在明军的合围部队的强烈攻势下，燕军在整个白沟河战场依然陷入了一片混乱。就在命悬一线之际，朱棣却突然得到了“天气之神”的眷顾。猛烈的狂风刮倒了李景隆的帅旗。这个小小的意外，在已经混乱的战场上给明军带来了灭顶之灾。由于中军对战事情况不明，误以为主帅出事，加之李景隆缺乏约束士兵的能力，明军中军出现了混乱。

借此机会，朱棣果断出击，率领骑兵包抄到明军中军后方放火，最终导致了明军中军的彻底崩溃。失去了中军的掩护，两翼的合围部队也很快被燕军消灭。就这样，凭借有利的天气，燕军在白沟河之战得以反败为胜。

所谓“有风必有雨”，相对刮风，下雨还是有一定的预兆可寻的，所以在大多数情况下，将领们都有机会去规避下雨对己方产生的不利影响。然而，万事都没有绝对，在明末孙传庭与闯王李自成之间展开的襄城之战中，大雨就给孙传庭和明朝国运来了个透心凉。

明崇祯十六年（1643年），孙传庭在崇祯帝的再三催促下，最终不得不领兵出潼关，与李自成率领的闯军决战。此时双方在兵力上并无差距，而在装备和训练程度上，明军可能还稍占优势。但是九月明军至汝州，在进逼襄城时，却非常不幸地遭遇了七天七夜的大雨。这场大雨不仅导致道路泥泞，后勤粮草无法跟进，而且使得火药受潮，影响其使用，这对于当时已处于冷热兵器交替时代的明军来说，无疑是一个巨大的打击。除此之外，对于一支已经行军了长达四个月的庞大军队来说，这样的天气对士气的打击非常大。

孙传庭在权衡利弊之后，决定暂且退兵。但是在部队士气低落又有外敌环伺的情况下，做出这样的决定却也非常冒险。由于安排不当，孙传庭的撤兵计划造成了明军后军的混乱，等待已久的闯军趁机主动出击，成功重创明军。

襄城之战，明军损失了大量兵力和物资，这对于已经千疮百孔的大明王朝来说，无疑是雪上加霜。这场失败，除了因为孙传庭个人既在情报搜集方面没能及时发现闯军动向，又在撤退的安排上过于仓促之外，天气也是造成这场灾难的直接因素。不过话又说回来，对于本身问题颇多的明军，就算没有这场暴雨，最终能否击败闯军，其实也是个问题。

古代打仗真能靠神机妙算克敌制胜吗？

《三国演义》在描写诸葛亮打仗时，画风大多是这样：诸葛亮战前给各位将军分发锦囊，命令诸将到某处打开第一个锦囊、某处打开第二个锦囊。蜀军依计行事取得大胜，众将叹曰：丞相真乃神人也……我们先不考虑诸葛亮到底是不是神人，先研究下古代指挥作战，真的有像诸葛亮锦囊妙计的那种决定胜负的秘籍吗？如果真的存在，是否真的好用呢？

从军事学角度上说，所谓的“锦囊妙计”，其实就是各种作战预案，这个在古代确实存在。比如据《三国志》记载，曹操在西征张鲁之时，曾派人送函到合肥，并叮嘱说“贼至乃发”，后来孙权率军进攻合肥，于是合肥守将张辽等人打开曹操之函，发现函上写着：“孙权至，张辽、李典出战，乐进守城。”众将依命令行事，果真大败孙权。

随着参谋体系的愈发健全，作战预案在战场上出现得也越来越多。那么，这种“锦囊妙计”，或者说作战预案，真的如《三国演义》里那么神奇吗？

首先，用“锦囊计”精确控制每一步作战行动是不可能的。

指挥作战要尽可能及时、充分、精准地掌握前线信息。古代战场获取情报主要依靠斥候，也就是侦察兵，而侦察兵的速度十分有限，一旦战场距离拉得比较开，侦察兵就很难在第一时间送回情报。

以公元538年的东西魏河桥之战为例，西魏丞相宇文泰率主力与东魏主力进行决战，双方战阵沿邙山和黄河一线摆开，东西相距有一二十里。西魏诸阵之间斥候来往不便，信息报送出现了延时。西魏军左、中、右三军无法掌握友军的战况，以至于当战斗进行到最关键的时刻，左军主将竟因误以为中军已败而下令撤退，由此导致西魏全军总崩溃。主帅亲自置身一线尚且不能准确掌握情况，更不要说主帅远离前线时的情形了。

贞观四年（630年）唐军灭突厥之战，名将李靖一边轻兵疾进，一边沿路擒捉突厥斥候，大军到达阴山时，“遇其（突厥）斥候千余帐，皆俘以随军”。这一举措使得颉利可汗完全丧失对前线的控制，以至于李靖大军进至可汗牙帐十五里后，才惊觉敌至。当然，也不能一概而论地说斥候绝对无法提供准确情报。

南朝宋文帝刘义隆身为皇帝，指挥打仗时却喜欢直插到底，动辄预制方略遥控指挥，命令诸将严格依计行事，有些命令甚至具体到每一处城池如何进攻。数次元嘉北伐，将帅们对宋文帝的“锦囊妙计”都苦不堪言，但又不敢不依令行事。宋军与魏军作战屡屡失败，宋文帝的瞎指挥难辞其咎。所以，明智的统帅一般不会对一线作战做太多干涉，而是会在制定大方向后，授权前线将领临机指挥，“将在外君命有所不受”正是这一经验的体现。

《三国演义》中描写的锦囊计，大多用于出奇制胜。实战中，出奇制胜的招数未必那么神奇。如果敌我双方在战役层面胜负之数已定，战术层面再多的奇思妙想，也不足以变不利为有利。

比如公元577年，北周武帝在灭齐之战时也玩过一出“锦囊计”。在北周军夺取北齐重镇晋州后，第一阶段作战结束，武帝考虑到诸军疲累，诏令主力退回关中暂作休整，让大将梁士彦留守晋州。临退前，周武帝以计授之，说北齐肯定会以重兵反攻晋州，到时梁士彦一定要据城坚守，以消耗北齐军的有生力量。后来北齐果如武帝所料，以十余万大军围攻晋州城。然而周武帝预料的消耗敌军有生力量的局面没有出现，反而是梁士彦几乎顶不住北齐进攻，差点儿丢了晋州。危急关头，周武帝不得不放弃既定的“妙计”，急调主力驰援才勉强稳住局面。周武帝之所以差点儿兵败，就是因为错误地估计了战场形势，对既定的战术措施期望过高。

其实，所谓“锦囊计”只可能出现在战略战役层面。以我们开篇提到的合肥之战中的曹操之函为例。细观合肥之战的形势，曹操与张辽诸将在战前已取得战役层面的共识，即凭城坚守、先机制敌。从张辽、李典、乐进等人拆函后的反应来看，曹操的命令并没有超出他们的预期。曹操之所以远隔万里地送来这么一个无关痛痒的“锦囊”，主要目的不过是敉平诸位守将的矛盾，并再次强化统帅和前线将帅之间的战役共识。

东晋义熙八年（412年），太尉刘裕遣兵平蜀时，也曾向前线大将发过一个密函。由于五年前晋军进攻蜀地遭遇了失败，故而东晋高层围绕进兵路线有过争论。可选路线有三：第一条路线是从垫江沿内水北进，这条路线路途最近，但也正是五年前晋军被蜀军击败时所选的路线；第二条路线是从安乐沿中水北进，这条路线距离适中；第三条路线则是从犍为沿外水北进，这条路线最为迂远。刘裕事先议定，主力迂回外水，疑兵各出内水和中水以作牵制。但他又知道消息透露出去后蜀军会提前戒备，于是故布疑阵，发给征蜀统帅朱龄石一个密函，内藏实际的进军路线，函边题书“至白帝乃开”。蜀军无法判断晋军如何进军，也就无法有针对性地防守，只好重点戒备内水方向。朱龄石到达白帝城拆书一看，原来刘裕仍然命令从外水进攻，诸军如法进兵，最终取得胜利。从本质上看，刘裕的“锦囊”不过是个烟幕弹而已，其之所以能够发挥作用，与战略战役层面的正确预判是分不开的。

所谓的“锦囊妙计”，事实上都发挥了未战而先算胜败的作用。但是在古代条件下，这种预判只能是粗略的、方向性的、战役层面的，并不涉及具体作战行动的安排，才起到了正面作用。至于《三国演义》中那种事无巨细的“锦囊计”，其实已经超越了当时的技术能力，属于虚构情节了。

十步杀一人：诗仙李白的另一身份

金庸有一本武侠小说，名为《侠客行》，其书名来源于唐代大诗人李白创作的一首描写和歌颂侠客的古体五言诗。这首诗中，最著名的句子便是那句“十步杀一人，千里不留行”。

而据后人解读，这句诗其实是太白自道。

几乎所有关于李白的记载都能得出一个结论：李白是个剑侠。如刘全白《唐故翰林学士李君碣记》和魏颢《李翰林集序》记载李白“少任侠”，范传正《唐左拾遗翰林学士李公新墓碑并序》记载李白“少以侠自任”，《唐才子传·李白》记载李白“喜纵横，击剑为任侠”。

何谓任侠？《说文解字》上说：“侠，俜也。”“俜”即放任之意。任侠最基本的特征就是任性使气，性情中人。不瞻前顾后，不斤斤计较，都是放荡豪肆的“爽利的人”。

太史公在《游侠列传》中也给“游侠”下了定义，大意是：游侠都是重诺守信的人。为了帮助别人解决危困，常常舍生忘死，不顾自身安危，而且成了事也不跟别人表功卖好。另外，太史公按照地域影响力，将游侠大致分为“封国之侠”和“闾巷之侠”。封国之侠如战国四公子，一国诸侯，养士三千。“因王者亲属，藉于有土卿相之富厚，招天下贤者，显名诸侯。”闾巷之侠则如后世的“及时雨”宋公明，“修行砥名，声施于天下”，虽然屈居郓城，但是名满天下。

李白年少时就是闾巷之侠，在江油地区小有名气。杜佑在《通典》中写道：“巴蜀之人，少愁苦而轻易淫佚。土地肥沃，无凶岁，山重复，四塞险固，王政微缺，跋扈先起。故一方之寄，非亲贤勿居。”就是说，蜀地民风彪悍，非常排外。不幸的是，李白就是外地人。他五岁时，其父李客带着他举家从西域迁回内地。蜀人彪悍民风的显著特征，就是“怯于公战而勇于私斗”，如果乡里之间发生矛盾需要解决，都不去麻烦当地法律部门，而是双方私下解决。这种决胜负的方式叫“起霸虎”。起霸虎是“跋扈先起”的民间说法，又或者，这种方式本就叫“起霸虎”，“跋扈”一词才是后来文人为了好听选用的同音书面语。

道上豪侠为了展现实力，在道上混个名号，往往互相邀斗，给对方下战书，再找道上大佬作证，名为“敢斗”。敢斗双方约好时间地点，由道上德高望重的前辈武士手持白杨木杆立在中间当裁判。敢斗双方必须按照裁判的口令进攻或者后退，如果手中的兵器斩断了白杨木，就得认输。这么做是为了防止双方斗得兴起伤了性命惊动官府，那样就不好收场了。

既然是游侠，那么一套合适的装备肯定是必不可少的。大唐游侠们除了一身精干利落的胡服之外，标准的武器装备是障刀和横刀。横刀一般长60～80厘米，刀身笔直，中正不阿，既有剑的王者之风，又有刀的霸者之气，兼美观与实战于一体，成为侠客们的最爱。障刀则类似于匕首，长15～50厘米，携带轻便灵活，便于近身肉搏。“障”本意为遮挡在前的土堆，引申为隐蔽之物。

横刀本为普遍兵士常用佩刀，皇宫士兵、衙役、捕快、守城站岗士兵、巡逻士兵等都配横刀，而且按规定要随时佩带，尤其是在工作期间，横刀一律不得远身。唐玄宗时期，横刀不仅是兵士标配，也是私人使用的主要防身武器。吐鲁番出土的一份《唐天宝二年交河郡市估案》中详细记载了横刀的价格：上等镔铁横刀两千五百文，中等镔铁横刀两千文，下等镔铁横刀一千八百文。一把上等镔铁横刀相当于一个七品官员半个月工资，八品官员一个月工资。而一个九品官员一个月工资只够买一把下等横刀。

当然，李白是不差钱的，他的障刀和横刀都是上上之选。李白家还有一名丁零奴，曾经上过战场，武艺绝伦，李白少年时期的武艺就是他教的。他随身携带一把剑，既用以防身对敌，又用以祭祀天神。临终前，丁零奴把这把剑送给了李白，保佑他平安喜乐，其俗犹如中土之送玉。

有了武器和装备，李白的武艺如何呢？从他的“自吹”来看，李白武艺应该不弱。在《与韩荆州书》中，李白说自己“身长不满七尺”，但是“心雄万夫”，意思是我虽然个子不高，但谁都不惧。用歌词来说，那就是：“剑在手，问天下谁是英雄。”

显然，李白并不是一个童真无知、不谙世事的文弱书生，而是一个自小在险恶江湖摸爬滚打的练家子，对江湖规则的运作可谓了如指掌。

前文已述，李白作为外地人，受到了当地人的排挤和欺负。为了能在江油的侠客界占有一席之地，他曾带着小弟吴指南跟当地人“起霸虎”。当时动手的人是吴指南，而且打赢了，但是二人在回家路上却出了点状况。那些打输的闾巷豪侠很不服气，带领一帮人在半路将他们堵截。二人奋起反击，杀出一条血路，结果闹出了人命。李白的崇拜者魏颢在《李翰林集序》中写道：“（李白）少任侠，手刃数人。”李白本人于开元中所作《赠从兄襄阳少府皓》一诗对此事也作了复证：“结发未识事，所交皆豪雄。托身白刃里，杀人红尘中。”

这件疑案让诸多专家争论不休。《唐律》规定：“诸斗殴杀人者，绞；以刃及故杀人者，斩；虽因斗，而用兵刃杀者，与故杀同。”李白既然没有受到责罚，有人就因此认定，李白根本没有杀过人，否则国法难容。但是，并非所有的杀人行为都会被判处死刑，若是因见义勇为、正当防卫、为民除害而杀人，就可例外。

这事李白自己讲得很清楚："当朝揖高义，举世钦英风。小节岂足言，退耕春陵东。"就是说，李白二人杀人之后，案子递到当地政府，相关负责人给此案定了性：这是一件见义勇为的先进英雄事迹，应该肯定，值得表扬。可是李白很谦虚，也很低调，觉得这件事不足挂齿，然后带着吴指南隐居起来，以避风头。李白隐于"春陵东"，即昌州春陵郡，在今重庆永川境内。

李白后来在《侠客行》中也对此作了诠释："事了拂衣去，深藏身与名。"就是说，杀人之后，改名换姓以防仇家追杀。他和吴指南所杀的几个闾巷豪侠在当地很有势力，即便官府不追究，苦主也不会善罢甘休。因此，二人在李白父亲李客的安排下，去了东都洛阳求学。自此，李白也开启了他的另一个身份——诗仙。

杨家将传说中佘太君的历史原型

很多人对于“杨家将”的历史故事和“杨门女将”的民间传说都是耳熟能详，“血战金沙滩”和“大破天门阵”等经典故事，可谓深入人心。虽然这些故事的虚虚实实，真假不一，但却真切地反映了北宋时期“杨家将”骁勇善战的历史事实。而这所有故事里，都有一个绕不开的人物——佘太君。那么佘太君究竟何许人也，她在历史上真实存在吗?

在诸多影视戏剧作品中，佘太君是杨家的灵魂人物，威望高到连皇帝都要礼敬三分。虽然“佘太君”本人的事迹大多是虚构的，但她的原型可谓大有来头，那可是出身于连“杯酒释兵权”的宋太祖都不敢擅动的武将世家。

“佘太君”是戏剧人物，据宋史专家考证，其原型应该为“折太君”，是出自北宋府州折氏家族的一名女性。在很多北方方言里，“折”往往可念作“shé”，在其事迹流传过程中名字发生异变，是很正常的。同时，据学者分析，折太君甚至可能并非像传说中那样，是杨老令公杨业的妻子，而是府州隔壁的丰州刺史王承美的妻子折氏。

据史料记载，在其夫生前，这位折太君积极协助夫君抗辽，在夫君死后，她不仅入宫受封，还多次为边事抗诏与皇帝辩论，深受宋真宗的尊重。无论是从活动时间与地点，还是从具体事迹来看，折太君与佘太君都极为相似。根据

《岢岚州志》记载，杨业“娶折德扆女”，也就是说杨业的妻子也是折家女。因此，我们有充分理由相信，在流传中，折太君的故事逐渐与杨家将的故事杂糅了起来，折太君也逐渐被附会为杨老令公的贤内助。

说起折太君所属的府州折氏，那可就更了不得了。相比杨家将，府州的“折家将”虽然知名度差了很多，但其战力和战功都毫不逊色。折氏家族的先祖折华在唐末就担任过府州镇遏使一职，五代时期，折氏一直据守府州，不断抗击北方契丹的冲击，梁、唐、晋、汉、周几代都对这一家族优待有加。宋朝建立后，中央甚至一直默认由折家世袭掌管府州。至北宋灭亡时，折家一共传了六代，有十二位知州，平均每人的任期长达十年，远超出宋代知州任期不得超过三年的规定。只凭这点，足见府州折氏的特殊性，及其在北宋的超然地位。那么，府州折氏凭什么这么受宠呢?

北宋初年，府州折氏的主要战功都是抗击辽国，但随着西夏的崛起，府州成了宋、夏、辽三国交界之地，宋廷无论是北伐还是西征，都绕不开府州折氏的帮助。更为重要的是，府州像一根楔子狠狠地钉在夏、辽边界，使得二者在南下时始终要顾忌侧翼，于是无法轻易集结军队，合力攻宋。

当然，战略位置是次要的，折家人战力强悍才是其受到朝廷偏爱的主要因素。出自府州折家而有战功的，仅在史籍中能查知姓名的就多达数十个，可谓是名副其实的折家将。其中突出者，如折从阮曾协助太祖平定北汉；折御卿击败辽国大将韩德威，虏获马匹上千，斩敌将二十余人；折继闵，在宋军主力于三川口、好水川、定川寨连续战败的情况下，三次坚守府州不失；折可适，在洪德城之战中击退由西夏梁太后率领的西夏十几万大军，并且缴获梁太后的衣服、龙牌，还差点生擒梁太后；折彦质，“靖康之变”后率军抗金，南宋立国时官至副宰相。

然而，无论折家将怎么厉害，还是无法左右整个战争形势。随着“靖康之变”，金兵西进拿下府州，宋军全线退守陕南。府州的折家人有的南下追随宋廷，有的接受了金人的招降，折家的坟茔也被趁势入侵的西夏毁坏，折家将的赫赫威名也就此消散。只有那个刚毅果决却又慈祥善良的佘太君，用一段又一段的戏文向人们诉说着杨家将的故事……

吴三桂引清军入关的真相如何?

吴三桂引清军入关，击败李自成，可以说是明亡清兴中的转折性大事件。如果没有这一事件，李自成未必不能在山海关挡住清军，之后中国历史的走向可能完全不同。那么，吴三桂究竟为什么要引清兵入关呢？难道真是如一些文艺作品里所说，是为了陈圆圆，“冲冠一怒为红颜”吗？

很多人都知道，在崇祯时期，吴三桂是辽东总兵。但明末的辽东地区其实有诸多总兵，吴三桂只是其中一员，到了崇祯十七年（1644年），他已经是仅剩的，同时也是官阶最高的总兵。总兵之职，只有统兵权而无调兵权，因为辽东总兵只是个地区总兵，地区总兵的上司既有正二品的巡抚，也有一品的总督。所以，在被封为平西伯之前，吴三桂有两个有调兵权的上司，分别是蓟辽总督兼兵部尚书王永吉和辽东巡抚兼都察院右佥都御使黎玉田。

崇祯十七年三月四日，崇祯帝下诏升吴三桂为平西伯，唐通为定西伯，左良玉为宁南伯，黄得功为靖南伯，并命令他们尽快进京勤王。其中唐通的军队投降了李自成，左良玉与黄得功等关内军队在之前的作战失利后，很长一段时间都没有与大顺军交战，在大顺军攻占北京城之后，也没有前去救援。到了三月六日，崇祯帝接到奏报称太原、宁武关、雁门关等地都被攻破，山西已经“沦陷”。此时，崇祯帝才明白，再不调关外军队勤王，北京城就保不住了，于是当天下诏：王永吉总督关外军队与吴三桂一起弃守宁远，迁徙边民，进京勤王。

二十日，王永吉率领的辽东军先头部队来到了离北京城还有数百里之遥的丰润县。而就在一天前，李自成率领的大顺军已经攻陷了北京城。二十三日，王永吉在蓟镇盘山听到北京的剧变后，开始返回。二十四日，已经抵达永平的吴三桂也得到了北京城沦陷的消息，于是一面派人回京打探详细情况，一面继续前行接应王永吉的部队。二十九日，吴三桂的家将傅海山冒死从北京城逃出赶到了玉田，向吴三桂回报了北京城中发生的一切。至此吴三桂和王永吉终于确信了崇祯皇帝已经殉国，百官纷纷投靠李自成，而且大顺军还在北京城内拷掠追赃，就连吴三桂之父吴襄也遭到了拷打，吴家也被抢走五千两白银。这让吴三桂大为震怒，于是他当场发誓：“君父之仇，必以死报。”

四月初一，黎玉田收到消息称清军进驻了已被放弃的宁远，且有南下的迹象，于是他派人通知了王永吉与吴三桂。王永吉和吴三桂在初五早上一抵达山海关，就与黎玉田、高第等人商议今后的去向，下午商议结束以后，王永吉决定联络史可法，让其北上和辽东军一起收复北京。就在当晚，李自成的招降使者唐通与左懋泰、张若麒也赶到了山海关。

面对李自成突如其来的招降，众人又商议了一番，决定拒降，要做“忠臣”，所以王永吉按原计划南下联络史可法，等其北上后，吴三桂再率辽东军西进，一起夹击李自成，从而收复北京。为了拖延时间，他又派黎玉田为使者前去北京假意与李自成谈判，要其保证不侵犯此时山海关众人的利益。只是王永吉与吴三桂没料到的是，黎玉田居然在北京城里投降了李自成。

黎玉田为什么会投降呢？这是因为，辽东地区官位最大的原本是蓟辽总督王永吉，其次是辽东巡抚黎玉田，最后才是辽东总兵吴三桂。但是，去年九月最后一次宁远大捷后，原本只是宁远总兵的吴三桂不仅升任辽东总兵，更是把辽东军变成了“吴府兵”，只是在名义上还须受两位文官的节制。吴三桂一介武人居然一跃超过了两位文官，成了辽东的“老大”，王永吉和黎玉田反倒成了吴三桂的“幕僚”，而“幕僚”按照官位来说，王永吉是首席，黎玉田只是次席。黎玉田对于自己的身份地位一直心怀不满。

李自成的招降使团来了以后，与吴三桂同为伯爵又是旧识的唐通，不仅给吴三桂送去了四万两白银，还带去了家信，山东籍的张若麒和左懋泰也与曾是山东巡抚的王永吉是旧识，唯有黎玉田遭到忽视。而黎玉田在前往北京城谈判时也意识到，一旦日后李自成知道自己此番是假谈判，自己肯定是死路一条。所以，在这种情况下，身为陕西人的黎玉田借着去北京城谈判的机会投降了大顺，并给李自成带去了众多情报，最终也间接促使了李自成发兵山海关。

再说吴三桂与王永吉两人为什么会拒降。如前文所说，他们被北京城中发生的“追赃”事件激怒了，而且，如若投降李自成，还会触怒山海关的当地官绅。要知道自明王朝开朝以来，山海关当地就囤积了大量的物资。如果辽东军此时投降大顺军，就等于把这些物资白白送给了大顺军，这是山海关的官绅包括吴三桂本人所不能接受的。

但是这就意味着会彻底激怒李自成。大顺军从陕西一路攻到北京城，大半个北方都抵挡不住，如果李自成真率大军前来，区区一座山海关能在南方的援军赶到前挡住大顺军吗？

因此，就在这一天，原属辽东军监纪同知的童达行向吴三桂提出了向清军借兵为崇祯复仇的献议，但是此事毕竟事关重大，借兵剿贼如果成功，吴三桂可以成为明代的申包胥、郭子仪，但是万一成了石敬瑭，这个责任谁来负？

说到底，此时身怀崇祯诏书的吴三桂在三月十九日以后就在事实上成了明王朝在整个北方地区的最高军政长官。但他只是个名义上的“平西伯”，缺乏政治经验的他对这等大事根本茫然无知，必然只能咨询他的“幕僚长”王永吉。而政客出身的王永吉则一边与众人商讨，一边等待消息。在五天之内，王永吉不断接到北京城内官绅被“追赃”和清军将要举兵南下的消息。原本还只是想南北夹击李自成的吴三桂与王永吉，在四月十日得到清军南下的确切消息后，终于同意了童达行的献议，在四月十一日以吴三桂的名义向大清发出了一份“请兵书”，希望清军可以绕道长城西面三路夹击李自成。同时，在北京以东至山海关一线发布昭文，内容大致为：“周命未改，汉德可思，试看赤县之归心，仍是朱家之正统。”

王永吉在其中要了个心眼，他只以吴三桂的名义提出“请兵”。如果事情成功，那身为幕僚长的王永吉说不定也能封个伯甚至更高的爵位，从而能成为申包胥与郭子仪；但若事情失败，那成为石敬瑭的也只是吴三桂。换句话说，有功就是他王永吉的，有罪就是吴三桂的，此举也能看出王永吉的确是个官场好手。更可恨的是，直到四月十七日，得知多尔衮改变了进兵路线以后，王永吉才以见史可法的名义去南方寻求援军，而事实上，他是将所有的烂摊子留给了吴三桂。就这样，吴三桂可以说是稀里糊涂地被赋予改写历史的机会，在即将到来的决战中变成了大顺军与清军举足轻重的砝码，也成了引清兵入关的“千古罪人”。

第十章 趣闻篇

或谑张飞胡，
或笑邓艾吃

楚国何以沦为秦国的经验包

在春秋战国时代，楚国一直是一个大国，在战国初期更是与秦国联盟，很好地压制了初期霸主魏国。那么，秦楚联盟是什么时候破裂的？楚国最后又是怎么成为秦国经验包的呢？

战国中期，秦楚相继开始变法，这段时期，早期的霸主魏国在桂陵之战和马陵之战后遭到重创，三晋的势力有所减弱，这便为秦国的东出提供了一个有利的时机。与此同时，楚国趁机准备北上，在这过程中，秦楚两国势必会有利益上的冲突，矛盾也渐渐显现了出来。

此时魏国西部边境的防守主力被歼灭。为了扭转局势，魏惠王趁楚威王逝世之际，出兵伐楚，并向秦国承诺若秦国不帮助楚国，那么魏国愿意将上洛割让给秦国，企图以此来“绝秦于楚”。所以魏国让出河西之地，结束了与秦国的纷争，在魏国的这波操作下，秦、楚之间已经出现了裂痕，但是秦国此时还不至于公然与楚国决裂。

不久以后的陉山之役，魏国获胜后食言，不肯割让土地，于是秦惠文王只得再次与楚国联合，借助楚国的力量讨回上洛。楚国也是在秦国赠以财币的情况下才帮助秦国，这样的举措说明，秦楚的联盟已经不会再像春秋末年那样牢固了。尽管如此，秦楚表面的联盟还在，所以就在魏国“绝秦于楚”的战略构想破灭以后，魏将公孙衍于公元前323年策划魏、韩、赵、燕、中山“五国相王”，企图对抗秦、楚的联合。

同年，即位不久的楚怀王欲趁魏惠王年老、魏太子鸣在齐国为质，使流亡在楚国的魏公子高为太子。这一要求遭到了魏国的拒绝，于是楚国起兵攻魏，大败魏国于襄陵，取得了八座城池。襄陵之役后，楚怀王一战成名，使楚国在列国中赢得了极高的威望，此后秦国更加不敢与楚决裂。

而楚国虽然在军事上取得了重大胜利，极大刺激了秦国，却也使得秦国明白，要想东出，必须先连横三晋。于是公元前322年，秦惠文王派张仪相魏，排斥力主以魏合于齐、楚的魏相国惠施，而行以魏合于秦、韩而攻齐、楚的连横之策。两年后，为行张仪之计，秦假道韩、魏，进攻齐国，却被齐国击败。张仪的连横之策在魏失败之后被赶回秦国，这也使公孙衍的合纵策略得以开展。公元前318年，公孙衍为魏相，合纵之势遂在韩、魏、赵、楚、燕五国形成。因楚在五国中势力最强，怀王被推举为纵长。楚国此时的威望终于达到了战国时期的顶点。

但五国联军中，实际出兵与秦交战的只有韩、赵、魏。三国攻到函谷关，被秦反击而失败。次年，秦、韩战于修鱼，韩欲与秦言和，楚却扬言救韩。韩王大悦，遂与秦绝。秦兴师伐韩，大败韩师，而楚师还未出楚境。楚人的目的无非是想秦、韩两败俱伤，以削弱二国的实力，然而丧失的却是楚国的信誉，以至于后来陷入了孤立的境地。

公元前314年，秦人又取魏国的焦和曲沃。韩、魏终于被迫屈服于秦，公孙衍的合纵之策彻底被秦瓦解，张仪的连横之策得以推行。在这种地缘形势之下，显然对楚、齐最为不利。秦联合韩、魏，东向可以攻齐，南进可以伐楚。而合纵失败的根本原因，无非就是各国有着各自的动机。

当时，秦国的主要进攻目标是韩、赵、魏三国。燕国距秦较远，秦国暂时威胁不到，所以态度消极。齐国始终静待时机，以便趁火打劫，再加上齐国当时还不是秦国的主要扩张对象，是以秦、齐两国间并未有多少冲突，齐国也不愿意为三晋的利益而消耗自己的力量。

至于楚国，一方面，有越人在楚国的东部边境作乱，无法全力西向，另一方面，楚国更关心自己的处境，所以局势稍有变化便想求和。五国战败后，魏国曾想求和，便派惠施到楚国，想由楚国送他前去秦国议和。当时楚臣杜赫认为这是在向秦国宣告楚国是主张攻秦的，魏国才是主张议和的，于楚不利，于是他向大将昭阳建议秘密派人与秦国讲和。越人时时侵扰楚国，确实牵制了楚国的部分力量，但是以楚国的实力而言，这还不至于使楚国消极怠战。从楚国两位要臣的态度上可以看出，楚国在乎的是眼前的利益。当时秦国已经将楚国纳入战略目标当中，但是楚国的君臣尚未识破秦的计谋，因此并不热心抗秦。但在这场合纵抗秦运动中，楚国公然站在了秦国的对立面，秦国对此很是不满，以至于在蓝田之战前，秦人还记恨楚国“率诸侯之兵，以临加我，欲灭伐我社稷，伐灭我百姓”。

而秦要攻楚必须先要有足够的国力，这个机会也终于到了。公元前316年，巴、蜀两国相攻，各自求援于秦。秦国内部对此有分歧，但最终秦惠文王又采纳了司马错的意见，吞并了巴蜀。从地缘上看，巴蜀位于长江上游，吞并巴蜀后，秦对楚就形成了居高临下的有利形势，既可以从武关沿丹江而下，也可以自巴蜀顺江而下，可形成两面合击之势。而在这个时间段里，韩、魏对秦的压力大减，秦惠文王采纳张仪“以秦、韩与魏之势伐齐、楚”的策略，将进攻矛头指向楚国。

楚国为了应对秦国的攻势，则选择与齐国结盟，以联合齐国对付韩、魏。这样秦连三晋，齐楚合纵的形势已经形成。双方对峙之紧张，战争一触即发。但秦国要伐楚，则必须设法瓦解齐楚的联盟，从而各个击破。于是秦惠文王派张仪使楚，张仪来到楚国后，以割商於600里地为诱饵游说楚怀王。《史记·楚世家》对这次事件有明确记载。

楚国客卿陈轸识破秦国计谋，向怀王进言，怀王不听。张仪回国后，称病不出，楚怀王以为秦国怀疑自己绝齐的诚意，还派人去侮辱齐王，齐王大怒。张仪这才对楚国派来受地的人说："子何不受地？从某至某，广袤六里。"楚怀王自知受骗，怒而发兵。公元前312年，楚国兵分两路，一方面在北疆伐韩，围攻雍氏，一方面在西境攻秦，争夺商於。

秦国则分兵三路进行反击，东路由樗里疾率领，出函谷关对围攻雍氏的楚军实施反包围；中路是由庶长魏章统领的秦军主力，自蓝田关始发沿武关道南下，迎击屈匄的楚师；西路由甘茂率领，自南郑引一偏师，沿汉水向东深入楚境，配合魏章一起攻取楚国汉中。

魏章所率的秦军主力首先在丹阳大败楚军，斩首八万，俘虏楚军主帅屈匄等七十多名将领，接着魏章率军继续向西进攻，与沿汉水东进的甘茂部会师，攻取了楚汉中地，设置汉中郡。楚怀王因此战惨败而怒不可遏，第二年便又"乃悉国兵复袭秦"，不仅收复了商於地区，还深入秦境，一直打到距离咸阳不远的蓝田关。秦国也几乎动员了全国的兵力，双方在蓝田对峙一年有余。

见此情形，韩、魏乘机伐楚，袭邓，楚师闻讯当即撤回。魏章追击会合韩军攻楚，取得上蔡。次年，秦又进一步夺取了楚国的北方重镇召陵。至此，秦国已经将汉中、关中和巴蜀连成一片。

而楚国在遭此重创后，外交上陷入孤立，军事也遭到了严重的削弱。然而，秦国对楚国穷追猛打，也未必能稳操胜券。当年吴王阖闾与伍子胥、孙武攻破郢都，几乎把整个楚国吞灭了，到头来还是得退回吴国。楚国是大国，地域辽阔，一旦开战，秦国要想速胜是不太容易的，而秦楚战争如果旷日持久，则必然有利于韩、魏，这个道理秦国君臣不会不明白。况且此时，秦国还需要拉拢楚国对抗齐国。于是秦惠文王遣使至楚，建议以汉中郡的一半换楚国黔中郡。

秦人之所以提出这个条件，是因为秦国在巴蜀经营了五年，准备趁机袭取黔中，实现对楚国的战略包抄。而相对于山高水远的黔中郡而言，汉中更易取，所以秦国想用汉中郡的一半换取黔中郡。楚怀王却言："愿得张仪，不愿得地。"他一定以为张仪再也不敢到楚国来了，不料，张仪竟然向秦王自请使楚。张仪敢这么做是因为他事先买通了楚怀王的宠臣靳尚，靳尚又说动楚怀王的宠妃郑袖。楚怀王以国宾之礼款待了张仪，虽然最后没有同意易地，但也自知此时的楚国已经无力攻秦，所以同意了与秦国的和亲。

不久之后，秦惠文王卒，秦武王继位。这位新秦王为了继续完成对楚国的战略包围，在公元前308年，派遣秦将甘茂率军攻打韩国宜阳。宜阳位于洛水北岸，二周的西南方，是秦通三川西入中原的控扼之地。韩是楚之北邻，秦不遗余力攻韩的真正用意就在于占领宜阳以有效地遏制楚国，而秦国担心楚国援韩抗秦，使冯章许楚以汉中之地，但此时楚怀王已经不那么好骗，所以还是救援了韩国。只不过此时楚国的军力还未从丹阳、蓝田惨败中恢复过来，救援行动最终也以宜阳失陷而告终。从此韩国明白了，楚国已经今非昔比，于是在日后的岁月里，韩国只能投入齐国或秦国的阵营，转而与楚国对抗。楚国也在这次出兵与秦国对抗后很久的时间里不再主动对秦用兵。秦国得到宜阳之后，楚国就处于秦之西据巴蜀汉中、北占宜阳的包围圈中，形势十分不利。此后楚国便不再为诸侯所倚重。

古代儒将标配不是“羽扇纶巾”而是痒痒挠

提到诸葛亮，他最深入人心的形象，一定就是“羽扇纶巾”。中国古代流行“上马杀贼、下马草檄”的文人领兵做派，可上了战场，大家手里总得拿点什么，要不空落落的。而羽扇这东西不具有普遍性，毕竟你要冬天拿把扇子上阵，这场面就太尴尬了，大家容易笑场。经鲁迅先生考证：古代武将为了提高颜值与气派，是手里拿着“痒痒挠”指挥作战的！

当然，鲁迅先生原话不是这么说的。鲁迅先生在《从百草园到三味书屋》里，曾经提到清人刘翰《李克用置酒三垂冈赋》中的一句：“铁如意，指挥倜傥，一坐皆惊呢；金叵罗，颠倒淋漓噫，千杯未醉嗬。”说的正是唐末五代著名军阀首领李克用以如意指挥三军的典故。而成书于宋代的《释氏要览》提到：“如意，梵云阿那律，秦言如意。《指归》云：‘古之爪杖也。或骨角竹木，刻作人手指爪，柄可长三尺许。或脊有痒，手所不到，用以搔抓。如人之意，故曰如意。’”没错！如意就是进化版的“痒痒挠”。

因为上述这段文献成书较晚，“古之爪杖”到底有多古，说得不清不楚。如意一度被人认为是印度的舶来品，直到1977年，山东曲阜鲁国古城墓葬出土了一件牙雕“痒痒挠”，才证明在佛教传入前，先民已经广泛使用这一器具。

不仅如此，这件牙雕如意耙上刻有卷云纹装饰，很可能是爪杖变成云头如意的源头。但是也必须承认，佛教在如意这一器物的推广和最终定型上应该起到了巨大作用。1961年南京西善桥发现的南朝宋后期大墓内的拼镶砖画《竹林七贤与荣启期》上，如意还是爪杖造型，和东周无异；而到了成图于唐代的《历代帝王图》里，陈文帝手里的如意已经变成云头。这说明如意正是在这一时期定型，和佛教在中国大发展并影响中国思想文化和艺术领域的时间阶段相吻合。

众所周知，魏晋南北朝的士人有两大爱好，一是嗑药炼丹，二是聚众聊天。嗑五石散有副作用，吃了后皮肤会变得敏感，瘙痒需求增强，原先平平无奇的“痒痒挠”也跟着上了台面，而聊天聊高兴了不免要指指点点“埋汰”别人，爪杖这玩意儿，长短尺寸造型分量还挺合适。谢安的弟弟谢万也是当时的清谈名人，受命北伐燕国时依旧倨傲，谢安建议他抚慰众将，结果人召集齐了，他却用如意指着众人来了一句“你们都是劲卒”。在东晋这个极端看重出身的时代，说将领都是兵卒，必然招来愤恨，哪怕说是“劲卒”也不行。所以北伐失败后，军队内部就有人想借机杀掉谢万，最后因为谢安的缘故才没有施行。

聊累了，药劲也过了，还可以用如意支着下巴休息。东晋有个陈逵，是三国名士陈群的后人，在南渡士人中颇有声望，自己也颇有抱负。在一次聚众聊天活动中，为了表示对众人和话题的不屑，他就用如意撑着脸颊，遥对鸡笼山感慨孙策壮志未遂身先死，气氛瞬间尴尬，清谈活动也无法继续下去了。

使用如意的名流越来越多，再经过一番改良包装，在上层人士和宗教人士中俨然已成为必需品。普及过程中，人们很快发现它还有一个用途，即敲击功能，一开始只是误伤事故：孙权的爱子孙和曾经在月下玩闹，失手用水晶如意打烂了老婆的脸。伤好后脸颊有红斑，孙和却认为变得更美了，引得更多女性开始往脸上打腮红，不久风靡一时。后世各类文献如《酉阳杂俎》都认为这是女性“面靥”的起源。

后来就有人故意用如意来砸东西，抒发特殊感情。东晋权臣王敦年轻时就以擅长击鼓为人所称道，每逢酒后，就充满激情地用如意敲痰盂儿，打拍子吟唱“老骥伏枥，志在千里。烈士暮年，壮心不已”，以至于家中没有完好的痰盂儿。

于是，为了代替轻质材料或名贵材料，铁质如意也在这时登场。大家耳熟能详的石崇王恺斗富事迹当中就有这么一段：王恺带着一株二尺高的珊瑚树给石崇显摆，石崇看了看顺手抄起铁如意把珊瑚树打了个粉碎，然后还给对方六七株三四尺高的珊瑚树。富到载入史册的人却随身带着一根铁质如意，想必是看中了它的攻击力。

至此，原本的“痒痒挠”终于进阶成为一件可以随身携带的冷兵器，齐高帝萧道成在未成事之前被强敌找上门恐吓，就曾用铁如意“以备不虞，欲以代杖”。

如果不追求杀伤力，还使用轻质材料，如意就更像是名副其实的指挥棒了。南北朝真正用如意临阵指挥的名将是南梁的韦睿，天监五年（506年），他在和北魏军队对阵时乘坐简易小木车，手持白色角质如意指挥部队接战，“一日数合”，敌将“甚惮其强”。从乘坐小木车来看，韦睿极有可能是三国演义中诸葛亮人设素材之一。

用如意指挥只能提高主将的颜值魅力，能不能打胜仗还得看真本事。韦睿、李克用等名将用就是佳话，而败军之将用就是笑话。五代十国后蜀重臣王昭远自视甚高，北宋军队兵至，此公扬言要带着两三万恶少，不仅破敌，还要直取中原，“及行，执铁如意指麾军事，自方诸葛亮”，结果兵败，王昭远狼狈逃窜，到这时他还没认清自己的斤两，一边吟诵罗隐的诗“时来天地皆同力，运去英雄不自由”，一边痛哭流涕，眼睛都肿了，入戏太深。

笔者行文至此，忽然觉得，民间早期流传的诸葛亮形象说不定也是坐着小车、手持如意，结果被王昭远这么一闹腾，传世儒将的经典人设彻底给毁了，最后小说家只好抢了周瑜的羽扇塞给诸葛亮，替换了如意。

沧海横流间至死不退：他们曾为汉家孤守西域

2019年8月，银联推出的广告短片《大唐漠北的最后一次转账》，可谓爆红于网络。将军白发征夫泪，大唐王朝安西、北庭二都护府的老兵在安史之乱后孤守西域，抵御吐蕃和葛逻禄人数十年的悲壮故事，令人怅然涕下。但很少人知道，东汉中后期与西晋初年，也有两则孤独守卫的故事，而且更加激昂。

窦宪燕然勒石并非东汉王朝与北匈奴战争的结束，此后北匈奴迁徙于西域，继续骚扰汉疆，希望在西域卷土重来。而东汉进入中期之后，另一个强敌在西凉之地悄然崛起。羌人部落从陇山以西的荒野中汹涌而出，在雍凉肆虐，甚至深入内地；羌乱前后竟有百年以上。

由于羌人灵活的作战方式，习惯大兵团作战且难以适应西北地形的汉军屡遭衄挫。当初大将军窦宪麾下的头号战将、号称匈奴克星的任尚，也于永初二年（108年）惨败于先零羌首领滇零之手，丧师八千多人。

滇零甚至在北地郡建立了先零王朝，使得北地郡脱离了东汉王朝的统治。该王朝延续了10年，才被汉王朝以刺杀首领的手段瓦解。滇零王朝崩溃后，羌乱暂时停息，但130年之后，羌乱再次大规模爆发，在整个陇西地区此起彼伏。任尚的继业者大将马贤在陇西地区往来奔走镇压，按下葫芦又起瓢，最终马贤也在公元141年中伏身亡。

羌乱所消耗的财力以千百亿钱计算，令东汉王朝国库枯竭，三辅也遭到羌乱破坏，几乎没有余力去考虑几乎被羌乱隔绝的西域。但公元137年，大汉敦煌郡兵完成了一次对匈奴人的绝地反杀。

《破呼衍王碑》记载："惟汉永和二年（137年）八月，敦煌太守云中裴岑将郡兵三千人，诛呼衍王等，斩馘部众，克敌全师，除西域之灾，蠲四郡之害，边境艾安。振威到此，立海祠以表万世。"如果不是这面古碑在清代被发掘，这一场并未被《后汉书》记载的血战必将湮没在历史的尘沙当中。由于财力衰退，东汉王朝削弱了对西域的投入，主要由敦煌郡负责戍守。仅有户七百四十八、口二万九千一百七十、郡兵三千人的敦煌，便负责起为汉廷守卫西域的使命。

由敦煌至呼衍王活动的蒲类海，直线距离就长达400公里以上。太守裴岑率领三千郡兵深入大漠，一战斩馘名王，其慷慨激烈足以令人怀想千古。然而千秋之后，留存的只有古碑上的只言片语。

羌乱依然延续，西凉男儿也依然与匈奴人继续奋战着。最后不知何时，屡战屡败的北匈奴终于放弃了对西域的野心，远走中亚，据说他们建立了悦般王国，后来被柔然和厌哒人联手所灭。

有学者认为，董卓之乱后，敦煌郡仍然保持着对西域的影响力。所以后来曹魏大将曹真、张既扫平河西叛乱之后，西域自然而然地回到了中央王朝的控制之下，这是因为一直有一群人在默默地守卫着。可是西晋初年，又一场大乱轰然爆发。

270年，秃发树机能率领河西鲜卑起兵称乱，羌胡纷纷响应，河西走廊战火弥漫，北地的胡人也从北面威胁长安，秦凉局势全面溃烂。大晋王朝在西域设置的据点成为飞地，孤悬天外。秃发树机能之乱是西晋初年著名的大事件，整整持续九年，其余波甚至延续到了八王之乱时期。牵弘、胡烈、杨欣、苏愉这四名久经沙场、积有战功的封疆大吏都被秃发树机能斩杀。西部鲜卑更有一部分在首领阿罗多的率领下，组织数万军队，攻打西域。

但戍卫西域的战士们在沧海横流之际保持了他们至死不退的传统，这传统从汉武开西域、十三壮士归玉门而始，一直延续到大唐白发将军守安西、大清左公抬棺复伊犁。主要来自凉州州郡兵的戊己校尉，是晋王朝驻扎在西域的最强的一支军事力量。校尉马循以数千孤军，以寡击众，在晋咸宁元年（275年）大破鲜卑军，斩杀一名渠帅。次年又大破阿多罗亲自率领的鲜卑军，取得了“斩首四千余级，获生九千余人”的骄人战绩。

此后，西域虽然数次短时间失控，但后来又被北魏王朝所影响，而为隋唐所继承，直到安史之乱后，郭昕、杨袭古等大唐将士面对吐蕃人的铁骑，仍然坚守数十载，这也是《大唐漠北的最后一次转账》中讲述的故事。

《祭侄文稿》：天下第二行书背后的安史之乱

颜真卿的《祭侄文稿》被称为“天下第二行书”。很多人都知道，《祭侄文稿》的背景是安史之乱，但很少有人知道，这篇文章所涉及的人物颜真卿、颜季明和颜杲卿在改变大唐命运中的安史之乱中，所起到的重要作用。

《祭侄文稿》的全名是《祭侄赠赞善大夫季明文》，其标题中颜真卿的侄子赞善大夫，便是颜季明。不过提及这位赞善大夫，则需要说一下他的父亲，也就是颜真卿的堂兄颜杲卿。与颜真卿依靠科举入仕不同的是，颜杲卿是“以荫受官”，但其为官才干上与颜真卿相比却也毫不逊色，因此在天宝十四年（755年），受任常山太守。这里正是今天河北省省会石家庄的前身。虽然在唐玄宗时期，在常山为官不用像那些在边境地区为官的同僚那样，整天为担忧外敌叩边而提心吊胆，但非常不幸的是，颜杲卿的上司正是河北、河东采访使安禄山。

同年十一月，安禄山在范阳起兵，安史之乱正式爆发。初到任上毫无准备的颜杲卿与河北许多官员一样，在安禄山的裹胁下，不得不参与到叛乱之中。

与颜杲卿的尴尬处境不同的是，颜真卿在更早之前被任命为平原太守，在其任职前，有关安禄山即将谋反的消息已经甚嚣尘上，因此颜真卿以连绵大雨为由，开始修整城墙，挖掘护城河，同时暗中集结丁壮，充实府库，为即将到来的战争做准备。与此同时，为了避免当时朝廷以及安禄山对自己的怀疑，他又时常和文人雅士一起在护城河内泛舟享乐，并且不断向安禄山进献谄媚之言，终于让这位大老粗完全将自己当作了一个不足为惧的书生。

颜真卿的一系列准备，成功地让平原城成为在安禄山大军横扫的河朔地区中唯一尚未被攻克的城市。这一成就深深打动了唐玄宗，使其感慨道："朕不识颜真卿形状何如，所为得如此！"内心仍然忠于唐朝的颜杲卿也因此大受触动，他担心在十二月已经攻陷洛阳的安禄山会继续西进，攻破潼关，直取长安，于是与长史袁履谦、前真定令贾深、前内丘丞张通幽等暗中串联，意欲夺取华北平原通往晋秦的必经之路——土门。

显然，安禄山对自己身后这些唐朝大臣们有些疏于防范，他只是派遣手下蒋钦凑、高邈两人率领五千兵马守卫这样的战略重地，而这两个人可谓酒囊饭袋。先是高邈被蒋钦凑派往幽州，然后蒋钦凑自己受到颜杲卿的邀请，前往常山"议事"。稍有常识的人大概都能看出来，颜杲卿有同族在唐朝为官，因此有着很大的可能性会反正，但遗憾的是蒋钦凑却显然并没有这种想法。他傻乎乎地到了常山，开始大吃大喝，等到烂醉如泥时，被袁履谦等一众常山官员砍掉了脑袋。

之后，颜杲卿又用几乎同样的方式，抓获了从幽州返回的高邈，并伏击捕获了从洛阳抵达河北的叛将何千年。之后颜杲卿将两人送往长安，虽然中途发生了其他官员冒领军功之事，但最终颜杲卿得到了唐玄宗"加卫尉卿、兼御史大夫"的封赏。之后，颜杲卿更是以常山为核心招兵买马，一时间原本因安禄山淫威而屈服的十五个郡县立即起兵响应，加上常山以及平原两郡，共计十七郡起兵复唐，并一起推举之前抵御安禄山军队有功的颜真卿为帅，统十七郡兵马二十万。

十七郡起兵复唐令安禄山感到锋芒在背，他不得不放缓西进的脚步，派出得力干将史思明、蔡希德会兵河北。虽然河北义军声势浩大，但是起义各郡位置和兵力分散，且只是仰仗颜氏兄弟威望，他们实际上不过是一团散沙，因此史思明将目标直接锁定在了颜杲卿所在的常山。虽然颜杲卿并非没有准备，但是蔡希德所率军队的行军速度只能以“可怕”来形容，他仅用短短几天的时间，就从潼关回师常山，并于天宝十五年（756年）正月初开始围攻常山。

对于蔡希德这惊世骇俗的行军速度，颜杲卿实在是始料未及，常山城的准备严重不足。在困守八天后，常山守军守城器械便全部用尽，也因此被破城，颜杲卿等一众官员被蔡希德俘获，送往安禄山大营。当然，对常山的争夺并未就此结束，之后史思明率领的大部队与蔡希德会合，而接受唐玄宗之命统领河北诸郡的李光弼也紧随其后，带兵经过土门夺回常山。自此，常山也成了双方反复争夺的惨烈战场。

常山失守之后，河北再次被史思明率领的军队控制，这场复唐起义以失败告终。颜真卿本人率领的军队虽然也取得过斩首万余级的战果，但是在史思明的大军进攻下，还是不得不放弃平原郡，向南渡河前往今天湖北一带，与唐朝主力会合。

但是相对于颜真卿，被俘的颜杲卿就没那么幸运。安禄山对于颜杲卿的“反叛”恨之入骨，因此将他和他的儿子一起断足“割脔”致死。战后，颜真卿寻觅颜杲卿的血亲时，终于得知堂兄一家男丁尽数遇害，只找到了自己侄子的颅骨，在此重大打击之下，才有了天下第二行书——《祭侄文稿》。

南宋御林军：战斗力连农民都不如的“精锐”

在许多历史爱好者眼中，古代军队中最能打的当数武将或者高官的亲兵。而作为皇帝的亲军，也就是民间所谓的御林军，在人们的印象中更是精锐中的精锐。

历史上，有许多帝王亲军的战斗力确实十分强劲，比如唐太宗李世民手上的玄甲军和他表叔隋炀帝组建的骁果军。就连赫赫有名的瓦岗英雄，在天时地利人和俱备的条件下，又采用了各种战术，还差点被骁果军打崩。

但是还有这样一支御林军，还没到王朝末期，战斗力就已经不行了，甚至最后连普通农民都不如，这就是南宋三衙所属军队殿前军。

靖康年间，女真灭亡北宋，原来的殿前军也就此崩溃。当南宋朝廷在南方站稳脚跟之后，由于之前的苗刘兵变留下的不良印象，所以宋高宗要对原来的三衙进行重建。

首先是绍兴五年（1135年），杨沂中的神武中军改为殿前司军。神武中军早期只有五千人，之后不断扩充。等到了绍兴九年（1139年），殿前司有统制十三人，统领二十一人，正、副、准备将一百七十八人。绍兴十八年（1148年），殿前司军兵力增至七万余人，辖十二军。

之后宋高宗又不断扩充三衙，绍兴七年（1137年）又组建侍卫马军司，一共六军，有十二将和六千士兵，绍兴三十一年（1161年）时兵力增至三万人。

绍兴十二年（1142年），宋高宗又建立侍卫步军司，绍兴二十九年（1159年）时编制辖五军。孝宗乾道年间，规定其为两万三千人，辖五军，另有保留北宋番号的禁、厢兵七指挥共四千六百人。所以，南宋临安最多时有将近十三万的驻军。乾道七年（1171年），宰相虞允文上疏请徙侍卫马军司戍建康以备北伐，临安府只剩下殿、步两司的总共将近十万人的部队。因为侍卫步军司实力弱，所以殿前军司是南宋临安防卫主干力量，不仅负责守卫临安城，还要负责保卫南宋皇帝。

按理来说，这么重大的任务自然要交给一个可靠的人，而这个可靠的人就是杨存中。宋高宗对杨存中很信任。杨存中在建宅时，有人建议他往宅中引水，宋高宗特意拨给他士兵帮他干活，并嘱咐动作一定要快，不然被文臣知道就麻烦了。从史书记载来看，杨存中确实很会"来事"，不然也不会从张俊的部将最后攀升至几乎和张俊平级。

但是和张俊一样，杨存中也有许多毛病。比如王十朋指出，杨存中肆意抓人当兵，强抢民女，而且杨存中贪财。绍兴末年，杨存中被罢兵权后主动献纳的大小酒坊有22处，价值725000贯。此外，他还有楚州田产39000多亩。相比之下，岳飞的田产则只有1985亩。

其实，杨存中早先时候也是一员猛将，但是在南宋大环境之下，则是今朝有酒今朝醉。他在管理殿前军的时候，只知道敛财不治理军队，面对秦桧和宋高宗也是趋炎附势，虽然官越来越大，但是人却越来越平庸。这也是因为他知道岳飞的下场。他本人就曾参与诱捕岳飞，而且还是岳云和张宪的监斩官。

在杨存中的不良管理下，殿前军在宋孝宗时期发生了件尴尬的事。当时，由于殿、步二司军空缺不少，枢密都承旨王抃建议每司各招募三千人。结果殿前司直接抓市民当兵，而且期间发生不少士兵趁机抢钱的事件。这军队简直成了土匪。

等到了宋宁宗的时候，南宋三衙基本上已经由小人和纨绔子弟掌管了。当时华岳在上书中这样评论这些人：“爽、奕、汝翼诸李之贪懦无谋，倪、僎、倬、杲诸郭之膏粱无用，诸吴之恃宠专僭，诸彭之庸孱不肖；皇甫斌、魏友谅、毛致通、秦世辅之雕瘵军心、疮痍士气，以致陈孝庆、夏兴祖、商荣、田俊迈之徒，皆以一卒之材，各得把麾专制，平日剜膏刻血，包苴侂胄，以致通显，饥寒之士咸愿食其肉而不可得。”

郭倪也是个将门子弟，平日里以诸葛亮自居，但是水平不敢恭维。在军队开拔之前，他手下的殿前司军只给人留下散漫的印象。他弟弟郭倬更差。当时忠义军和田俊迈先锋军攻打宿州，展开进攻，由于忠义军以两淮人为主，战斗热情比殿前军高得多。当时忠义军已经爬上城头，郭倬才带兵赶到。由于嫉妒友军立功，郭倬的军队竟然在友军后面放冷箭。

这种军队战斗力如何，大家很容易猜到结局。开禧北伐，他们被金国直接从淮北打到长江边上，逼得南宋把宰相韩侂胄的人头交了出去，以侄事伯父礼事金，又增加岁币银帛各五万，并且对金缴纳犒师银三百万两，这才议和成功。

当时的大臣袁甫说：“开禧丙寅之事，弃甲曳兵而走者，皆平日厚禀于县官者也。其间稍以立功自见及控扼关隘之人，大抵皆义勇，民兵、万弩手、雄淮、敢死诸军耳。”也就是说，南宋那些待遇最好、理论上战斗力也应最强的“御林军”，或者说禁卫军，战斗力还不如南宋边境的武装农民。南宋后来以这些民兵为基础，重新组建新军，才真的让蒙古人吃了不少苦头。

“达官贵人”一词的来历

有个词叫“达官贵人”，这个词其实出自明朝。如何处理与北方邻居——蒙古的关系，一直是明政府的头等大事。从明太祖朱元璋开始，明朝就有计划地招抚蒙古人，把他们收为己用，而这些人就被称为“土达”和“达官”。

土达本作土韃，指归附明朝的北方少数民族，主要是蒙古人，后来在官方文书中写作“土达”。达官本作韃官，最初是指明初投降的蒙古贵族或官员，后来多写作“达官”。明代的达官主体分为河西达官和保定达官两部分，前者主要是明洪武时期归附的蒙古贵族，大部分被集中安置在河西地区（今甘肃、宁夏、青海等地），所以有河西达官之称。保定达官主体是永乐之后招降收服的蒙古人，大多被集中安置在京畿地区，尤以保定为多，故有此称。

河西达官以吴允诚家族最为著名。洪武二十三年（1390年），北元平章把都帖木儿率领部众五千人来降，永乐年间赐姓名吴允诚，由此开始了家族在明朝的显赫家史。吴家之所以能终明朝之世而不衰，最根本的原因是军功，不是一代两代如此，而是代代如此。吴允诚归附之后，立即上奏请求为明朝效力。从永乐六年（1408年）起，吴家开始参与明朝针对北元的中小规模军事行动。随后的四次永乐帝御驾亲征，吴家亦参与其中，立下战功，受到封赏。正统十四年（1449年）土木堡之变爆发，英宗被瓦剌俘获，明军二十万大军全军覆没。吴氏家族的第二代克忠、克勤兄弟战死沙场，第三代吴瑾死里逃生。在英宗复位之后的天顺五年（1461年）七月，大太监曹吉祥阴谋叛乱。吴瑾得到密报后告知英宗，曹吉祥被抓，其养子曹钦向皇宫发起进攻，吴瑾战死，可谓忠心耿耿，满门忠烈。

除了参与对付北方蒙古人，吴家还多次被派往西南、西北的边疆地区，镇压当地的少数民族叛乱。比如永乐八年（1410年）平定凉州达官胡保叛乱，成化元年（1465年）平定四川夷乱，以及成化四年（1468年）镇压固原土达满四叛乱等。

除了武将的基本职责外，吴家后人还常常担任一些祭祀、宣诏之类的荣誉性职务，负责传达皇帝分封诸王的诏令，以及祭祀皇陵。“国之大事，在祀与戎”，吴氏家族成员既能参与到重大军事行动中，还能主持祭祀，这体现出皇室对其信任程度之深。

吴氏家族兴盛的另一个原因是与皇室通婚。吴家的第二代和第三代，即吴允诚的三女和孙女都被皇帝纳为妃。宫里有人，很多事就好办多了。比如恭顺侯吴瑾战死后，其子袭爵时年仅八岁。明朝一般要成年后才能申请爵位，其子能早早地继承爵位，除了吴瑾战死的原因外，吴家与皇室的姻亲关系也起了一定作用。吴家第三代广义伯吴琮在作战时临阵先退，导致大败，被认为“丧师辱国莫此为甚”。即使这样，他也只是被流放广西充军。多年后在吴家人的多次请求后，他被释放回京，理由是吴琮“系皇亲充军年久”。

吴家发展到第三代，分为恭顺侯与广义伯两支分别袭爵。吴琮的战败最终也不过只是导致自己这一支不得袭爵，而其兄弟恭顺侯一脉的传承则丝毫不受影响，这不能不说吴家皇亲的身份也是起了作用的。而宫中无人的家族，则难逃厄运。同样是归降的蒙古人，同样被安置在河西，达官喃哥因为自己的兄弟投靠瓦剌，遭到明政府的怀疑，部众被分别安置到山东各地，势力消散。其弟因镇压少数民族起义有功，被封为顺义伯，但此爵位仅延续一代，其后辈在史书中无记载。

明初因为与残存的北元政权的矛盾仍较为激烈，所以对归降的蒙古人也总是心存疑虑，形成了“不许番将掌兵”的规定。吴允诚归附之初，多次表忠心，希望自己能带人攻打蒙古。但明政府对此疑心重重，密令地方官员派人监视，而且最多只允许带领百人。随着几十年的融合，到英宗天顺年间，恭顺侯吴瑾执掌左军都督府，广义伯吴琮则外授为宁夏总兵，不许番将掌兵的惯例逐渐被打破。其他达官，比如伏羌伯毛忠，回回达官达云都开始出任总兵官。

除了河西外，保定是另一达官主要安置区。之所以选择这里，是因为保定位于北京以南，有紫荆、倒马二关，是拱卫京师的重要屏障，地理位置极其重要。而达官因为游牧民族的身份，善于骑射，整体战斗力较强，自然会被安置在关防要地。距离京城近，便于朝廷控制他们；而不靠近北方边境，又使他们不像河西地区的达官一样，因为地处明蒙交界处，时常有叛乱发生。这一地区的达官们主要是永乐后归附的，最初不承担任何赋役，且朝廷给每人官田五十亩用于维持生活。根据《明会典》的记载，一个普通蒙古人归附过来，可以获得丝衣一套、棉布十匹、钞一百锭、米三石、牛二只、羊五只、柴五百斤，与之同来的妻子可获得棉布三匹、钞十锭。而且“种地不纳粮，纳粮不当差”。中高级别达官还有俸禄可拿，且比同级别的汉官都多，以为“恩养”。按照时人的说法，只算米俸，“在京指挥使正三品，该俸三十五石，实支一石，而达官则支十七石五斗”，是汉官的17.5倍，待遇不可谓不高。除了俸禄上的优待，达官在官职承袭方面，可以享受“不比”的待遇。明代大部分时间里，武官承袭时需要比试武艺，合格者方能袭位。而达官后代则可跳过此步骤，直接上任。

明政府给予达官此等优养，主要目的是统战瓦解北方的蒙古势力。其次是收买人心，毕竟达官的整体战斗力一直是比较强的。而深受恩惠的达官们，也尽心为明朝作战出力。

与河西达官们隶籍于军户不同，保定达官的身份非军非民，理论上不承担任何军事义务，至少最初如此。但毕竟达官整体战斗素质较高，随着时间的推移，明政府也越来越频繁地征调他们四处作战。最初这属于临时征调性质。达官们主要被派往南方镇压少数民族起义，其中被多次派往湖广地区镇压民变，最出彩的当数景泰七年（1456年）的大藤峡之战。此役有相当多的达官因为表现出色而升职。弘治十五年（1502年）当地又生变乱，明廷讨论后认为“夷寇所畏者惟汉达官军”，于是决定调保定等府达官军舍二千人发广西。达官之战斗力，可见一斑。所以正德年间，几次南方发生民变，都有数千保定达官奉调出征。除了对付南方少数民族起义，保定达官也逐渐参与北边防御蒙古。比如弘治十八年（1505年），蒙古入寇，保定达官一千二百人就奉调北上，参与作战。

明朝中后期，朝廷实行营兵制，保定达官被编为忠顺营，统称保定汉达官军，正式成为明朝军事体系的一部分，更有利于调遣，以发挥其军事作用。嘉靖十六年（1537年），蒙古四万余骑兵大举入侵偏关，守军只有一万四千，寡不敌众，于是明廷紧急调三千保定达官赴援。除了征调之外，保定达官也承担拱卫京师、防守边关的责任。

中国古代的毒药战

小说里常会出现各种致命毒药，如见血封喉的鹤顶红、饮之必死的鸩酒等，从史书里看，一部分毒药是真实存在的。但根据历史记载，毒药被用于政治斗争要远多于战争中。那么，这是因为毒药真的不适合大规模用于战争吗？

有据可查的是，汉代之时，似乎已经出现了一些烈性毒药，并被用于政治斗争中。如汉宣帝的许皇后便是遭到霍光之妻的毒杀，其时宣帝的宠臣张彭祖也遭到其小妾毒害。到了两汉之交，这种事例便越来越多。西汉末年，王莽毒害大司空王崇，其后甚至因被指控“毒杀平帝”而遭讨伐。

据统计，在魏晋南北朝时期，毒药常常被用于政治谋杀中，仅史书有载的便达58起，其中甚至包括董卓毒害何太后、刘裕毒害晋安帝与晋恭帝以及冯太后毒害献文帝等影响较大的事件。

毒药似乎也早早应用于战争之中了。时值公元前667年，当时齐军占领遂地，“遂人共以药投其饮水中，多杀之”，这是我国最早的在战争中使用毒药的记载。《左传·襄公十四年》还载有：“夏，诸侯之大夫从晋侯伐秦……济泾而次。秦人毒泾上流，（晋）师人多死。”

根据上面的记载，毒药似乎在春秋时期已经被应用于战争之中，但我们无法考证他们到底用了什么毒。在两晋南北朝时，这种记载也变得频繁起来。北魏时，库莫奚侵扰，济阴王拓跋小新成“乃多为毒酒，贼既渐逼，便弃营而去。贼至，喜而竞饮，聊无所备。遂简轻骑，因醉纵击，俘馘甚多”。长孙晟在出征突厥达头部族时也曾使用毒药：“毒水上流，达头人畜饮之多死。”南朝也有类似的事例。南朝宋人在宋魏大战期间欲毒魏军，“募人赍冶葛酒置空村中，欲以毒虏，竟不能伤”。侯景之乱时，侯景为谋取建康城，“置毒于水窦，于是稍行肿满之疾，城中疫死者太半”。

这些记载都是战争中大规模投毒的案例，一般均是在上游地区投入毒药。大致来说，古代的毒药可以分成三种：动物性毒药、植物性毒药以及矿物性毒药。但由于记载不详，他们具体使用何种毒药我们依然不得而知。曾一度被传为最毒的鸩酒以及鹤顶红，似乎并不是动物性毒药。传闻中，“鸩鸟，黑身赤目，食蝮蛇野葛，以其羽画酒中，饮之立死”，然而鸩鸟在生物学上却并不存在。见血封喉的鹤顶红，也疑似为红信石（三氧化二砷，即砒霜）粉末。而动物性毒药用得较多的还是蛇毒与蝎毒，但由于毒液获取困难，一般来说很少用于战争之中。

非工业化时代，很难获得大量的矿物毒药去大规模应用于战争，起码污染水源这事很难实现。但在古代，战斗结束以后，人们往往会清理战场，以避免疫病暴发。因此，总有人试图通过人为引发疫病来达到其目的。比如曾有人通过在上游投入动物尸体的方式来污染水源。由于毒药的炼制、提纯相对困难，通过腐烂的动物尸体来污染水源反而更有可能。从侯景谋取建康的事例来看，建康城中“疫死者太半”，很有可能采取的是这种方式。

除了动物尸体外，古代也有在箭矢上涂抹粪便以致敌方中箭士兵患破伤风而死的方法。相较于提炼相对困难的矿物性毒药及动物性毒药而言，这种可行性更高的“土办法”在战争之中反而更加常见。这样看来，史书中的“毒”并不完全等同于“毒药”，而毒药往往被用于一些相对特殊的场景之中——如政治谋杀里或是要投入饮食之中的毒。由于需要毒物本身相对隐蔽，往往都是投入真正意义上的“毒药”。比如砒霜（三氧化二砷）、朱砂（硫化汞、铅等）等都是相对常用的矿物性毒药，而由于提炼困难，很少用于战争之中。

真正意义上更为常用的，其实是植物性毒药。早在公元前3000年，便已经有将乌头（附子）捣汁涂抹在箭与矛之上用于狩猎的事情。实际上，真正被命名为“见血封喉”的便是一种植物性毒药。在云南及东南亚地区有一种植物为桑科、见血封喉属、见血封喉落叶乔木（又称为箭毒木），被称为世界上最毒的树木。

除了以上两种外，在古代常被用于制作箭毒的还有夹竹桃、番木鳖、相思子等有毒植物。但事实上，上述这些有毒植物并非在全国各地均匀分布，如见血封喉一般分布在我国云南地区，很难出现在北方战场之上。而现可查毒性最强的是明代《武备火攻》中所记载的一种毒箭，“箭到身上，不满数步，即毙矣”，具有很强的毒性。

毒药的进阶应用是与火药相结合。宋代兵书《武经总要》曾记载一种“毒药烟球”，除了火药之外，其中还大量加入了草乌头、狼毒、巴豆、砒霜等烈性毒药，“若其气熏人，则口鼻血出”。为了防止大规模中毒事件，古代军队也有一定的防毒措施与防毒规定。《武经总要》在《防毒法》一条中开篇便言：“军行近敌地，则大将先出号令，使军士防毒。”书中除要求慎重采购物资以及对环境进行勘探外，还特地总结出四条水源安全性的鉴定方法，可见在宋代时军队已经有防毒意识了。

总的来说，早在春秋时期，毒药便已被应用于战争之中，其应用手段也逐渐多样化。但涉及毒性，不谈剂量都是耍赖。制约古代战争大量使用毒药的关键因素其实主要就是一点：产量。

万历皇帝的千万白银借条

在很多人的印象里，明朝到了中后期，因为没钱没马，导致边防无力，蒙古人屡屡犯边，后金人趁机崛起。但奇怪的是，当时大明帝国负责养军马的部门其实很有钱，甚至都能借给万历皇帝上千万两白银。这又是怎么一回事呢？而这其中，也引申出一个新的“老问题”，为什么中原王朝总是受困于战马问题呢？中原王朝就不能在自己领土上养好军马吗？

故事要从万历三十五年（1607年）说起。当时，明神宗向太仆寺借钱15万两给边防军人开工资，少卿李思孝给神宗回了一封奏折：

您万历十八年（1590年）打蒙古，向太仆寺借了160万两银子；打倭寇，借了560万两；万历二十七年（1599年）发边防军工资，借了50万两；平杨应龙借了33万两；四年前发军饷借了我们老库20万和流动资金30万；三年前又借了30万；先前万历二十九年（1601年）您一下借了100万两银子发边防军拖欠的工资。这加起来，您从太仆寺借走了983万两银子。同年皇子结婚又借了35万两；四年前光禄寺奉您的旨意借走了37万。皇上，您从太仆寺借走了上千万两银子了！现在太仆寺里总共就剩27万两银子了，您又要借15万？我们太仆寺年景好的时候，一年总共也就收个40万两。我们太仆寺的钱可是用来买马的。没钱，就没马。您这么玩儿，要是有点边事，臣变不出钱，更变不出马来。

神宗十分感动，然后回复：既然李少卿这么能算，那就把小钱也一并算了吧。什么蜀王、肃王上贡后应领的赏赐，也一并都由太仆寺出了。

这个故事里的“太仆”是一项古老的官职，根据《礼记》，周朝就有此官职。到明代，太仆寺是专管民间马匹繁殖、喂养、输送、分派的部门。那为什么这个部门如此有钱，还要为皇帝的开支买单?

事情又要从明初说起。军马匮乏一直十分困扰明太祖朱元璋和永乐帝朱棣的军事扩张行动，为此，明廷设计了一套马政系统，核心就是把马作为赋税从自耕农身上征收上来。一共有三种具体办法：按户口比例征马（户马），按人头比例征马（种马），以及按土地多少征马（寄养马）。这三种方法诞生时间有先后，但不是互相替代的关系。很长一段时间，三种办法同时存在，而且长江南北执行的标准不一样。比如洪武初年，江北是一户养一匹马，江南则是十一户养一匹马。洪武二十八年（1395年）放宽到江北五户养一匹马。到永乐年间，变成江北五口人养一匹马，江南十一口人养一匹马。

明太祖原本的计划是由国家下发马驹，个人领到马匹后，每年上交小马一匹，四年上交三匹马。交不上要罚款，交上去的马匹点验不合格国家不收，也不给补贴。运输也要马户自己解决，国家补贴点运输途中的消耗，但需要验过了才给补贴。

对于马户来说，这简直是国家强制发放的年利率百分之百的高利贷，马养得越好高利贷就越重。而且明太祖虽然给马户免过粮，但是并没有明确规定全国的马户们养马上交后能减免多少钱粮徭役，于是官吏们就压迫马户，让他们又养马又交钱粮。

养马需要大面积的草场，随着战争的平复和国家经济的恢复，在传统农耕区大面积铺开养马在经济上极不合算。马确实比粮食贵，可是贵重的马匹又并不是每年都能生小马。这马不能用于日常生活，专门用于上税，长途跋涉的饲料和照顾都得马户出钱，时间成本和饲养成本加在一起，远远比国家发的补贴要高。而且各地方官面临沉重的赋税征收压力，肯定是倾向于治下种田交税的人越多越好，交税能力越强越好。

明代马政的管理体系是太仆寺—群牧监—群—养马民户。虽然这些监、群设立在各府州地域之内，但管理则是独立的，与当地府、州、县并不存在隶属关系；地方官治下的民户至少十分之一、至多五分之一都不归自己直接管辖。这种吃力不讨好的差事，除了收到马的兵部以外，几乎所有官员都讨厌。因此，每一次马政改革，兵部都投反对票。在此基础上，地方豪强对草场用地侵占完全不是个事儿。发展到后来，每次朝廷“整理马政”，在涉及草场时都变成坚决“确权”，但是不要求恢复草场，只要求侵占者缴纳侵占后应该缴纳的租金，相当于变相承认草场使用性质的改变。

严苛的马政到底有没有效果？有，而且成效非常显著。永乐十九年（1421年）后，马匹数量达到百万以上，诸年平均增长率接近20%。但由于永乐帝的马匹征收太狠了，他一死，即位的仁宗朱高炽就出台了“舒缓”民力的宽仁政策，如对交不上马匹的马户减免积欠等。往后历代皇帝都或多或少地出于体恤民力的考虑，降低养马民户的数量和养马负担的积欠。老百姓得以喘息，可马政就荒废了。养马民户越少，交的罚款越多，马就越少。靠民间力量养马的政策，最终变成了马政和民政的零和游戏。

在一共只有六年的隆庆朝，蒙古和明朝达成了和平协议“俺答封贡”，与明朝约定搞白名单贸易，大明用铁锅等生活资料换蒙古的马，每年有一万多匹马可以换。这样一来，大明朝在内地农耕区养马的人地矛盾和官僚之间的矛盾，就有了解决的契机。从万历九年（1581年）开始，由张居正做主，所有散给单户饲养繁殖的马匹全部就地转卖，转卖之后的银子上交太仆寺。马户的编制还留着，但是由原来的交马改为交银子。江北按照田地亩数养马的政策依然保留，仍然每年交马，算是改革留个尾巴，避免以后拿着银子却买不到马。

原本大量吞吃经费的太仆寺就这样忽然坐拥大量经费，最高时积攒了一千万两银子在手里。当时大明朝的税务体系四面漏风，效率低下得就像口渴时用汤勺喝水，太仆寺专款“马价银”，就像一口盛满香茶的天降茶缸。所以就出现了前文所说的这一幕。全国各地用钱的窟窿全部指望太仆寺的买马钱救命，赈灾、军费、犒赏，连皇帝赏赐藩王的三百两银子都得太仆寺出钱，甚至变成了惯例，皇帝理直气壮借钱，理直气壮地不还钱。

要是钱能买到太平那也是件美事。然而大明把应该征收的实物折成了银子，物资流通效率并没有上一个台阶，赋税货币化便宜的是中间经手的官吏，马政也是如此。本来钱应该用于向蒙古买马，可是钱流到了边关后，被边关将领“截胡”了。边将们先于大明把蒙古的马买到手，武装自己和自己的家丁后，再让蒙古把剩下的马卖给大明，然后急切地把马整死，再更加急切地向中央政府报告“边关告急”，让赶紧送钱送马来。于是，明末的文书中屡次出现“边将不惜马”。真不是不珍惜，而是不珍惜国家送过去的马，他们自己倒腾到手的好马那可是宝贝得紧。好马和他们的精锐家丁是边将说话的底气、发家的本钱。

大明马政的症结是皇帝寄希望于百姓既承担赋税又承担防务。这个在小国寡民的地方割据政权环境下是可以成立的，放到大一统的国家就显得浪费极大，得不偿失。那直接建立军马场，由专人专门解决问题行不行呢？这个大明也尝试过。大明曾经设立过“行太仆寺”和“苑马寺”，这就是大明的军马场。

大明在设立“寄养马”制度的一开始就定下规矩，只要保证北边常年有两万匹马的存量，其他一切都好说，几户几口养一匹马都可以商量。但是军马场设立后，有司人员地位过于低下，而且财权和人事任免权全都不在手上，朝廷对草场侵占依然漠不关心，导致后来太仆寺有的“病”军马场也全都有，太仆寺的“药”军马场却全都没有①，于是行太仆寺和苑马寺最终被合并到太仆寺内了。

① 此处的“病”指的是百姓又交马又交钱的赋税压力，豪强对养马草场的侵占；“药”指的是允许豪强侵占草地，但是要求缴纳租金，以及散养的马就地转卖。

总之，寄养马的制度初衷很好，但仍然没有解决马政和民政抢夺民众管理权的问题。所以折腾到万历末年，民穷财尽，太仆寺手里既没有掌握马匹，银子也全都拆借一空。

明代太仆寺的兴衰给我们提供了这样一个视角，那就是农耕大一统政权的马政在古代中国的地缘政治语境下几乎是无解的。在农耕的核心区不是不能养马，但是养马显然是不合算的，而且对内镇压也用不到这么多马匹；面对北方游牧民族，大帝国不论是攻还是守，需要的马匹都很难在自己的财税腹地解决。强行解决就会极大损伤帝国的国本，即自耕农的数量。最佳方案其实是和草原民族搞好关系，让草原部落提供马匹，财税重地提供兵员、军饷和马匹饲料。可如果草原部落和中央王朝的关系好到马匹予取予求，帝国也就不会需要这么多马匹，马政还是搞不下去，这其实就成了个死循环。

火攻记录370次：中国古代打仗有多爱玩火

俗话说，水火无情，火灾往往对于生态环境与人类文明造成巨大的损失，而古代军队也注意到了火的威力。历史上，战争中使用火攻的次数颇多，其形式、工具也颇繁杂。

据统计，中国自春秋到清末的历代战争中，被载入史册的火攻达370次[①]之多，绝对可谓是“用火大户”。《阿房宫赋》有谓“楚人一炬，可怜焦土”，当年项羽焚毁秦朝国都咸阳之时，大火焚烧三月才熄；赤壁之战，曹操一方因被火攻而损失惨重。

《孙子兵法·火攻篇》曾讲述五类火攻，除了焚烧敌军人马的“火人”以外，其余均指向了敌方的后勤。此时火药、石油等物尚未被广泛运用于战争之中，故而孙子强调火攻的实行必须依赖于大风及干燥的天气。中国最早使用火攻的记载出现于鲁桓公七年（前705年），当时鲁国攻打郲娄国，以薪柴焚郲娄国的国邑咸丘。但春秋时期的引燃物主要是薪柴，难以迅速点燃敌方物资，因此春秋时期火攻并不普及，有记载的仅仅七次而已。

到战国时期，人们开始使用植物、动物及矿物油膏进行引燃，这也使得火

① 数据来源于刘思起《谈我国古代的火攻》（《军事历史》1986年第一期）。

攻战法普及起来。士兵在箭杆与箭镞连接处绑上火球，在引燃以后将其射出。这种战法的基础在于弓弩的发展及箭矢的改良，士兵将燃烧的火箭射上城墙与战车，以点燃木质结构。在公元前299年，田单在即墨之战中所使用的“火牛阵”，说来只是在牛尾绑上柴草，并浇上油膏，点燃后让牛自行冲锋威胁敌军。

到了秦汉三国时期，火攻被用于野战之中。如汉武帝天汉二年（前99年），汉将李陵随李广利出征匈奴。李陵为飞将军李广之孙，在其父李敢死后承担起家族复兴之业，但此时汉武帝却让李陵负责后勤。李陵为了立功，自请出兵上阵杀敌，曰：“臣愿以少击众，步兵五千人涉单于庭。”试图以此极端的条件来换取立功的机会。

李陵奉命自居延出发前往浚稽山，随即在此处与匈奴单于遭遇。单于最初投入三万骑围攻李陵，而李陵则迅速以弓弩反击，将单于击走。但随后，匈奴单于集结八万大军再度杀来，李陵且战且退，至大泽葭苇丛中，匈奴自上风处纵火，而李陵则下令在原地纵火形成隔离带以自救，应对及时而妥当。然而李陵所部仅有五千人，在匈奴不断地进攻之下损失惨重，“士卒多死”，只得投降。

然而当时军队的将领大多没有李陵的果决。永平十六年（73年），班超出使西域时，就曾引火焚杀匈奴使者，并且以弓弩手埋伏以避免其逃脱，匈奴众人“前后鼓噪……人悉烧死”。又如皇甫嵩镇压黄巾起义之时，黄巾军“依草结营，易为风火”，皇甫嵩就此定下火攻之计，黄巾军在火势之下溃不成军，而汉军则乘势对其进行歼灭，“斩首数万级”。

东汉末年最知名的火攻案例，应当是发生于建安十三年（208年）的赤壁之战，不过历史中的赤壁之战与《三国演义》中所述还是稍有区别的。曹操军多为北人，不习水战，而军中此时又暴发流行病，为了迅速击破吴蜀联军，曹军以锁链连接大船，但此计策却是曹操自己想出来的，史书中也不载草船借箭。其时，孙刘联军“取蒙冲斗舰数十艘，实以薪草，膏油灌其中，裹以帷幕，上建牙旗”，在黄盖诈降之时将其引燃，一并驶向连船，这才有了火烧赤壁的故事。这种战法在后来被称为“火船”或“火舫”，而在陆地之上则出现了“火车”。

大体而言，在唐代以前，火攻一般都采用薪油引火，运用火攻的战法及战具也在不断改进。直到唐代，火药、猛油（石油）投入使用之中，火攻又有了新的发展，出现了更有效率的燃烧性火器。在唐朝末年，出现了以火药为燃料进行推动的“发机飞火”焚烧城门，而后唐时猛油则已经被用于焚烧敌军云梯了。此后，火药与猛油在战争之中的运用愈加频繁。

尽管火攻作用不小，但却可能造成遍及山野的火灾，对生态及人文环境造成巨大的破坏。比如迦太基城在历史上曾经4次遭到大火侵袭，最终难以继续修复而遭到废弃；洛阳古都在历史上曾经遭遇多次城破，当地植被及建筑曾因火攻而大规模毁灭。宝应元年（762年）回纥入洛阳抢掠，“火累旬不灭”，“宫室焚烧，十不存一”。洛阳地区仅在唐代便遭到11次火攻。在累遭兵灾以后，洛阳一带“其池塘竹树，兵车蹂践，废而为丘墟。高亭大榭，烟火焚燎，化而为灰烬”，环境遭到了巨大破坏。

即便脱离火攻，战争本身也会对植被带来巨大破坏，甚至引发大范围的火灾。《三国志·荀彧传》中说：“今东方皆已收麦，必坚壁清野以待敌军。”“坚壁清野”由“坚壁”与“清野”两部分组成，清野即通过销毁城野外可能存在的各类补给来阻碍敌军，而这一举措多发于我国北部及西北地区，并对当地的生态环境造成了不小的影响，在一定程度上加剧了当地的荒漠化进程。为此，宋代之时宋夏两国都曾明令，尽可能避免“坚壁清野”的行动，以避免对当地脆弱的植被造成毁灭性伤害。

火攻会对环境造成巨大的破坏，蔓延的火势未必能被控制。尽管历朝历代都通过制定相应的法律试图控制人为甚至自然火灾带来的环境破坏，但在战争发生之时却又顾不得这些，故而时常造成巨大的破坏。

古代盔甲为何多是黑色和红色

甲胄爱好者往往会注意到这样一个现象，日本保存下来的古代盔甲不是黑色就是红色，而根据文献，中国古代的盔甲也明显都是红色或黑色。玄犀甲和朱犀甲，就分别是黑色和红色皮甲。那么，这是怎么回事呢，为什么盔甲往往是红色或黑色呢?

在解释这个问题之前，要先说一种看似与盔甲无关的东西——漆。本文所说的漆，不是现代所使用的各种油漆，而是过去被称为土漆或者生漆的天然漆。这种天然漆是从一种被称为漆树的树木上割取的。

这种树木分布很广，在中国，除了黑龙江、吉林、内蒙古和新疆外，其余省区均有栽培。另外，漆树在朝鲜和日本等国也有分布。刚割取的漆液呈乳白色黏稠状，在接触空气后，漆的颜色会因氧化而慢慢变深，最后成为栗壳色。因为生漆氧化后色泽比较深，往里面加入别的颜料也不明显，所以不少漆器不是黑色就是红色。根据出土文物显示，东方的传统盔甲特别是皮甲，都是要上漆的。

除了日本现存盔甲以外，在中国发现的相关实物或者雕塑也大多如此。比如刚出土的兵马俑身上就带有颜色，其盔甲也是以黑色居多。又如1979年湖北随县曾侯乙墓出土的数十领皮甲，其中包括楚甲和吴甲两种类型的皮甲和防护战马的马用皮甲。虽然只剩下了痕迹，但是根据皮甲上面的漆壳，仍然可以分辨出其表面所涂的漆大部分是黑漆。除了雕塑外，韩国发现的唐代盔甲甲片也是黑色的。

古代盔甲成本很高，以至于早期只有车兵有全装重甲（曾侯乙墓盔甲疑似给车兵或者高级军官使用）。这其中，漆的使用就是导致盔甲成本高昂的重要原因之一。

对于漆树来说，要生长七年之后才可以进行第一次割漆，而且漆树每割十天就要歇十天。每次割漆的时候，不像人们想象中那样，树皮一割开就有漆液流出，而是要等十分钟以上，漆才会从割破的树皮中慢慢渗出来。漆液的流量非常少，以至于有“百里千刀一两漆”的说法，就是说漆农们得走上一百里路，在漆树上割一千刀（几百棵）才能得到一两漆。虽然此说法有些夸张，但是也生动地说明了生漆的产量之低和价值之珍贵。

而且一棵漆树割一年漆要缓两年，不能一直割，否则会导致漆树因树皮割划过多死掉。即使是现在，一套大漆家具的价格也让人惊掉下巴。

那么古人给甲上漆只是为了好看吗？诚然，在战场上，黑红这两种颜色给人一种肃杀的气氛，上过大漆的盔甲外表美观又有一种肃穆感，但是给甲上漆可不只是为了好看，而是有助于提高盔甲的防御性能。

大漆究竟有何独到之处，竟然能提高盔甲的防护能力呢？这是因为，大漆漆液的主要成分是漆酚，其他还有树胶质、氮、水分及微量的挥发酸等。漆酚的分子结构，使得漆酚具有芳香族和脂肪族的双重特性，在漆酶的催化氧化作用下形成漆酚多聚体，再加上长侧链的氧化聚合反应，而形成网状立体结构。这种结构除了使漆膜光泽明亮、亮度典雅、附着力强以外，也使得大漆的漆膜具有优异的物理机械性能——坚硬。在现代鉴别大漆家具的时候，除了闻味，一般也会拿硬物划一下。

这样厚厚的大漆涂在盔甲外面，就像贴了一层硬化膜一样。所以，真实的皮甲可不是影视剧中那种软皮子。其制作流程则为：先塑形，然后翻范，之后进行焙烧（60～70°C温度加热）、浇注，再对模具进行修整和配套。经过这一系列工序之后，再夹入皮料。然后进行高温处理，把皮料压制成甲片，最后打开模具，把甲片取出修整上漆。

本来加热压制后的甲片已经很坚硬了，曾有人测试，用60磅长弓射击一件只经过普通处理、没有上漆的皮甲，结果在13米的距离上，没能射穿皮甲。再刷上大漆之后，甲片硬度更强，这样穿戴者才会有信心去面对战场上的刀枪箭矢。